U0939544

国学一本通

徐　潜◎主编

史记

西汉·司马迁◎著　刘　琦◎译评

吉林文史出版社

图书在版编目（CIP）数据

史记/（西汉）司马迁著；刘琦译评.－长春：吉林文史出版社，2009.4（2022.3重印）
（国学一本通/徐潜主编）
ISBN 978-7-80702-918-2
Ⅰ.史… Ⅱ.①司…②刘… Ⅲ.①中国－古代史－纪传体②史记－注释③史记－译文
Ⅳ.K204.2

中国版本图书馆CIP数据核字（2009）第038160号

 **国学一本通** 

史记

出版人/徐 潜

出版发行/吉林文史出版社（长春市人民大街4646号）www.jlws.com.cn

主编/徐 潜

著/司马迁

译评/刘琦

项目负责/王尔立

责任编辑/陈春燕

责任校对/李洁华

装帧设计/李岩冰 刘纯青 董晓丽

印刷/北京一鑫印务有限责任公司

版次/2011年12月第1版 2022年3月第5次印刷

开本/720mm×1000mm 1/16

字数/280千字

印张/14

书号/ISBN 978-7-80702-918-2

定价/55.00元

前言

《史记》，原名《太史公书》，是伟大的历史学家、文学家司马迁编写的我国第一部纪传体通史。《史记》记载了上自传说中的黄帝，下至汉武帝太初(公元前104–101年)年间约三千年的中国政治、经济、文化等方面的历史情况。它不仅开创了我国纪传体史学，也开创了我国传记文学的先河。全书分为：书、表、本纪、世家和列传，共一百三十篇，五十二万六千五百字。

《史记》的成功与它的文学成就分不开。其文学成就主要表现在作者塑造了一系列个性鲜明的历史人物形象。作者在描写众多人物的过程中不赞成“誉者或过其实，毁者或损其真”的做法，这就使“其文直，其事核，不虚美，不隐恶，故谓之实录”(班固《汉书·司马迁传》)。两千多年来，《史记》不仅是历史学家学习的典范，而且也成为文学家学习的典范。可以说《史记》历史中有文学，文学中历史，是历史与文学的高度统一。

《史记》的作者司马迁(约公元前145年或公元前135年–?)，字子长，左冯翊夏阳(今陕西韩城)人。其父亲司马谈是汉武帝时期的太史令，精通天文、历史，有广博的知识和修养，治学态度严谨。司马迁在随父移居长安之前，经常帮助家人干一些耕牧方面的农活，十岁时，随父移居长安，开始诵读古文。约十七岁，向当时经学大师董仲舒学习《春秋》，向孔安国请教古文《尚书》，进一步增进了他的学术修养，同时也受到了儒家思想的熏陶。广博的知识和丰厚的文化底蕴为他写《史记》奠定了坚实的基础。

《史记》无论是在中国史学史上，还是在中国文学史上，都对后世产生了深刻的影响，不愧为一部“究天人之际，通古今之变，成一家之言”的伟大著作，被鲁迅先生誉为“史家之绝唱，无韵之离骚”。

后人为了纪念司马迁，修建了汉太史司马迁祠，位于陕西省韩城市南十公里芝川镇东南的山冈上。其择势而建，气势雄伟，距今已有近一千七百年的历史。

本书根据《史记》记载，演义成系列历史故事，以满足读者学习历史、了解《史记》的需要。

史记

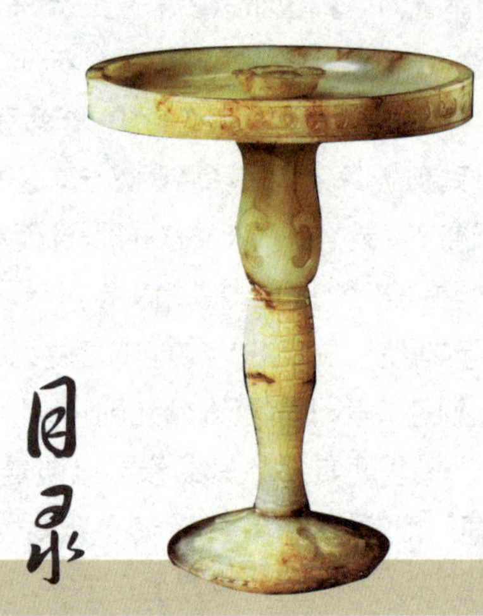

目录

宠妲己商纣亡国

◎ 殷本纪

背景

纣，中国商朝末代君主，于公元前1075年—公元前1046年在位，是中国历史上有名的暴君。由于他残暴的统治和荒淫无度的糜烂生活，使朝政日渐衰微。在牧野之战大败后，他自焚于鹿台，商朝灭亡。

原文

帝纣资辨捷疾，闻见甚敏；材力过人，手格猛兽。知足以距谏，言足以饰非。矜人臣以能，高天下以声，以为皆出己之下。好酒淫乐，嬖[1]于妇人。爱妲己，妲己之言是从。于是使师涓作新淫声，北里之舞，靡靡之乐。厚赋税以实鹿台之钱，而盈巨桥之粟。益收狗马奇物，充仞宫室。益广沙丘苑台，多取野兽蜚鸟置其中。慢于鬼神。大最乐戏于沙丘，以酒为池，悬肉为林，使男女倮[2]相逐其间，为长夜之饮。百姓怨望而诸侯有畔者，于是纣乃重刑辟，有炮烙之法。

以西伯昌、九侯、鄂侯为三公。九侯有好女，入之纣。九侯女不憙淫，纣怒，杀之，而醢九侯。鄂侯争之强，辨之疾，并脯鄂侯。西伯昌闻之，窃叹。崇侯虎知之，以告纣，纣囚西伯羑里。西伯之臣闳夭之徒，求美女奇物善马以献纣，纣乃赦西伯。

西伯出而献洛西之地，以请除炮烙之刑。纣乃许之，赐弓矢斧钺，使得征伐，为西伯。而用费中为政。费中善谀，好利，殷人弗亲。纣又用恶来。恶来善毁谗，诸侯以此益疏。

注释 <<<

①嬖：音bì。宠幸。

②倮：通“裸”。

◎玉璧◎

史纪风云

武丁死后，帝位又传了几代，但整个商朝国势呈下降的趋势。传到帝辛的时候，商朝便像快要下山的太阳，摇摇欲坠了。

而帝辛却浑然不觉，照样酗酒无度，沉迷音乐，宠幸女人，人们称他为“纣”。

其实商纣这个人是很有才能的，史书记载，他聪慧过人，反应灵敏，而且十分能言善辩，又很勇猛，能够赤手空拳地与野兽搏斗……就是因为这些，纣就目空一切，一意孤行。他认为自己的智慧可以做出最明智的判断，而不用听别人的劝谏，自己可以因为才能“卓越”而不犯任何过错。他常常拿这些向群臣夸耀，自命不凡。

除此而外，纣又十分宠幸美姬，尤其喜欢那些喜怒无常、矫揉造作的美女，他的妃子妲己就是这样一个人。

这个妲己，我们可以说她拥有一身“绝技”，除了美貌之外，在她故作悲哀的时候，竟然还可以引得纣王伤心流涕。在她扮作欢乐的时候，纣王也被她逗得捧腹大笑……如此有能耐的一个女人，很快就迷住了纣王的心，达到了她要什么，纣王就给她什么的程度。只要妲己能够开心，纣王常常不惜一切代价。于是，本已十分衰微的国势更是一天不如一天了。

商纣让乐师涓创作出新的淫荡的音乐，创造出很卑俗的舞蹈，一天天沉醉在颓废的旋律之中。为了供他更好地享乐，他大量增加苛捐杂税，肆无忌惮地横征暴敛，又多方搜求珍宝。这一切都使得民怨四起，苦不堪

◎河南安阳殷墟遗址丙组基址◎

言。除此之外，他竟然还在沙丘这个地方挖了一个大池子，里面注满了美酒，又在林中的矮树上挂满了兽肉，这就是“酒池肉林”。他和妲己以逼迫男男女女脱光衣服喝酒、吃肉为乐，并且通宵达旦地狂欢，还谈什么治理国家！

百姓们怨声载道，有的诸侯已经背叛了商纣。而纣却认为只有加重刑罚才能镇压民众，于是他与妲己一起，发明了残酷的炮烙之刑。“炮烙”是一种很残忍的酷刑，是将受罚之人缚在一个空心铜柱上，然后再在铜柱内升火烧炭，将人活活烧死，这种刑罚简直是惨无人道。

九侯是商朝的三公之一，他有一个漂亮的女儿，十分正直善良，为了商朝的命运，九侯将她入献给了纣王。没想到女儿入宫之后，因为不喜欢纣王的淫荡，又有妲己在一旁煽风点火，竟被纣王一怒之下杀死了，九侯也因为力劝纣王减轻人民的赋税和废除炮烙之刑而被商纣砍成了肉酱。

鄂侯也是三公之一，当他听说九侯被纣王杀死后，就去力谏纣王，他说：“你能杀死九侯和他的女儿，你能杀尽天下人吗？你能封住天下人的嘴吗？你替百姓和商朝的兴衰想一想吧，去求得民众的宽恕吧！”

◎铜方尊 商代后期◎

鄂侯正在苦口婆心地说着，纣王身旁的妲己说话了：“哟，没想到鄂侯你还心怀天下呢？你是想将自己做成肉干，送给天下之人来解除他们的饥饿，是吧？”鄂侯闻听此言无话可说，心想，也许商朝就要亡在妲己的手上了。而商纣听罢，却十分兴奋，立刻下令将鄂侯切成碎块，烤成肉干。西伯昌听到这件事，只好在私下里叹息：商朝灭亡定了。没想到他的叹息竟被崇侯虎听去了，并且密告给了商纣王，纣王便把西伯囚押在羑里。

西伯的臣子听说后，到处寻求美女、奇物和好马送给纣王。

纣王收到礼物后十分满意，立刻释放

了西伯。纣王终日与西伯进献的美女饮酒作乐，引起妲己不满，用计缠着纣王把美女全部杀掉。

此时，西伯又向纣王献上了洛河西岸的一大片土地，感谢他释放自己，同时请求废除炮烙酷刑。纣王与妲己也对炮烙不感兴趣了，于是就顺水推舟，答应下来。还赐给西伯弓箭斧钺等兵器，授予他征伐其他诸侯的特权，从而使他成为西方诸侯的首领。同时在朝廷里，纣又启用最擅长阿谀奉承的费中执政，但费中为人贪财好利，人民没有一个喜欢他的。纣还用最会进谗言的恶来当权，因此越发疏远了诸侯。

纣王听信费中、恶来的话，废除了贤明的商容的职务，大臣祖伊、微子等人三番五次地劝说他，他都当做耳旁风，不予理会。于是，有德行的贤臣都接二连三地离开了商纣王。

只有比干不愿意放弃。他认为：“为人臣的哪怕就是被杀头，也不能不力谏国君。”于是他强劝纣王，力数纣王罪恶，又指出商朝再这样下去必将灭亡的命运……惹得纣王恼羞成怒。

这时，纣王身边的妲己又说：“听说，聪明而多智的人，心有七个孔，不知道比干是不是这样的人呢？”纣王闻言，就下令兵士们剖开比干的胸膛，观看他的心。箕子听说后心中十分害怕，就开始假装疯癫。可是纣王并没有放过他，把他囚禁起来。纣王的太师和少师眼见纣王如此无道，就逃跑去了周国。

纣王罪恶滔天，出狱后的西伯建周后，国势日益强大。

后来西伯去世了，他的儿子周武王率军东征，商、周双方战于牧野，商纣王因为早已不得民心自然战败了，他逃离战场，穿上华丽的衣服，登上鹿台，引火自焚。商朝就这样灭亡了。

于是周武王就做了天子。

历代名家点评 

毛泽东：应该首先肯定商纣的历史功绩。但是，商纣没有做好消化吸收工作，同时没有注意到周势力的扩大，而且商纣的干部内部出了问题，有武王的奸细。

郭沫若：商纣是个很有作为的君王，他统一了东南，政绩卓著，而且当时很受拥戴。但是，为了统一，他丧失了过多的军队，后来不得不用俘虏作为补充。当他再次征战时，武王乘虚而入。由于商纣没有能够充分消化俘虏，思想工作没有武王到位，所以俘虏都倒戈了。

成语典故

酒池肉林 古代传说，殷纣以酒为池，以肉为林，为长夜之饮。原指荒淫腐化、极端奢侈的生活，后也形容酒肉极多。

穆公称霸西戎

◎ 秦本纪 秦穆公三十七年

背景

秦穆公三十七年（公元前623年），秦军出征西戎，凭借自己强大的实力，很容易就包围了绵诸，在酒樽之下活捉了绵诸王。其他西戎小国也陆续向秦国投降，从此秦国拥有了广阔的疆土。

原文

三十七年，秦用由余谋伐戎王，益国十二，开地千里，遂霸西戎。天子使召公过贺缪公以金鼓。

三十九年，缪公卒，葬雍。从死者百七十七人，秦之良臣子舆氏三人名曰奄息、仲行、鍼虎，亦在从死之中。秦人哀之，为作歌《黄鸟》之诗。君子曰："秦缪公广地益国，东服强晋，西霸戎夷，然不为诸侯盟主，亦宜哉。死而弃民，收其良臣而从死。且先王崩，尚犹遗德垂法，况夺之善人良臣百姓所哀者乎！是以知秦不能复东征也。"缪公子四十人，其太子罃代立，是为康公。

史纪风云

秦穆公在位的时候，西戎国的国王曾派遣由余出使秦国。

由余祖先原本是晋国人，后来逃亡到了戎地，但是仍然能够说晋国的语言。因为戎王听说秦穆公很贤能，所以便派由余来秦国学习治国的方法。

穆公见戎王派由余出使，心中十分得意，就向由余展示了秦国的宫殿建筑和囤积的钱粮珍宝。由余观看后并没有现出羡慕的神色，而是感叹道："这些东西，如果是教鬼神来完成的，就太辛劳鬼神；如果是教民众完成的，就是劳苦了百姓呵！"

秦穆公听了由余的感叹，心中十分惊讶，就问由余："中原一向本着诗书礼乐的法度来处理政事，然而还是经常会发生暴乱。你们戎国没有这些法度，又是如何来治理国家的呢？"

由余听到穆公的询问，笑着回答道："其实，正是由于诗书礼乐这些法度才造成国家的暴乱呵！"由余见穆公十分不解，便接着说道："早在上古黄帝的时候便做了礼乐，他们以身作则，带头执行。这才仅仅做到了'天下小治'。到了后代，国君们日渐骄奢淫逸，自己不遵守法制，却以这些来要求人民，人民极度贫困便自然而然地怨恨国君不讲仁义，就这样上下交相怨恨，所以才会产生暴乱啊！"

穆公心里赞同由余的观点，表面上却不动声色，接着问道："那你们戎夷国又是怎样治理国家的呢？"

由余答道："我们戎国是没有法度的。上面的人有着淳朴厚道的品德，并且以这些来对待下层的百姓；而下层的百姓则是怀着忠信的赤诚来对待上层的人，这是一件很自然的事情，就好比是一个人，上下和谐而美好，也许这才是真正的治国之道吧！"

穆公听罢回到宫室问内吏廖说："我听说邻国如果有贤明的人，是对敌对国家的忧患，这个由余如此贤能，你说，我应该如何对待这个人呢？"

内吏廖给穆公出主意说："戎国地处偏远，国君是肯定没有听到过内地的音乐的。我看，您不妨选派一些歌舞美女送给戎王，这样可以改易他的心志；然后，您再为由余请功，为他讨赏封邑，来离间他们的君臣关系，再将由余多留一段时间，到那时候戎王一定会疑心的，这样，我们不就有可乘之机了吗？"

秦穆公听后就采纳了他的意见。

◎战国龙形佩◎

从此，秦穆公就整天与由余“接席而坐，宴饮不绝”。（坐在一起，并且用美酒佳宴招待他。）席间，又向由余询问西戎的地理形势和兵力情况，打听得十分清楚。与此同时，穆公选派了十六名美女让内吏廖给戎王送去。戎王接受后十分喜欢，整日与这些美女宴饮娱乐，迷恋得不能自拔，整整一年疏于朝政。这时，秦穆公才放由余归国。

由余归国后多次劝戎王停止逸乐，上朝理事，可是戎王不听他的劝告。由余非常苦恼。

这时，秦穆公就一次又一次地派人劝由余来秦国，由余终于同意了。

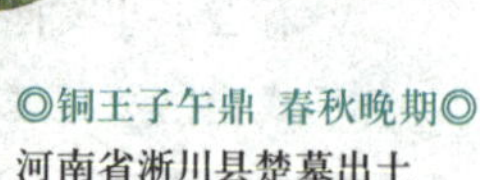
◎铜王子午鼎 春秋晚期◎
河南省浙川县楚墓出土

由余来到秦国后，秦穆公十分高兴，以“宾客之礼”对待他，并且向他请教攻伐西戎的方法和策略。

秦穆公三十七年，秦国采纳由余的策略，攻伐西戎国，得到了西戎十二个国家，开拓了近千里的疆土，成为了西戎的霸主。为此周天子还派召公来到秦国向秦穆公道贺。

过了两年，秦穆公去世了，葬在了雍邑。有一百七十七人殉葬，其中有子舆奄息、子舆仲行、子舆鍼虎三位良臣，引起了人民极度的不满，便作了《黄鸟》这首诗来哀悼这三位良臣。

秦穆公之后，秦国政权更替频繁，而各诸侯国间也相互攻伐，各有胜负。这种状态一直持续到秦王嬴政吞并天下、设立三十六郡为止。

历代名家点评

赵与旹《宾退录》卷八： 夫一人之葬，使六十六人无罪而就死地，固已可骇，而缪公至用百七十七人，习俗之移人，虽缪公不能免，则献公亦贤已哉。

青铜器时代

◎山形冠俑 西周中期◎

中国青铜器时代，包括夏、商、西周、春秋及战国早期，延续时间约一千六百余年。这个时期的青铜器主要分为礼乐器、兵器及杂器。乐器也主要用在宗庙祭祀活动中。礼器是古代繁文缛节的礼仪中使用的，或陈于庙堂，或用于宴饮、盥洗，还有一些是专门做殉葬的明器。青铜礼器带有一定的神圣性，是不能在一般生活场合使用的。所有青铜器中，礼器数量最多，制作也最精美。礼乐器可以代表中国青铜器制作工艺的最高水平。礼器种类包括烹炊器、食器、酒器、水器和神像类。这一时期的青铜器装饰最为精美，文饰种类也较多。

青铜器最常见的花纹之一，是饕餮纹，也叫兽面纹。这种纹饰最早出现在距今五千年前长江下游地区的良渚文化玉器上，山东龙山文化继承了这种纹饰。饕餮纹，本身就有浓厚的神秘色彩。《吕氏春秋·先识》篇内云“周鼎著饕餮，有首无身，食人未咽，害及其身”，故此，一般把这种兽面纹称之为饕餮纹。饕餮纹在二里头夏文化中青铜器上已有了。商周两代的饕餮纹类型很多，有的像龙、像虎、像牛、像羊、像鹿；还有像鸟、像凤、像人的。西周时代，青铜器纹饰的神秘色彩逐渐减退。龙和凤，仍然是许多青铜器花纹的母题。可以说许多图案化的花纹，实际是从龙蛇、凤鸟两大类纹饰衍变而来的。

蝉纹，是商代、西周常见的花纹，到了春秋，还有变形的蝉纹。春秋时代，螭龙纹盛行，逐渐占据了统治地位，把其他花纹差不多都挤掉了。

中国古代青铜器的另一个突出特征是制作工艺的精巧绝伦，显示出古代匠师们巧夺天工的创造才能。用陶质的复合范浇铸制作青铜器的和范法，在中国古代得到充分的发展。陶范的选料塑模翻范，花纹刻制均极为考究，浑铸、分铸、铸接、叠铸技术非常成熟。随后发展出来毋需分铸的失蜡法工艺技术，无疑是青铜铸造工艺的一大进步。

秦始皇的故事

◎ 秦始皇本纪

背景

秦始皇（公元前259年—公元前210年），是秦庄襄王嬴异人之子。秦始皇二十二岁亲政。亲政后，他先后采取了远交近攻、分化离间的策略，灭掉六国，建立了中国历史上第一个统一的、多民族的、专制主义中央集权制国家——秦帝国。他也是中国历史上第一位皇帝。

原文

秦始皇帝者，秦庄襄王子也。庄襄王为秦质子于赵，见吕不韦姬，悦而取之，生始皇。以秦昭王四十八年正月生于邯郸。及生，名为政，姓赵氏。

年十三岁，庄襄王死，政代立为秦王。当是之时，秦地已并巴、蜀、汉中，越宛有郢，置南郡矣；北收上郡以东，有河东、太原、上党郡；东至荥阳，灭二周，置三川郡。吕不韦为相，封十万户，号曰文信侯。招致宾客游士，欲以并天下。李斯为舍人。蒙骜、王龁、麃公等为将军。王年少，初即位，委国事大臣……

分天下以为三十六郡，郡置守、尉、监。更名民曰“黔首”。大酺。收天下兵，聚之咸阳，销以为钟鐻，金人十二，重各千石，置廷宫中。一法度衡石丈尺。车同轨。书同文字。地东至海暨朝鲜，西至临洮、羌中，南至北向户，北据河为塞，并阴山至辽东。徙天下豪富于咸阳十二万户。诸庙及章台、上林皆在渭南。秦每破诸侯，写放其宫室，作之咸阳北阪上，南临渭，自雍门以东至泾、渭，殿屋复道周阁相属。所得诸侯美人钟鼓，以充入之。

◎秦始皇人像◎

史纪风云

大家对秦始皇一定不陌生吧?他灭了六国,统一天下,这是人人都知道的事情。下面,我们就来讲几个关于他的故事。

◎秦始皇画像◎

奇异的出身

秦始皇应该说是秦庄襄王名义上的儿子,为什么这么说呢?

当时的诸侯国为了相互取得信任,常常派太子到别的国家去当人质,秦国的庄襄王就曾经被他的父亲孝文王送到赵国去当人质。当时称他为公子异人。异人在赵国很不得志,但却与赵国的商人吕不韦交好。吕不韦虽是商人,但却很有政治远见,他认为异人以后一定能当上秦国的国君,因此,对异人他可谓煞费苦心。

他供给异人平时所需的钱财、衣食,贿赂监视异人的赵人,让异人可以自由活动。接着,将自己宠爱的美妾——赵姬送给异人。这时候,赵姬已经是有身孕的人了。赵姬嫁给异人后不久便生下了秦始皇。

秦始皇于秦昭王四十八年一月出生在邯郸,生下来取名为政。

异人在吕不韦的帮助下最后登上了秦国的王位,就成了庄襄王。庄襄王即位后便立政为太子,封吕不韦为秦国的相国。

到政十三岁的时候,庄襄王驾崩,他便登上了秦国的王位。这时吕不韦是相国,并且被封为文信侯;李斯为舍人,蒙骜、王齮、麃公等人为将军。因为秦始皇年龄尚小,国家大事便委任大臣们处理。吕不韦位高权重,所以在秦始皇举行成人加冠典礼前的八年间(秦始皇二十岁举行加冠典礼),吕不韦几乎天天和山东的诸侯交战,夺地又掠国,还杀死了起兵反叛的庄襄王的亲儿子长安君成蟜,从而稳稳地巩固了秦始皇的帝位。

吕不韦免官和茅焦劝谏

吕不韦之所以会被免官是受到了长信侯嫪毐的牵连。大家一定会问,这个嫪毐是什么人呢?

说来话长,当年吕不韦虽然将自己所爱的赵姬送给了庄襄王,但两人旧情难忘。庄襄王死后,大权在握的吕不韦便与太后(即赵姬)同居了。这在朝廷中影响非常不好。吕不韦也害怕秦王政知道自己与赵姬的私情,于是就选了嫪毐以宦官的身份进宫陪伴赵姬。

嫪毐不但被封为长信侯,受赐山阳的土地,而且所有的宫室、车马、衣服、花园、狩猎等一概凭嫪毐的意思享用，河西太原郡还被改成了“毐国”。

秦王政九年四月，秦王举行了成人加冠典礼，佩带宝剑，表示成年，可行王事。他首先发现的是母亲竟与其通奸并且还有了孩子，羞辱愤怒中便下令诛杀嫪毐。嫪毐听到消息后便兴兵作乱。秦王命令相国昌平君、昌文君率军攻打嫪毐。

双方在咸阳展开了战斗，昌平君、昌文君取得了胜利，杀死叛军数百人，只有嫪毐和他的亲信卫尉竭、内史肆等少数人逃跑了。

战后，秦王给有功的昌平君、昌文君封了爵位，又给所有参战的宦官升官一级。

接着秦王在国内悬赏百万钱捉拿逃跑的嫪毐等人。他们很快便被捉回来了。秦王对这些人丝毫没有留情，全部施以车裂(古时候的一种酷刑)或斩首示众，除此以外还诛灭了他们的宗族。对嫪毐门下的宾客或服劳役或流放，都作了处罚。

最后，秦王将自己的母亲赵姬流放到了雍地，并且不许群臣劝谏。

第二年，吕不韦也因为这件事受牵连，被秦王毫不留情地免去了官职。

群臣中有敢于劝谏的，全部被秦王杀死了，于是没有人敢再进谏。这时候，齐国人茅焦却不害怕，他仍去游说秦王，他对秦王说：“秦国正要统一天下，而大王却有流放母亲的罪名，我担心诸侯听到这件事会因此而背叛秦国啊！”秦王恍然大悟，于是立刻到雍地迎接母亲赵姬回咸阳，住在甘泉宫里。

◎铜车马◎
铜车结构十分精密，镂雕成菱形花纹格，金属鞍辔上雕有花纹装饰。

李斯当权和尉缭谋事

秦王嬴政在消灭了嫪毐等人的叛乱后，为了抵制反对自己的人，于是下令将各诸侯国的客卿驱逐出境。

李斯此时正是客卿，他冒着风险，向秦王政上书一篇，名为《谏逐客书》。书中历陈了历代客卿对秦国的巨大作用，从而打消了秦王嬴政“逐客”的想法。这篇《谏逐客书》是我国文学史上一篇不可多

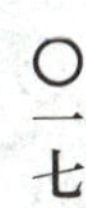

得的散文佳作，李斯也因这篇文章而受到了秦王政的赏识。

尉缭是大梁人，这时他来游说秦王："秦国现在十分强大，其他的诸侯国相比之下实力就差得太远了，您现在最该担心的是他们联合起来共同对付秦国。我认为大王应该花重金去尽所能贿赂各国有权势的大臣，破坏他们的计划，从而将他们逐一消灭，完成统一的大业。"

秦王政听后，十分赞同，就采纳了尉缭的谋略。平时秦王与尉缭平起平坐，一同进餐，可是突然有一天尉缭逃走了！后被秦王政发觉并坚决挽留，又任命他为秦国的军事首领，他才被迫留在秦国。为什么呢？我们来看一看尉缭私下里评价秦王的话，也许对我们全面地认识秦王政这个人有些帮助。他说："秦王为人，蜂准，长目，鸷鸟膺，豺声，少恩而虎狼心，居约易出人下，得志亦轻食人。"（秦王这个人，高鼻梁，细长眼，胸如鸷鸟，声音像豺狼，这种人刻薄而且寡恩，心似虎狼，困穷的时候很容易礼遇能人，得志的时候就会轻易地吃人了。）

果然，秦始皇统一六国后，尉缭就被秦王派人暗杀了。

◎万里筑长城◎

灭六国秦王称始皇

秦王政从十七年灭掉韩国，十九年灭掉赵国到二十六年灭掉齐国，共计用了九年的时间。

平定天下后，他踌躇满志，召集群臣商议帝号。

商议之后，决定称自己为皇帝，并且废除了谥号（古时候君王死后都要被后人评价一生的功绩，然后再加封谥号，前面我们曾提到的文王、武王、厉王、幽王等人都是谥号），自己就是"始皇帝"以后称二世、三世……直到永无穷尽。

皇帝自称为"朕"，并且还追封庄襄王为"太上皇"。

为了防止有人再叛乱，秦始皇决定不再设置诸侯，而是采纳廷尉李斯的建议，全国设三十六郡，郡下设若干县。每个郡由皇帝任命三个最重要的长官：郡守、丞尉和监御史。郡守是郡中最高长官，负责郡中的一切事物；丞尉主要掌管军队；监御史除了辅助二人工作外，还担任着监察他们、随时向皇帝报告他们"动向"的重任。

秦始皇改称老百姓为"黔首"。为了防止黔首暴动，起兵反抗自己的统治，又下令将全天下的兵器都没收，并集中到咸阳全部销毁，并用所得的铜汁铸造了一批兵器和十二座铜人像，这十二座铜人像每个重千石。铸好后，秦始皇命人摆放在宫中，一方面显示自己的威严，另一方面秦始皇感到安慰，仿佛江山已经传了千秋万代似的。

不久，秦始皇在全国统一了法制和度量衡，又统一了文字，这也是他对中国历史发展最重要的贡献之一。

经过不断扩张，秦始皇的领土已经东到东海和朝鲜，西到临洮和羌中，南到日南郡的北户，北依黄河作关塞，依傍着阴山一直到辽东了。这么辽阔的疆土的确是前代君王所不曾拥有的。

秦始皇做完这一切后，又感到咸阳不够繁华、热闹，于是就将国内的十二万豪富迁移到咸阳，以便于自己随时监视他们。如此兴师动众，虽然大家都有怨言，却也不敢说什么，一切都按照秦始皇的意愿进行。

此时的秦始皇真是威风赫赫，他的统治达到了顶峰。

秦始皇巡天下

公元前221年，秦始皇统一了天下。

统一天下后的秦始皇志得意满，于是在二十七年的时候开始巡视天下，显示他的威风。

第一次巡行是往西北方向，秦始皇最远到达了鸡头山。因为车行不便，出巡十分扫兴。于是秦始皇这一次巡行归来就下令火速修建天子巡行大道，道路在第二年便完工了。

第二年，秦始皇率部东巡。他先是巡游东方的郡县，又登上了邹峄山。在邹峄山上，秦始皇命人树立了一块石碑，石碑上刻着自己统一天下的丰功伟业。接着，秦始皇又与鲁地的读书人讨论有关祭祀天地山川的事情。商讨完毕，秦始皇就带领随从登上泰山，选择泰山作为祭天神的地方。

秦始皇在泰山顶上设坛祭天，下山的时候，忽然在路上遇到了一阵儿暴雨，匆忙中，秦始皇躲到了一棵松树底下而避免了被雨淋湿。雨过天晴后秦始皇十分高兴，于是就封那棵遮挡风雨的松树为"五大夫"。

◎御冠俑◎

御官俑通体绘彩，出土时彩色多已剥落。

后来，秦始皇又去了梁父山上祭了地神。

他们一行人沿着渤海向东巡视，经过了许多地方，每到一处，秦始皇就命人立石刻字，歌功颂德，希望千秋万代的子孙都能够牢记他的功德。

返回都城之时，由于在长江上遇到了大风，秦始皇的船队几乎不能行驶。到了湘山祠的时候，始皇向身边的人问道："湘君是什么人？"有人答道："听说，是帝尧的女儿，嫁给了舜，死后就埋在这个地方。人们为了纪念她就修了这座湘山祠。"秦始皇听后大怒，心想："一个女神竟然胆敢阻止我的前行，真是气死我也！"于是他命令三千刑徒(犯了罪的人)到湘山，将山上树木全部砍光后，又放了一把火，烧了湘山祠，整座山被秦始皇弄得光秃秃的，连根草也没有剩下。这时，秦始皇才解心中那股愤怒之气，率部回咸阳了。

二十九年，始皇率部东行，因为他巡视的路线已确定，所以让那些痛恨他的人(譬如说他所灭六国的后裔、谋臣以及不甘于他暴政的人民等)有可乘之机，于是在阳武县的博浪沙(在今河南省)，秦始皇遇刺。但由于沿途秦始皇经常更换所乘车辆，所以这一次刺杀没有成功，但却使他受到了很大的惊吓。之后他命人在全国大规模地搜查十天，结果，刺客还是逃之夭夭。这已是秦始皇第二次遇刺了。第一次是秦王政二十年时，燕国太子丹派荆轲来行刺的，事隔九年，秦始皇又一次"有惊无险"。

在接下来的几年里，秦始皇又在全国巡视了很多地方，仍然是所到之处，立石刻字，颂扬功德。

秦始皇三十一年十二月时，他带领四名武士便装从咸阳出行，途中又遇强盗，幸亏四名武士以身护主，奋不顾身地击杀了盗贼，秦始皇才得以安全而返。秦始皇觉得自己的生命随时随地都有危险，因此一方面他派人去寻访长生不老之药；另一方面，他加大了"法治"的力度。丞相李斯是法家代表人物，主张用刑罚来镇压民众，因此得到了秦始皇的重用。

古代刑法中最残酷的"五刑"就是从秦朝开始的。五刑分别为：墨刑，即在犯人脸上刺字，后用墨涂在上面；劓刑是把犯人的鼻子割掉；荆刑是用荆条来鞭打犯人；宫刑，是

◎虫兽纹铜臂甲◎

臂甲整体圆筒状，臂口宽、腕口窄，背面开口，口沿处有对称的穿孔。甲面有精致的线刻花纹，线条纤细、流畅，形象逼真。

指割掉犯人的生殖器官；大辟就是对犯人处以死刑。这五种刑罚对人民的摧残是不言而喻的。

◎彩绘俑◎
陶俑身上残存的彩绘颜色，主要有红、绿、蓝、紫、黄、黑、白等，多为天然矿物质材料。

秦始皇的“求仙之路”

秦始皇二十八年东巡的时候，齐地徐福等人就曾上书给他，说道：“渤海里边有三座仙山，分别叫做蓬莱、方丈和瀛洲。虽在海里，但离我们人间并不太远，所以从前有人曾到过这三座仙山，并且知道山上住着许多仙人，还有长生不老药。据说这三座山终日云雾缭绕，登上仙山后就好像到了水底下。仙山上的野兽全是白色的，宫殿是用黄金、白银建成的。”徐福等人请求秦始皇让他们去斋戒，并且拨给他们一些童男童女去到渤海里寻找仙人和长生不老药。

秦始皇闻言，大喜过望。立刻批准，拨给徐福等人大笔资金和五千童男童女，命他们立刻起程，去寻找仙山。

可是，几年过去了，徐福等人杳无音讯。

秦始皇不死心，又接连派了卢生、韩终、侯公、石生等人去海中寻求长生不老的药物和仙人。

过了没多久，卢生到海中出使回来，他把有关鬼神的传说都绘成图，又用文字记录下来，向秦始皇禀告：“亡秦者胡也”(灭亡秦朝的是胡)。这个“胡”可以是两种意思，一种是秦始皇的幼子胡亥，一种是北方的胡人。我们先不管这个结论正确与否，秦始皇考虑到第二种可能，立刻派大将蒙恬领三十万兵马向北进发，去攻打胡人，结果夺取了黄河以南的一大片土地。

三十三年，秦始皇又按照“亡秦者胡也”的“仙语”，把曾经逃亡的罪犯、卖身的奴隶和普通商贩征派出去，让他们去西南边疆担负防守的任务。不久，秦始皇又派兵去西北驱逐匈奴，将匈奴赶得后退七百多里，“胡人不敢南下而牧马”。为了防御胡人的进攻，秦始皇又征发全国三分之二的劳力为徭役，把从前秦、赵、燕长城连接起来，西起临洮（今甘肃山民县），东至鸭绿江。人民被这个徭役害苦了。在修筑长城的过程中累死、饿死、冻死和被砸死的人不计其数，不知有多少人的尸骨掩埋在城墙底下，人民苦不堪言。

秦始皇三十五年的时候，秦始皇听从

卢生的游说，自号“真人”不再称自己为“朕”。为了不让别人知道自己的行踪，他还下令把咸阳附近二百里内的两百七十座宫殿，用天桥、甬道相互连接起来，用帷帐遮蔽起来。将钟鼓、美女充实进这些宫殿，并且分别登记好了，不准再变动。如果有谁敢说出皇帝巡行去的地方或居住的地方就处以死刑。秦始皇做这些事情的目的都是为了达到“仙真人”的标准，从而求得长生不老的仙药。

焚书坑儒和修宫造墓

大将军蒙恬驱逐匈奴后，秦始皇以为“亡秦者胡也”的预言被解除了，心中十分得意。

一天，他在咸阳宫廷里设宴，邀请了七十名博士(当时的官名)和大臣们共同庆贺胜利。

席间，主管射箭技术的官吏周青臣首先颂扬秦始皇，他说道：“从前，秦国的领土不超过千里，因陛下英明，消灭各诸侯，统一了天下。现在，凡是日月能够照到的地方，没有人不臣服的。而且，陛下建立的郡县制度，使人民自由安乐，再也没有战争，这么伟大的功业一定会流传万代。从上古到现在，没有任何一位帝王能赶上陛下的德行和威望。”

秦始皇听后，暗暗高兴：“这个周青臣还真是深知我心，深明事理的呀!”

没想到这时博士齐人淳于越针锋相对地进言说道：“臣下听说商朝和周朝统治天下有一千多年的历史，他们之所以会统治这么长时间，是因为分封各自的子弟和功臣当诸侯，用这些人来辅助自己。现在陛下一个人占有天下，而您的

子弟却没有任何地位，一旦朝廷发生什么事情，陛下您岂不是没有任何人来救助?建立大业而不学习古人治国的方法，想要使国家长治久安是不可能的。我就不赞成郡县制度。周青臣当着陛下的面阿谀奉承，这是加重陛下的过错，这样的人能算是忠臣吗?”

秦始皇心里特别厌恶淳于越的这番说辞，但他表面上却不动声色，想听听廷下的大臣们如何议论。

众臣一时间议论纷纷。丞相李斯看出了秦始皇的不快，这时就把握时机，开口说道：“上古五帝的政策是不相同的，夏商周三代的法令也是不一样的，他们都按照各自不同的情况来管理天下。现今，陛下统一了天下，制订一些与之相适应的制度，哪里是这批一味要‘取法上古’的儒生所能够理解的?现在所要做的就是让百姓努力从事农业生产；士人就应该学习法律，避免违犯禁令。所以，臣以为应该禁止那些儒生用所谓的知识来评论当今时势，扰乱民心。臣请求陛下命令史官，让他们将秦国以外的各类书籍一律焚毁；如果有人敢评论《诗》、《书》的就处以死刑……”李斯列举了各种情况的不同处罚方法，秦始皇听后很赞同，于是就命令手下人按照丞相李斯所说的去办。秦始皇在全国掀起了“烧书运动”。他的这一把火，把古代的典籍几乎全部烧光了，不能不让人痛心呵!

◎云纹高足玉杯◎

杯身呈直口筒形，上层饰有柿蒂、云纹，中层勾连云纹，下饰流云、如意纹。

在前面我们曾经提到，秦始皇求仙时为了当“仙真人”不准手下的人泄露他的行踪。

可是，有一次秦始皇带着随从去找住在梁山宫的妃子。在山上看到丞相后面跟随的车马很多，心中很不高兴。他的手下就悄悄告知了丞相，丞相从此出门就减少了车马。秦始皇一看丞相的车马少了，就知道身边有人将自己的行踪泄露出去，

接着审问了所有那一天随同去梁山宫的人，没有一个人敢承认。秦始皇大怒，就将这些人全部都杀了。从此以后，再也没有人知道秦始皇的行踪。

◎阿房宫瓦当◎

曾经为秦始皇寻找仙药的侯公听说了这个消息就去找卢生商量道："秦始皇为人残暴，这是他的天性，他若长生不死，好人就真会被他杀光，我们不能替他去寻找仙药。到梁山宫的随从都被杀了，更说明了这个人的残忍，他又那么独裁，我们如何再为他做事？"

卢生深有同感，于是二人就相约逃走了。

秦始皇听说二人逃走的消息，非常生气，对臣下说道："我将天下无用的书都烧掉，召集各方学士治理国家，可是这些人不是浪费钱财就是妖言惑众，大肆诽谤。侯、卢二人我待他们不薄，他们竟然也背叛我！今天把那些制造妖言，蛊惑百姓的儒生全部抓来审问！"

御史抓来了全部儒生，让他们互相告发借以保命，最后秦始皇亲自判决触犯法令的四百六十多人死罪，并将这些人全部在咸阳城外活埋，以昭示天下，警戒后人。

秦始皇的长子扶苏劝谏道："父王，平定天下刚刚不久，远方的百姓还没有全部归附，儒生们都诵读诗书，效法孔子，可是陛下用严厉的刑法处罚他们，我担心天下会因此而不安宁，希望您三思而行。"秦始皇听出扶苏的话是在替儒生求情，因此十分恼怒，立即决定调扶苏出宫，派他北上去监督蒙恬。扶苏就此离开咸阳，一去就再也没有回来。

秦始皇刚登基时便派人在郦山选好墓地，开始修缮。统一天下后，又派七十多万人前往郦山修坟墓。这坟向下挖到了泉水，灌下铜汁后放置一个石制外棺，棺位旁边，有宫殿观阁，百官的位次，还有珍奇异兽和各种各样的宝物。由于珍宝太多，秦始皇就命令工匠制造自动的弓箭，如果有人想要窃取宝贝，当他一接近就会触动机关被箭射死。棺的外围，用水银做成百川、江河、大海，用机器使这些江河湖海的水相互流通。墓穴的顶棚仿照天体制作了日月星辰，下面是仿照平原高山的地形。这座墓，整整花去了三十多年的时间直到秦始皇死时尚未修建好。

◎秦 半两钱◎

圆形方孔的秦半两钱在全国通行，结束了我国古代货币形状各异、重量悬殊的杂乱状态。

除了造墓和征发徭役去修长城之外，秦始皇还大兴土木为自己修筑宫殿。他认为咸阳的宫殿太小，与其地位不相称，于是就要在上林苑(养禽兽的猎场)建造他理想的宫殿。

始皇计划兴建宫廷的规模是很大的。前殿、正殿、后殿都要重建，左右廊房和嫔妃的寝宫也都要建造。先盖前殿——阿房宫。阿房宫的规模很大，东西宽五百步，南北长五十丈，殿中可以容纳一万多人，从地面到屋顶可以树立五丈高的旗帜。此外，还要与南山和咸阳宫相连，可谓是工程浩大。所以为了修筑阿房宫，秦始皇不惜劳民伤财。当时受宫刑和其他刑罚的人有七十余万(可见当时法制的残酷了)，都被分派去修筑阿房宫和郦山墓。

秦始皇原本想等它建成后，给这座宫殿起一个好名字，没想到还没等阿房宫修好，秦始皇就死了，后人因为宫殿是建在阿房这个地方，给它起名叫做阿房宫。

残酷的法治，沉重的徭役，这些都加速了秦王朝的灭亡。

始皇就墓

秦始皇三十六年的时候，天降流星。有人就在陨石上刻字，上面写道：“始皇帝死而土地分。”始皇听后，派御史逐家审问，没有人认罪，于是把居住在陨石附近的人抓起来，统统杀掉，并焚毁了陨石。

秦始皇为此闷闷不乐，所以命博士作《仙真人诗》，当他巡游天下的时候，传令乐工演奏歌唱。接着他又受到了“今年祖龙死”的诅咒。事情是这样的：就在三十六年的秋天，有使者从关东回来，夜间经过华阴县的平舒道时有人拦住了他，并且那人还手持一个玉璧。那个人对使者说：“替我将这块玉送给滈池君。”(滈池君指周武王。此句话的意思是将秦始皇比做是商纣王，而“滈池君”即周武王，是担负伐纣的责任的。)又说：“今年祖龙死。”使者想问他为什么的时候，那人忽然不见了，玉璧就扔在道上。使者觉得很奇怪，就捡起玉璧给秦始皇呈上并且将路上的经过告诉了他。秦始皇默默无言，过了很久才回答：“山鬼知道的事情本来就不会超过一年，所以他才说今年祖先死的。”秦始皇命令御府查看玉璧，竟然是二十八年巡行天下时，渡长江祭江神丢进水里的那一块!秦始皇更加惶惶不安，心想着祖龙可能就是指自己。他赶紧占卜，卦象上说："皇帝出游或是迁移民众，这两件事都吉利。"这回秦始皇才放心了。

始皇按照卦象要求，把三万户人家迁移到北河、榆中地区；自己在三十七年十月的时候再次出游天下。

这一次出游的随行人员有幼子胡亥、左丞相李斯和赵高等人。这个赵高曾经教导胡亥学习文字和治理讼狱的法律制度，胡亥私下对他很宠幸。右丞相冯去疾留守京城。这一路上，秦始皇拜祭了虞舜和大禹，又留下了石碑来歌颂秦朝的功德。队伍行至平原郡渡口的时候，秦始皇病倒了。始皇最讨厌人们说到他的死亡，所以群臣谁也不敢提死亡这个字眼，可是秦始皇的病情却越来越严重。这时，始皇才写信并且盖上自己的印章，加封后赐给公子扶苏。信中说："回来参加丧事，到咸阳安葬。"这封信被赵高扣了下来没有交给送信的使者，到了七月份，秦始皇在沙丘平台驾崩了。

丞相李斯认为，如今皇上死在外地，秦朝容易发生事变。他害怕秦始皇的那一帮儿子和天下人发动变乱，所以就决定将秦始皇已经去世的消息保密起来，不发丧讯。他把秦始皇的棺木放在一辆宽大的车中，车有门窗，又有帘幕遮着，李斯派始皇亲信的宦官陪着。每到一个地方，安排秦始皇像平常一样进餐，并且群臣和平常一样上奏国事，由宦官从车内批准公文。所以一路下来 ，只有秦始皇的儿子胡亥、丞相李斯、赵高以及五六个亲信的宦官知道秦始皇已经死了，消息就这样被严密地封锁起来。

此时，赵高、胡亥、李斯三人各有打算，但他们都不打算将秦始皇的诏书交给扶苏。赵高一心想扶胡亥登上天子位，自己也便可以拥有秦朝的半壁江山；胡亥当然不想将能到手的皇位拱手相让；李斯想到扶苏不主张法治，反对杀儒生，他当上皇帝会对自己很不利……所以这三个人一道策划将诏书烧掉了，接着又伪造了两份遗诏：一份是秦始皇给丞相李斯的，嘱托李斯在沙丘立胡亥为太子；另一份是给扶苏、蒙恬的，伪诏中列举了他们两个人好几条"罪状"，命令他们自杀。这些事情做完后，他们就假扮着秦始皇在车中议事，送秦始皇的灵柩回咸阳。

当时正值暑天，尽管车队走得很快，但是秦始皇的尸体还是发出了难闻的气味。赵高有些慌了，他害怕人们根据臭味断定始皇已死，就与李斯商量对策，李斯建议每个车上都装上一筐鲍鱼，这样就不知道是什么东西发臭了。

就这样一路急赶回咸阳，到咸阳后，赵高就宣布了秦始皇病死途中的消息，并且按照遗诏扶胡亥即位，赐死扶苏和蒙恬。胡亥在赵高和李斯的阴谋策划下登上了皇位，按照秦始皇的规定，称为秦二世。

历代名家点评

何焯《义门读书记·史记》：至始皇并吞而有之，分天下为三十六郡，于是三代规模一变。此《始皇本纪》所以离而为二也。

毛泽东：秦始皇是第一个统一中国、统一文字，修筑宽广的道路，不搞国中之国，而用集权制，由中央政府派人去各地方，几年一换，不用世袭制度的君王。

王立群：秦始皇既是一代英主，又是一个活生生真实的人。

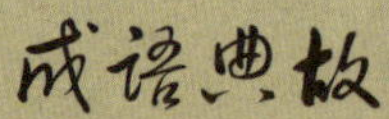

焚书坑儒 焚：烧；坑：把人活埋；儒：指书生。焚毁典籍，坑杀书生。出自汉·孔安国《<尚书>序》：“及秦始皇灭先代典籍，焚书坑儒，天下学士逃难解散。”

秦半两钱

秦王朝建立之前，六国货币形态各异。齐燕使用刀状形货币，韩赵魏使用布状形货币，楚国流通小型蚁鼻钱。秦统一中国后，废除各国原用货币，采用“半两”圆钱为通行全国的法定货币。从此这种外圆内方的钱币形式，在中国保持了两千多年，一直到清末民初。

当时秦王朝为了保证统一货币政策的施行，不仅铸造了大量的“半两”钱，还铸造了为数不多的“重四两”的秦权钱。

那时秦王朝严格规定，只有朝廷拥有铸钱权，严禁民间私铸。秦“半两”既为法定流通货币，就有严格的规定，按秦量制，每枚钱的重量相当于现在的8克左右。为了杜绝私铸，检验“半两”钱的分量，特地又铸造了一种厚重的权钱(又称法钱)，面文左右两侧有“重四两”的小篆文字，穿孔上下有一定的数字符号，作为衡量的标准。按此权钱的标准，一枚权钱应当等于八枚“半两”钱的重量，如果八枚“半两”钱不等同于一枚权钱的重量，那就说明不符合标准。可知这种权钱的铸造，在监督、规范当时全国钱币的流通，进一步巩固“半两”钱的独尊地位，保证统一货币政策的落实，起到了十分重要的作用。

由此可见，千古一帝秦始皇，在统一货币时的措施还是相当有力的。

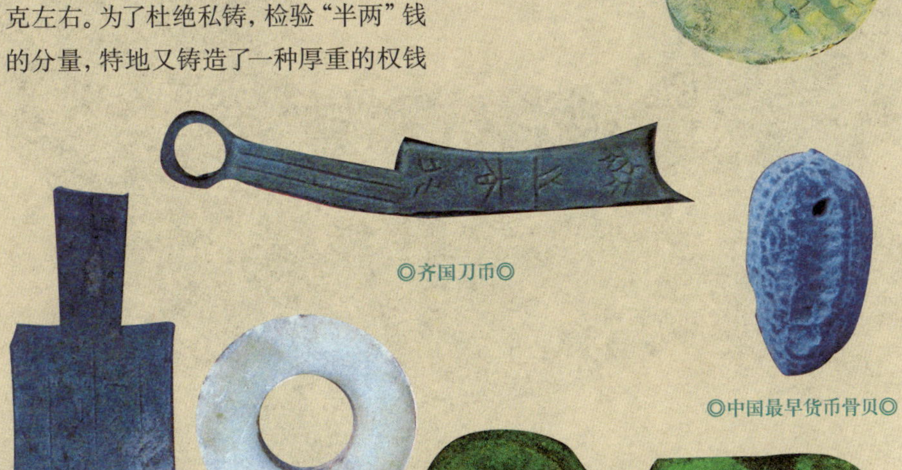

◎齐国刀币◎

◎中国最早货币骨贝◎

◎春秋时期的布币◎

◎环钱◎

◎金错刀◎

项羽少年显奇志

◎ 项羽本纪 秦王政三十七年

背景

项羽（公元前232年—公元前202年），是楚国名将项燕之孙。秦二世元年（公元前209年），陈胜、吴广起义，各地义军揭竿而起，身负国恨家仇的项羽在吴中杀死会稽太守殷通，举兵响应。时年二十四岁的项羽，就这样被农民起义的急风暴雨推上了历史舞台。

原文

项籍者，下相人也，字羽。初起时，年二十四。其季父项梁，梁父即楚将项燕，为秦将王翦所戮者也。项氏世世为楚将，封于项，故姓项氏。

项籍少时，学书[①]不成，去[②]；学剑，又不成。项梁怒之。籍曰："书足以记名姓而已。剑一人敌，不足学，学万人敌。"于是项梁乃教籍兵法，籍大喜，略知其意，又不肯竟学。

项梁尝有栎阳逮[③]，乃请蕲狱掾曹咎书，抵栎阳狱掾司马欣，以故，事得已。

项梁杀人，与籍避仇于吴中。吴中贤士大夫皆出项梁下，每吴中有大繇役及丧，项梁常为主办，阴以兵法部勒宾客及子弟，以是知其能。

秦始皇帝游会稽，渡浙江，梁与籍俱观。籍曰："彼可取而代也。"梁掩其口，曰："毋妄言，族[④]矣！"梁以此奇籍。

籍长八尺余，力能扛鼎，才气过人，虽[⑤]吴中子弟皆已惮籍矣。

注释 <<<

①学书：学习认字和写字。

②去：放弃。

③逮：及。指有罪相连及。

④族：被族诛。

⑤虽：即使。

◎京剧脸谱中的项羽◎

史纪风云

项羽，姓项名籍，字羽。他原来是下相县人，因为他家祖祖辈辈都有人在楚国做将领，得到了项城作为封地，所以就以封地为姓，从此以后姓项了。

当初，秦始皇派大将王翦灭了楚国，项家从此就衰败下来。

项羽自小与叔叔项梁相依为命，项梁的父亲项燕就是在秦楚大战中被王翦杀死的楚国大将。这叔侄二人身负国仇家恨，项梁更是把复仇的希望寄托在项羽的身上，希望通过培养他来恢复楚国。

◎项羽画像◎

项梁精心挑选教师教项羽读书。开始时项羽很用心，因为他很聪明，所以进步很快，但是学了不久他就不学了。项梁责备他没有志气，项羽却说：“叔父，我不敢忘记国仇家恨，只是，凭读书写字怎么能报仇呢?”项梁认为项羽说得有道理，便又开始教项羽学习剑术。项羽学得专心，武艺也越来越高，几乎没有人能够抵挡他了。他身强体壮而且臂力惊人，能够一下子举起上千斤重的大鼎。项梁看到侄子出众的剑术和体魄，心里很高兴，以为救国有望了。谁知，没过多久，项羽又不学了。

项梁很生气，就责备项羽。项羽说道：“剑术固然有用，可是却只能一个一个地对付敌人，这不值得用多长时间去学习的，值得学习的是能够抵挡万人的大本事!”项梁原本很生气，可听了项羽的解释后又觉得他有道理，于是就教给他领兵布阵的兵法。项羽这才眉开眼笑起来，可是才学了没多久，只是略知了兵法大意，他就又不肯再继续钻研下去了。项梁见项羽这样，也变得灰心了，从此不再教授项羽。

这时，项梁杀人犯了罪，被逮入狱。后来托朋友通过关系得到了释放。出狱后，项梁就带着项羽去吴中郡躲避仇人。

吴中人士的才能都在项梁之下，因此郡中有什么事，官吏常常请项梁主持。比如有大型的劳役、兵役什么的，项梁经常做主办人。项梁利用这个机会，暗中用兵法来组织训练吴中的子弟和宾客。项梁发现这些人都愿意学习，就把复国的希望寄托在这些人的身上。

秦始皇要巡行天下，有一次到会稽去祭祀大禹，郡中的官吏和宾客都要出郡迎接，项羽和项梁也出城观看。

秦始皇和群臣渡过浙江时，车水马龙，声势特别浩大，看来威风凛凛。项羽见了，说道：“彼可取而代也!”(这权势可以夺过来，我要取代秦王!)因为当时说这样的话是冲撞王权，是会诛灭九族的，所以项梁一听他这么毫不在乎地说出来，吓出了一身冷汗，连忙捂住他的嘴，小声说:“不要胡说，这可是要灭族的啊!”

项羽的话虽然吓得项梁发抖，但却改变了他的看法。他觉得项羽虽然只有二十四岁，但却有雄心壮志。他看着身高八尺有余的项羽，想到他力气大得能扛起沉重的鼎，于是又将复国的希望再次寄托到了项羽的身上。

历代名家点评

凌士《史记评林》:羽杀会稽守则一府慑服，“莫敢”起;羽杀宋义诸将皆慑服，“莫敢”枝梧;羽杀巨鹿，诸将“莫敢”纵兵;已破秦军，诸侯膝行而前，“莫敢”仰视。势愈张而人愈惧，下四“莫敢”字，而羽当时勇猛可想见也。

叶适《习学纪言》卷十九:太史公论“羽非有尺寸，乘执起陇亩之中。三年，将五诸侯灭秦，分裂天下，而封王侯，政由羽出，号为‘霸王’。”近古所无。

成语典故

万人敌 战胜万人之术，指兵法。《史记·项羽本纪》:“剑一人敌，不足学，学万人敌。”

取而代之 排除别人或别的事物而占有其位置。

争做关中王

◎ 项羽本纪 秦二世元年

背景

公元前206年，巨鹿之战后，项羽乘胜追击，秦军节节败退，军心涣散。章邯见大势已去，率二十万秦军投降了项羽。项羽却在西进途中，下令将这二十万降卒全部坑杀。此时，刘邦乘秦军主力被项羽牵制在巨鹿、关中空虚的大好时机，先进入了咸阳。

原文

项羽已杀卿子冠军，威震楚国，名闻诸侯。乃遣当阳君、蒲将军将卒二万渡河，救巨鹿。战少利，陈余复请兵。项羽乃悉引兵渡河，皆沉船，破釜甑[1]，烧庐舍，持三日粮，以示士卒必死，无一还心。于是至则围王离，与秦军遇，九战[2]，绝其甬道，大破之，杀苏角，虏王离。涉间不降楚，自烧杀。

当是时，楚兵冠诸侯。诸侯军救巨鹿下者十余壁，莫敢纵兵。及楚击秦，诸将皆从壁上观。楚战士无不一以当十。楚兵呼声动天，诸侯军无不人人惴恐。于是已破秦军，项羽召见诸侯将，入辕门，无不膝行而前[3]，莫敢仰视。项羽由是始为诸侯上将军，诸侯皆属焉。

注释 <<<

①釜甑：釜，锅；甑，做饭用的瓦器。

②九战：多次作战。

③膝行而前：跪着前进。

史纪风云

秦国大将章邯把楚国军队在定陶打得大败，又杀了主帅项梁，就认为楚国是不堪一击的了。于是引兵北上，渡过黄河，进攻赵国，并大破赵军。这时，赵国国王赵歇、将军陈余、丞相张耳，一起逃到巨鹿城。章邯命令部将王离、涉间围困巨鹿，自己驻军在巨鹿之南，修筑甬道，替他们运输粮草。赵将陈余率领几万士兵驻守在巨鹿的北面，这样就形成了一个南北对峙的局面。

◎项羽举鼎◎

楚怀王听说项梁兵败身死，秦军围赵，大为惊恐，就从都城盱台赶往彭城，到了之后就将驻扎在那里的吕臣和项羽的军队合并在一起，由自己带领。他还让吕臣做司徒，让吕臣父亲吕青做令尹，让刘邦担任砀郡郡守，赐封武安侯，负责统帅砀郡的兵马。只是将项羽留在了身边，暂时没有给他任何职务。

先前宋义遇到的齐国使者高陵君，此时已经来到楚军中，见到了楚怀王。高陵君说："宋义推断武信君项梁必败，过了几天，项梁果然败了。兵还没有出战，宋义就可以看出兵败的征兆，这真可以说是懂得用兵了。"

楚怀王因此召宋义来议事。交谈之后，怀王对宋义十分喜欢，当即封他为上将军，封项羽为鲁公，是次将，范增为末将，出兵北上救赵。同时，怀王命令刘邦领兵西进，去攻取秦地，向关中挺进。

楚怀王与诸将约定，谁先攻入关中，谁就做关中王。

宋义率军北上，行到安阳，便命令军队驻扎休整，这一住就是四十六天。

次将项羽耐不住了，就对宋义说："我听说秦军在巨鹿围住赵王，我们应尽快带兵渡河。那样楚军从外围打进去，赵兵在巨鹿城内做内应，这样内外夹攻，必定可以攻破秦兵。"宋义听后，不以为然，说道："你这样想就不对啦！我的志在大，不在小。现在秦兵正全力围攻赵国，如果秦胜，秦兵一定疲惫不堪，我们就正好趁他们的疲惫之际打败他们。如果秦兵不胜，我们就可以带军队向西攻去，这样一定能击败秦兵。所以现在不如先让秦赵相斗，我们待机取利。"说完后，宋义又加了一句，"若论冲锋陷阵，我不如你项羽；但若论坐下来运用策略，你就不如我宋义了！"宋义因此又给军中下令，"不听命令的人，一律斩首！"这显然是针对项羽而言的。

接着宋义派他的儿子宋襄到齐国做相国，并亲自送宋襄到无盐去。在那里，他设宴大会宾客，又吃又喝，十分热闹。可是他没有想到，当时天气很冷，又下着大雨，士兵们都处在饥寒交迫之中。

◎云纹瓦当 秦◎

瓦当，多以中心对等均齐的章法较多，呈放射状，趣在静中求动，看去疏朗而饱满。秦汉的匠师，根据题材的需要，挪动了重心中点，成为新的表现手段。

项羽对将士们说：“现在大家应该做的事，是齐心合力攻打秦国，但我们却久久按兵不动。今年的收成又不好，百姓贫苦，因此我们的士兵都啃芋头、嚼豆子，军中没有半点存粮，而宋义却还在饮酒作乐，不肯带兵渡河，不肯从赵国取得粮食，也不愿意与赵国合力攻秦。还说要等到秦军疲惫不堪、粮草一空的时候再攻秦。秦那样强大，而赵国刚刚建国不久，从形势上看，赵国必败无疑。打败了赵国之后，秦国会更强大的，还有什么机会可乘呢?而且，我们楚军刚刚失败，楚怀王坐立不安，把国内全部的兵力，都交给宋义一个人掌管，国家的安危就在此一举了。现在他不顾念国家，不关心战士，还徇私，派自己的儿子去齐国当相国，大家难道还看不出宋义不是一个能替国家出力的臣子吗!”众将领也有这种感觉，都点头称是。项羽见状，心中便有数了。

于是，项羽在第二天早晨就去见上将军宋义，在帐中把他杀了，然后向军中发出号令说：“宋义跟齐国阴谋叛楚，怀王秘密下令叫我杀死他。”于是大家共同推选项羽为代上将军。项羽马上派人追杀宋义的儿子宋襄，终于在齐国的边界追上并杀了他。

诛杀宋义父子后，项羽就派桓楚到怀王那里汇报。楚怀王迫于形势，任命项羽为上将军，当阳君、薄将军都从属于项羽。项羽正式接管楚军后，决定救赵。

项羽派当阳君和蒲将军渡河先去试一试秦兵的实力。二将带了两万精兵，在夜间渡过漳河，同秦将章邯的部队交锋。秦军众多而且都很勇猛，楚军虽没取得大的胜利，但也使秦军受挫不小，给了赵国极大的希望。赵将陈余又请项羽多出兵，项羽便统领全军渡过漳河。过河之后，项羽命令士兵们把渡船凿沉，把做饭的锅和蒸饭用的瓦罐都敲破，只保留三天的粮食。这就是“破釜沉舟”这个成语典故的出处。项羽这样做，目的是想让士兵们

◎秦代项链◎

明白，如果不战胜，就只有死，没有退还的可能。士兵们也都不再迟疑，准备与秦军决一死战。

大军开始围攻王离。楚军勇猛作战，九战九胜，断绝了秦军的通道，大破秦军；杀秦将苏角，俘虏王离；涉间不肯降楚，引火自焚而死。楚军愈战愈勇，冠于诸侯。各诸侯军前来救赵，兵到巨鹿，筑下十多个大营垒，但都不敢出战。等到项羽攻击秦军的时候，各诸侯的将领都躲在壁垒之上观望。这时楚国战士都是勇猛无比，以一当十；楚军作战时，呼喊叱咤，声震天地。诸侯军即使是在壁上观望，都觉得十分畏惧，惊骇万分。

项羽在大破秦军之后，召见各诸侯将领。各诸侯将领在离项羽很远的地方便都跪倒在地，膝行向前，没有一个人敢抬头看项羽的。从这时开始，项羽就做了诸侯上将军，所有的军队都归属项羽部下，项羽成为各路诸侯的统帅。

这个时候，章邯驻守在棘原，项羽驻扎在漳南，两军对阵相持。还没有作战，秦军就屡次后退，秦二世不问青红皂白就派人来责备章邯，章邯派回的长史司马欣不仅得不到赵高的接见，反而被他追杀，再加上与项羽作战屡战屡败，章邯就率部与诸侯军订立盟约，向诸侯军投降了。

章邯见到项羽后痛哭流涕，伤心地说出赵高弄权害人的情形。项羽十分同情，立章邯为雍王，安置在楚军之中。派长史司马欣为上将军，统领秦军，作为先锋，向西进攻。走到新安的时候，因为诸侯的官吏士兵从前都曾到秦去服戍役(打仗和劳役)，当初秦吏卒对他们非常苛刻，现在秦军投降了，诸侯军就乘着战胜之威反过来报复，弄得秦军怨声载道，哀声连连，军心不稳。项羽得知这个情况，就与部下商定将秦国降卒二十余万人全部坑杀在新安城南!然后继续进军攻秦。

项羽所率的诸侯大军攻取秦朝本土，到了函谷关，见有兵把守不能进入。又听说刘邦已经攻下咸阳。项羽大怒，攻入关后率领

大军，长驱直入，直达戏水西面。当时沛公刘邦驻军霸上，没来与项羽相见。

◎错金铭文铜虎节◎
征调车马的信符

刘邦怎么会比项羽先入关内，攻下咸阳呢？

当初，沛公刘邦引兵西进，在昌邑遇到彭越，与彭越合兵同攻秦军，交战不利。回军到了栗县，刘邦就夺刚武侯的人马四千多人，并入自己的军队。后来攻昌邑仍是未能攻下。沛公刘邦在西进的最初，战事是并不顺利的。

沛公刘邦仍是带着队伍向西，路过高阳。当时郦食其任高阳的监门(看守城门的人)，这是一个很有才能的人。当他看到沛公刘邦时，便说：“领兵经过此地的将军很多，我看只有沛公算是一个人物，有仁厚长者的气度。”于是他便去求见沛公刘邦。沛公刘邦此时正劈开双腿坐在床上，让两个女子为他洗脚。郦生见状，并不下拜，只是作了一个深深的揖(拱手礼)说道：“您如果决计要诛灭无道的暴秦，就不该蹲坐着接见长老！”刘邦闻言，连忙站起，整理衣服并向郦食其道歉，请他上坐。郦食其便游说沛公，要他袭击陈留，从陈留那里获得秦所积存的粮食。沛公认为有道理，于是就封郦食其为广野君，任命他的弟弟郦商为将。这以后沛公刘邦接连打了几次胜仗。

到宛城时，刘邦听从张良劝说，将宛城团团围住。后来又接受了南阳郡守吕齮门客陈恢的意见封郡守为殷侯，封给陈恢千户，用这种招降的计策，一路西进，畅行无阻，沿途各城没有不自动降服的。后来刘邦又使用张良计策，几次大败秦军，终于在汉王元年十月，先于各路诸侯占领关中。

沛公到了霸上，秦王子婴乘素车，驾白马，手捧封好的皇帝玉玺、符节，在道边投降。沛公手下诸将有人主张杀掉秦王子婴，沛公说：“当初，怀王派我来，是因为我能够宽容待人。况且秦王已经降服，如果杀了他，不吉利！”沛公于是将秦王交付吏属看管，率部西入咸阳。

沛公本想在秦宫内住下，因为按照前约，他就是关

◎孔雀衔蛇纹铜锥◎
铜锥有圆球形柄，内中空，上端有圆铸孔。球体表面刻纹。

中王了！可是樊哙和张良二人极力规劝，沛公就只好把秦宫中的珍贵宝物和所有库存全部封起来，然后回到霸上驻扎。

沛公召来附近各县的父老豪杰，对他们说："父老们，你们在苛酷的秦法之下生活，痛苦的时间已经够长了。我和诸侯有约定，先入关的就为关中之王。现在我应该在关中称王。今天，我要和父老们约法三章：杀人者处以死刑，伤人和抢劫依法治罪。此外一切秦法，完全废除。所有官吏百姓照旧安居乐业。我所以领兵入关，就是要为父老们除害。不是来侵占，更不做残暴的事，大家不要害怕！"沛公派人和秦朝官吏巡视各县乡村，进行广泛宣传。秦人很高兴，争先恐后地将牛羊酒食献给沛公的将士。而沛公则谦让再三说仓库里还有存粮，不用老百姓破费。民众们更高兴了，惟恐沛公不在秦地称王。

这时有人游说沛公说："秦地很富，且又地势险要，如今听说章邯已投降项羽，且被他封为雍王，将来迟早会来关中为王的，您现在应该派兵去把守函谷关，不许诸侯军进来，然后再逐步征集关中兵员，增强实力，以抗拒诸侯兵。"沛公便依计行事了，于是才有了前面项羽怒而攻关，直抵戏水的那一幕。

关中王究竟由谁来担当呢？

◎青铜立牛贮贝器◎

这是一件束腰圆筒形贮贝器，器盖与身相合而成，其上有对称的双耳，底有4足。盖面中央雕铸1头立牛，沿其周围饰有孔雀衔蛇纹。

历代名家点评

毛泽东："项王非政治家。汉王则为一位高明的政治家。"

黄震《黄氏日抄》：世谓羽与汉争天下，非也。羽曷尝有争天下之志哉！羽见秦灭诸侯而兼有之，故欲灭秦，复立诸侯，如曩时而身为盟主尔。故既分王，即都彭城；既和汉，即东归。羽皆以为按甲休兵为天下盟主之时，不知汉之心不尽得天下不止也。身死东城，不过欲以善战白于世，略无功业不就之悲，而汉之心，羽终其身不知。羽曷尝有争天下之志。

成语典故

破釜沉舟 打破锅，凿沉船。后遂以"破釜沉舟"表示下定必死决心，有进无退干到底。

鸿门宴

◎ 项羽本纪　秦公元前206年

背景

公元前206年，项羽在函谷关攻破秦军，进驻鸿门。此前，刘邦已由武关入关中，接受秦王子婴投降，驻军霸上了。按照当初楚怀王与二人的约定，刘邦先入关，应做关中王，但考虑到项羽的骄横和强大的军事实力，刘邦只好应邀前去拜会项羽。

原文

沛公旦日从百余骑来见项王。至鸿门，谢曰："臣与将军戮力而攻秦，将军战河北，臣战河南，然不自意[1]能先入关破秦，得复见将军于此。今者有小人之言，令将军与臣有郤。"项王曰："此沛公左司马曹无伤言之；不然，籍何以生此？"项王即日因留沛公与饮。项王、项伯东向坐[2]，亚父[3]南向坐。亚父者，范增也。沛公北向坐，张良西向侍。范增数目项王，举所佩玉玦以示之者三，项王默然不应。范增起，出召项庄，谓曰："君王为人不忍，若入前为寿，寿毕，请以剑舞，因击沛公于坐，杀之。不者[4]，若属皆且为所虏。"庄则入为寿。寿毕，曰："君王与沛公饮，军中无以为乐，请以剑舞。"项王曰："诺。"项庄拔剑起舞，项伯亦拔剑起舞，常以身翼蔽沛公，庄不得击。于是张良至军门，见樊哙。樊哙曰："今日之事何如？"良曰："甚急。今日项庄拔剑舞，其意常在沛公也。"哙曰："此迫矣，臣请入，与之同命。"哙即带剑拥盾入军门。交戟

注释 <<<

①自意：自料。意，料，料想。
②东向坐：即面向东坐。
③亚父：尊称，尊敬他仅次于父亲。一说亚父是范增的别名。
④不者：否则，不然的话。
⑤眥：眼角。
⑥参乘：也叫陪乘。乘车时立于车右，相当于卫士。
⑦啖：大口吃。
⑧胜：尽
⑨细说：小人的谗言。

之卫士欲止不内，樊哙侧其盾以撞，卫士仆地，哙遂入，披帷西向立，瞋目视项王，头发上指，目眦[5]尽裂。项王按剑而跽曰：“客何为者？”张良曰：“沛公之参乘[6]樊哙者也。”项王曰：“壮士！赐之卮酒。”则与斗卮酒。哙拜谢，起，立而饮之。项王曰：“赐之彘肩。”则与一生彘肩。樊哙覆其盾于地，加彘肩上，拔剑切而啖[7]之。项王曰：“壮士，能复饮乎？”樊哙曰：“臣死且不避，卮酒安足辞！夫秦王有虎狼之心，杀人如不能举，刑人如恐不胜[8]，天下皆叛之。怀王与诸将约曰‘先破秦入咸阳者王之’。今沛公先破秦入咸阳，毫毛不敢有所近，封闭宫室，还军霸上，以待大王来。故遣将守关者，备他盗出入与非常也。劳苦而功高如此，未有封侯之赏，而听细说[9]，欲诛有功之人。此亡秦之续耳，窃为大王不取也。”项王未有以应，曰：“坐。”樊哙从良坐。坐须臾，沛公起如厕，因招樊哙出。

史纪风云

刘邦的左司马曹无伤派一个使者向项羽密报说：“刘邦想在关中称王，要让秦王子婴做丞相，并要将所有秦的珠宝都据为己有。”曹无伤想以此来取得项羽的封赏。项羽得知这个消息后大怒，说道：“明天一早，让兵士们饱餐一顿，出兵攻打刘邦的军队！”

这个时候，项羽拥兵四十万，停驻在新丰鸿门，沛公拥兵十万，驻在霸上。

范增向项羽献计说：“沛公以前贪财好色，而现在入关后竟然不动财宝，不碰妇女，看来他的志向不小啊！一定要赶快攻击刘邦，趁早消灭他！”

◎刘邦画像◎

楚国的左尹项伯，是项羽的叔父，早年和留侯张良是好朋友。张良随沛公入关，正在军中。项伯便在夜间骑快马飞驰到沛公大营，偷偷去见张良，把项羽第二天早上准备进攻沛公的事，原原本本地告诉了张良。项伯本想要张良和自己一起逃离沛公的军营，可是张良觉得自己是代韩王送沛公来关中的，不能在沛公有难的时候自己逃走。于是，张良就将项伯所说的情况禀报给了沛公。

沛公闻讯大吃一惊，说：“这可如何是好？”

张良问：“派兵守函谷关是谁的主意？”沛公说：“是鲰生。他向我建议守住函谷关，不要让诸侯入关，那么秦地就属于我，可以称王了，所以我就用了他的计策。”张良说：“沛公估计一下，我们的军队，足够抵挡项羽的攻击吗？”沛公默然不语，过了一会儿说道：“当然不能了。可是事已至此，如何是好啊！”

◎孔雀铜镇◎

铜镇实心、平底。整体作孔雀形、昂首、展翅，作开屏状。

张良已看出沛公是真心悔过，于是就给他出主意，让他向项伯说明自己不敢背叛项羽。沛公就按照张良的计策行事了。

张良出来，请项伯进去。项伯进到里面，见到了沛公。沛公先是举杯向项伯敬酒，又与他结为儿女亲家。这时沛公看火候差不多了，就向项伯解释道：“我入关以来，一切保留原样，秋毫不犯。这一切都是专门等待项将军来接收的。至于函谷关的守将，我只是为了防备其他盗贼窜入，也害怕有非常的变故。我守在这里，日夜盼望项将军来，我又怎么敢反叛呢？千万请项伯兄向项将军反映我的情况，说明我的忠心！”项伯答应沛公一定向项羽解释。临行前嘱咐沛公说：“明早一定要早点来向项王谢罪！千万不要忘记了！”沛公忙不迭答应了。

项伯连夜回到项羽军中，把沛公对自己所说的话转告给了项羽，随后又对项羽说：“假如不是沛公先打败关中的秦军，将军怎么能一直入关呢？现在沛公有入关破秦的大功，我们出兵攻击人家，好像不怎么道义吧？我看，倒不如因此而善待他。”项羽听后，觉得挺有道理，就答应了项伯的请求。

◎陶鱼◎

由两片泥板捏合成空心的鱼形，内装粗砂砾，高温烧成。

第二天早晨，沛公只带随从骑士一百多人来见项羽，到了鸿门向项羽谢罪说：“我和将军二人合力攻秦，没想到我竟然能够先入关内，能与将军再见面真是太好了！”接下来，沛公又试探地问道：“不知道哪个小人向将军进谗言，让你误会了我的一片忠心？”项羽毫不在意地接口说道：“这是沛公你的左司马曹无伤说的，要不然，我怎么会如此动怒呢？”

项羽当即留沛公一起饮酒。

项羽和项伯朝东坐，范增、沛公、张良三人分别朝向南、北、西三面。席间范增多次用眼色暗示项王，又举起随身佩带的玉玦三次暗示项王，要他下令杀死沛公，项羽都没有反应。

范增见势不妙，就起身离席，到外面去召来了项庄。范增对项庄说："大王为人心肠太软，不忍亲自下手。你进帐去，上前向沛公敬酒，敬酒过后，你就请求在座前舞剑，乘舞剑的便利刺杀沛公。沛公这个人非除掉不可，不然的话，你们这些人都会被他俘虏的！"

项庄进入帐中，向沛公刘邦敬了一杯酒，敬完酒，项庄说道："大王和沛公饮酒，军中也没有什么好娱乐的，请准许我舞剑，来为大家取乐吧！"项羽大声叫道："好！"项庄于是拔剑起舞。项伯看出了项庄的用心，便请求项王也让自己舞剑助兴，项王准许了。

二人同时舞剑，项伯经常用自己的身体掩护沛公，所以项庄一直没有机会下手。

张良一看形势不好，连忙出帐，在外面找到了樊哙。樊哙问张良："今天的事情怎么样了？"张良说："十分紧急！现在'项庄舞剑，意在沛公'！"（项庄拔剑起舞，但他的用心是时时在想刺杀沛公！）樊哙闻讯说道："这可太紧急了！我进去，和沛公同生共死！"樊哙就带了宝剑，持着盾，进入军门。军门守卫的兵士拦阻他，他持盾掩住身体，向卫兵撞去，卫兵应声倒地。樊哙进入大帐，拉开帐帷，向西站着，面对项羽，张圆了眼睛，瞪着项羽，头发竖了起来，眼角都睁裂了。

项羽大吃一惊，按剑大声问道："来的是什么人？"张良回答说："这是沛公的随身护卫，樊哙！"项羽说："真是壮士！给他一大杯酒！"左右便送给他一大杯酒，樊哙一饮而尽。项羽说："赐给他猪腿！"左右又送过去一条生猪腿。樊哙把盾倒扣在地上，把猪腿放在盾上，拔剑切开，大吞大嚼。项羽说："壮士，还能再喝酒吗？"樊哙说："我连死都不怕还怕什么喝酒呢？秦王暴虐狠毒，有虎狼之心，杀人只怕不尽，用刑只怕不重，天下人痛苦不堪，都奋起而反秦。楚怀王和诸王有约：'先打败秦军进入咸阳的，在关中为王。’如今沛公先破秦进入咸阳，对咸阳的一切什么都没敢动过，封闭宫室专等大王前来，没想到大王会听信小人馋言，要杀有功之臣，这种做法，不过是暴秦那一套的继续罢了！樊哙愚见，大王实在不该这样！”项羽无话回答，只好说：“你坐。”樊哙于是坐在张良旁边。过了没多久，沛公见情势紧张，便起身说要去厕所走出帐外，暗中召唤樊哙出来，张良也跟了出来。

◎蛙形兽 汉◎
兽体略呈伏蛙形，中空。昂首，双目圆睁，宽鼻，咧嘴露齿，嘴角两侧有胡须，小尖耳，头顶上的双角向后弯曲，体躯两侧饰羽毛图案，为双翼。

沛公出帐以后，项羽就派都尉陈平去召沛公回来。沛公和樊哙商议说：“我现在应该走了，但是出来的时候没有告辞，这怎么办？”樊哙说：“做大事的时候，不必去顾虑小节。如今人家是刀和切菜板，而我们是鱼和肉，正是任人宰割的情势，还讲什么虚礼！”于是，沛公决定马上逃走。他命张良留下来，向项羽辞谢。张良问道：“沛公今天来这里，带了什么礼物？”沛公就说：“我带来白璧一对准备献给项王，玉斗一对要献给范增，但看他们正在发怒不敢献，你替我献给他们好了。”张良答道：“遵命。”

这时项羽的军队与沛公的军队相距四十里。沛公留下车马随从在鸿门不用，独自一人骑马，脱身而走，樊哙、夏侯婴、靳强、纪信等人保护沛公同走，四人持剑步行。从小路回到沛公驻军的霸上。

临走前沛公对张良说：“你估计我差不多已经到军中、项羽想追也来不及的时候，就进帐向项羽辞谢。”

沛公走了以后，张良估计时间差不多了，这才进帐向项羽告罪。张良说：“沛公不胜酒力，酒醉不能支持，所以不能进帐向大王告辞，他派我奉白璧一双献给大王，玉斗一对献给大将军范增。”张良捧上白璧和玉斗。项羽说：“沛公现在在哪里？”张良说：“沛公听说大王对他有责备的意思，很害怕，已经先走了，此时可能已经回到军中了。”项王便接受了白璧放在了座上。范增接过玉斗，掷在地上，拔剑一击，击得粉碎。他又恨又怒地叹息说：“唉！这些年轻没见识的人，不足以和他们共谋大事，夺取项王天下的人，一定是刘邦了，我们这些人，要做俘虏了！”

沛公回到军中，立刻杀了曹无伤。

过了几天，项羽引兵西进，洗劫咸阳，杀了投降的秦王子婴，焚烧了秦的宫室，大火一连烧了三个月。项羽掠取的秦宫财产、妇女，后来都带回了关东。

历代名家点评

李晚芳《读史管见》：史称增素好奇计，以事考之，增计不能奇也。凡羽之恃强失道，如汉王临广武而数之者，未闻增有所谏止；而两雄角逐，义理之端，事几之会，楚每失之，顾欲使壮士舞剑杀沛公于欢饮之间，是一老愚人而已。

毛泽东：刘邦的成功，与他出身下层很有关系。刘邦能够打败项羽，是因为刘邦和贵族出身的项羽不同，比较熟悉社会生活，了解人民心理。

王冉冉《史记讲读》：鸿门宴是历史的转折点。从此，项羽就一步步走向失败，走向灭亡。

成语典故

彘肩斗酒 形容英雄豪壮之气。出自《史记·项羽本纪》："哙遂入，披帷西乡立，瞋目视项王……项王曰：'壮士，赐之卮酒。'则与斗卮酒。哙拜谢，起立而饮之。项王曰：'赐之彘肩。'则与一生彘肩……"

项羽自封楚霸王

◎ 项羽本纪　秦公元前206年

背景

公元前206年，项羽引兵进入咸阳，自立为"西楚霸王"，并定都彭城。同时他又割地封王，分封了十八个诸侯，其中封刘邦为汉王，企图遏制刘邦势力的发展，使其不得东进。结果是养虎贻患，导致汉军日后卷土重来。

原文

居数日，项羽引兵西屠咸阳，杀秦降王子婴，烧秦宫室，火三月不灭。收其货宝妇女而东。人或说项王曰："关中阻山河四塞，地肥饶，可都以霸。"项王见秦宫室皆以[1]烧残破，又心怀思，欲东归，曰："富贵不归故乡，如衣绣夜行，谁知之者！"说者曰："人言楚人沐猴[2]而冠耳，果然。"项王闻之，烹说者。

注释 <<<

①以：同"已"。

②沐猴：猕猴。沐猴而冠，言其纵使戴上人的帽子，也始终办不成人事。

史纪风云

项羽在鸿门宴上没有听范增的计谋放走刘邦之后，便率兵进入咸阳，杀了秦王子婴，劫夺财宝分给诸侯，将秦宫中的妇女虏取过来，并一把火烧了秦王宫殿，打算回江东去。

◎金腰带圆形铜扣◎

这是一条用黄金锻打而成的腰带，其上錾刻卷云纹和曲线纹。中央嵌乳凸形红玛瑙，其外镶嵌绿松石和玉环。

这时，有一个有见识的名叫蔡生的人向项羽建议说：“关中之地，有山河险阻，四面有山河城关的要塞，即使强大的敌人也不敢进犯，并且还有肥沃的土地，大王为什么不据守咸阳，偏偏要回江东去呢？”

项羽答道：“您说的道理是对的！我曾想过这个问题，可我不能继承秦王的统治，不能让民众来反对我啊！况且我现在一直在思念着江东的父老乡亲。”项羽看了看蔡生，又接着说道：“有了财物和珠宝玉器，有了权力和地位，这对我来说已经够了！有了这些东西而不返回故乡，就好像是穿着漂亮的衣服在晚上走路一样，你说，有谁能看得见呢？”

◎陶牛车◎

车厢呈长方形，卷棚顶，正面敞，后面下部有挡板。车内置凭几。双辕，前端有横轭，置于牛颈。辐条式车轮，出毂，插辖。牛瘦长，身上涂饰白粉。

蔡生听了项羽的话，觉得这个人虽然英勇善战兵多将广，但没有坚定的信念，没有远大的理想，是不可能成就大业的。所以他失望地长叹一声，便作揖告退了。

项羽命令兵士将珠宝、妇女装在大车上，准备东归彭城。启程的时候，一个名叫韩生的人赶来劝阻项羽。他说道：“大王不应该如此东归，您打了天下而不做天下人之主，又何必冒那么大的风险，去打一次又一次的仗呢？”

项羽回答道：“打天下，是为了反对秦的暴政。东归是为见江东的父老乡亲。我已经决定了，你别再多说什么了！”

韩生见项羽不为所动，又如此执拗，便说道：“有人说楚人是‘沐猴而冠’(猴子戴帽子，意思是做什么事情都是心血来潮，没有常性)，今日看来，果然是真的。”

项羽听到韩生的话，非但没有从中吸取经验教训，反而被气得哇哇大叫，立刻下令让人将韩生推出去斩首，继续率领队伍东归了。

项羽派人送消息给楚怀王，希望楚怀王能够封自己为王，可是怀王只是告诉使者，按原先商定的办，即“先入关中者为王”。项羽对怀王这个决定十分不满。于是就想出一条能封自己为王的计策。

他先是改楚怀王的尊号为“义帝”，实际上是不听怀王之命。接着他对诸侯说：“天下开始起兵的时候，为了收拢民心，不得不假立楚怀王的后代，以便去讨伐秦国有个出兵的理由。三年来，我们冲锋陷阵，终于消灭了秦王的暴政，安定了天下，这可与义帝没有一点儿的关系，都是我们的功劳！我觉得咱们应该分天下的土地来各自称王，你们同意吗？”各诸侯的首领也早有此意，只是没敢说出来，所以当然不会有人反对。

项羽于是封沛公为汉王，领辖巴、蜀、汉中三郡，以南郑为都。这是项羽与范增提前商量好的计策。他们既担心沛公有夺取天下的想法，又不敢不封刘邦为王，因为刘邦先入关中应该为王，如果违背盟约，诸侯可能会反叛。所以他们还扬言：巴、蜀二郡也是关中之地，故而让沛公在那儿为王。实际上巴、蜀二郡道路奇险，而且秦朝放逐的人都居住在蜀地，是一个很糟糕的地方。安排了沛公之后项羽又把关中之地分成三块，封秦王的三个降将为王，他想用这种办法围阻刘邦。封章邯为雍王，拥有咸阳以西的土地，以废丘作为都城。长吏司马欣因为救项梁有功，都尉董翳劝章邯降楚有功，所以，封司马欣为塞王，拥有咸阳以东到黄河的土地，以栎阳为都；封董翳为翟王，拥有上郡地区，以高奴为都。剩下的诸侯，项羽都依据他们功劳的大小，分别封王封侯。

项羽自立为西楚霸王，领有九个郡，都城设在彭城。

汉王元年四月，诸侯王各自回封国，项羽为了免除后患，派人秘密杀了义帝。

刘邦被项羽封为汉中王后，心中虽然十分不服，但因为自己力量单薄，只得委屈去汉中即位。

刘邦起程时，项羽拨了三万人马追随刘邦到汉中，另外有各诸侯的士兵共几万人自愿跟刘邦去。

刘邦经过蚀川后，用了张良的计策，烧毁了栈道。这样做一方面可以防备诸侯和强盗的偷袭，另一方面也是做给项羽看的，让他相信自己会安于汉王之位，不再有东进夺取关中之地的打算了。这样，自己在汉中发展势力就不会引起怀疑而且能够争取到较多的时间。

后来，刘邦率领士兵到达都城南郑，可是却发现有许多将领和士兵都逃回家去了，没有逃走的士兵，也流露着思乡之情，军心不稳，怎么能安定地发展壮大呢？

这时，大将韩信对刘邦说：“项羽封赏功臣，却把您一个人封到南郑来，这实际是流放啊！我们的军士大多是山东人，他们现在思念家乡，这种感情我觉得正好可以利用。率领他们去攻取家乡的土地，战斗力必然会十分强，这样就能够成就大业。我劝大王现在起兵，因为，如果天下安定了，人们都向往安宁的生活，那时就不能再用兵了。不如现在决定，军队向东开拔，去争夺天下吧！”

刘邦采用了韩信的策略，回师先去袭击雍王章邯，击败他后，顺利平定了雍州之地。

历时五年的楚汉战争，由此展开。

历代名家点评

张耒《柯山集》卷四十：世之言雄暴虎武者，莫如刘季项籍。此二人者，岂有儿女之情哉。至其过故乡而感慨，别美人而涕泣，情发于言，流为歌词，含思凄婉，闻者动心焉。此两人者，岂其费心而得之哉？直寄其意耳。

郝敬《史汉愚按》卷二：与高帝并起，灭秦之功略相当，而羽以霸王主盟，尤一时之雄也。秦灭六国，楚灭秦，秦既纪矣，可绌楚乎：故并尊羽与秦汉间，不欲以成败论英雄也。

毛泽东：项羽有三个错误，如鸿门宴不听范增的话，放跑了刘邦；鸿沟协定，他认真了；建都徐州，那时叫彭城。

毛泽东：宜将剩勇追穷寇，不可沽名学霸王。

王立群：楚霸王项羽是历史上一位叱咤风云的英雄，巨鹿之战、彭城之战等都成为历史上经典战例。

成语典故

衣绣夜行 指穿了锦绣的衣服在夜间走路，在此比喻虽取得高位，却不能让人看到自己的荣耀。

沐猴而冠 沐猴就是猕猴，沐猴而冠就是猕猴戴帽子的意思，比喻人虚有其表。

楚霸王垓下兵败

◎ 项羽本纪 秦公元前202年

背景

公元前202年，卧薪尝胆的刘邦向刚愎自用的项羽发动了大决战。项羽垓下兵败后，率领仅存的八百多人向南突围，到和县乌江边时，仅剩下二十多人。项羽自觉无颜再见江东父老，遂自刎而亡，一位乱世枭雄就这样悲壮地灰飞烟灭了。

原文

项王军壁垓下，兵少食尽，汉军及诸侯兵围之数重。夜闻汉军四面皆楚歌[①]，项王乃大惊曰："汉皆已得楚乎？是何楚人之多也！"项王则夜起，饮帐中。有美人名虞，常幸从；骏马名骓[②]，常骑之。于是项王乃悲歌慷慨，自为诗曰："力拔山兮气盖世，时不利兮骓不逝。骓不逝兮可奈何，虞兮虞兮奈若何！"歌数阕[③]，美人和之。项王泣数行下，左右皆泣，莫能仰视。

注释 <<<

①楚歌：唱楚地的民间歌谣。

②骓：毛色黑白相间的马。

③歌数阕：唱了几遍。阕，段、遍。

史纪风云

楚霸王项羽率领诸侯军，消灭秦王朝之后分封天下。沛公刘邦被封为汉中王，但他在张良的辅佐下，不甘于这种命运，于是挥师东进攻取了雍州之地，拉开了楚汉战争的序幕。

战争之初，项羽拥有绝对的优势，但是由于他刚愎自用，且又有勇无谋，竟受奸人挑唆，怀疑一直为他尽心尽力的谋士范增，

致使范增愤而辞官，病死于回乡途中。失去范增的项羽在战争中，更多了许多的盲目和错误。而刘邦却善于用人，运筹帷幄有张良，镇守国家、安抚百姓有萧何，用兵打仗又有韩信。刘邦对他们善加利用，所以一天天地兵势强大，拥有了能够诛灭项羽的实力。

到后来，项羽因为海春侯兵败，自己引兵从睢阳火速赶回，被汉军占了有利地势。当时情势对项羽十分不利，唯一有利的一点是在前不久，项羽俘获了刘邦的父母妻子，这三人尚在军中。

从形势上看：汉军气势强盛而且粮食充足；楚军则士兵劳累且粮食不多。所以汉王就先派一个叫陆贾的人去说服项王让他放了自己的亲人，项羽不同意。第二次，刘邦又派了侯公去游说项王，此人是天下辩士，所到之处可以倾国，果然不负众望。项羽跟汉王刘邦立约讲和，平分天下，划鸿沟以西的地方为汉国，以东的地方归楚国。

和约签订后，项羽立即派兵送还了刘邦的父母和妻子，而自己带兵向东去了。

汉王刘邦也打算西归，可是这时张良和陈平劝他说：“如今汉国有了大半天下，诸侯又都归附了您，现在楚军兵疲粮绝，这正是上天灭亡楚国的最好时机啊！您一定要趁现在灭了楚国，放了项羽，这不等于养虎为患吗？”汉王一想，十分有理，就约韩信和彭越的军队共同攻击楚军。

汉王兵到了固陵，由于韩、彭二人未能如约率军到来，汉军大败。张良给汉王出主意让他给韩、彭二人封地，以便消除威胁，使他们二人全力攻楚。果然，二人得到封地后，立刻出兵攻楚，在垓下，楚霸王项羽被汉军合围了。

项王的军队驻扎在垓下。他所剩的兵士们已经不多了，而且粮食也早就已经吃完了，兵营里面甚至发生了人吃人的现象，而外边，汉军和诸侯之兵包围了好几层。项羽看到这种情势，痛心极了。

这天晚上，项王忽然听到四面的汉营之中唱起了楚歌，歌声扰得原本就已经心灰意冷的楚军更加思念家乡，都不想再打仗了。而项王听到歌声后也心下悲凉，夜不能寐，与虞姬一起在帐中饮酒消愁。

虞姬是一个温柔、美丽而且深爱项

◎鸭形熏炉◎

炉体为一挺立的鸭形。昂首，曲颈，额顶刻有羽毛，背脊隆起并镂空透雕，作为可以启闭的炉盖，掌蹼清晰可辨，下为碗形承盘。

◎角形玉杯 汉◎

杯形如兽角，口椭圆，杯底有细软弯转的绳索式尾，缠绕在杯身下部。杯口沿阴刻弦纹一周，杯身以浅浮雕和双钩法饰勾连云纹。器体轻薄，抛光琢制俱佳。

羽的女子，多年来她随着项羽征战各地，毫无怨言，项王也十分宠爱她。

美酒、夜色和哀怨的楚歌，项羽思及自己起兵反秦，自封西楚霸王到现在被围垓下，不禁慷慨悲歌，他对着虞姬唱道：“力拔山兮气盖世！时不利兮骓(项王经常乘骑的一匹骏马)不逝；骓不逝兮可奈何！虞兮虞兮奈若何！”项王反复吟唱，虞姬在一旁和着他的歌声，哽咽不能成声，而从不流泪的项羽也泪下数行，左右侍从也都哭得抬不起头来。

这时，虞姬擦干了眼泪，对项王说道：“贱妾追随大王多年，无以为报，如今不愿拖累大王，愿以死来报答您对我的这份恩情。”说完，快速拔过身边士兵的佩剑，自杀身亡。

项羽急步向前，抱起虞姬的尸体，深深地看了她一眼然后当即下令：“我要率兵突围！愿意追随我的，就跟我来，不愿意的就留在这儿等待汉军招降！”

于是，项羽带着愿意随从的壮士八百多人骑马乘夜色突破重围，向南飞驰而去。

天明的时辰，汉王才发觉项羽已突围，就命令灌婴带领五千骑兵去追赶。这时项羽已过了淮河，骑兵中可以跟得上他的也只剩下一百多人了。

后来，项王迷了路，在沼泽中又失去了一些兵士，终于被汉军追赶上了。此时，项羽身边只剩下了二十八名骑兵！

项王知道自己这次很难脱身了，就对身边的骑兵说道：“从我起兵到现在已经有八年的时间了。我一共打了七十多次仗，从来没有败过，所以才能称

霸天下。而今天我将被困死在这里，这是上天要我败亡，决不是作战的过错。既然今天要死了，我愿意为你们痛痛快快地再打一仗，一定要连胜三次，为你们突围、斩将、砍旗！让你们知道是上天要灭亡我，不是作战的过错！”

于是项王把身边的骑兵分为四队，向四面冲杀。这时几千名汉军已经将他们牢牢地包围起来。

项王对他的骑兵们说：“看，我先斩一名汉将！”他命令骑士们向四面飞驰而下，约定在山的东边分三处集合。于是项王大声呼叫着奔驰而下，汉军见状四散溃退，项王迅疾地斩杀了一名汉将。这时赤泉侯杨喜担任骑将，追击项王，项王回头怒视，赤泉侯人和马都受到了惊吓，退避了好几里。

项王与他的骑士们分三处会合，汉军找不到项王所在，就分为三处，重新包围。

项王又驰马冲杀，这次又斩杀汉军的一名将领和上百名兵士。回来集合自己的骑兵，只不过仅仅损失了两个人。项羽这时问他的骑兵：“怎么样？”那些骑兵都敬服地说：“跟大王所说的一模一样！”

项羽退到了乌江西岸，乌江亭长早就在那里停船等候他了。亭长劝项羽道：“大王请赶快上船，我渡你们到江东去，江东虽小，但地方也有千里，还拥有数十万民众，到时再报仇也不迟！”项王闻言，笑了。他说道：“上天要灭亡我，我还渡江干什么？况且当初我带了八千江东子弟渡江西进，如今没有一个人返回，即使江东父老怜爱我并让我为王，我又有什么面目再见他们？就是他

◎鸭形熏炉◎
整体为鸭形。昂首，张口，双翼羽翅刻画细腻，尾羽翘起。整个上半部分为炉盖，可移动，下半部分为椭圆形炉身，盖、身之间为子母口。

们什么都不说，我也还是有愧于心的啊！”说完，将自己的那匹战马——骓送给了亭长说：“我骑此马已经五年了，所向无敌，曾经日行千里，不忍心杀它，送给您吧！”

项羽命令骑士们都下马步行，用短兵器准备搏斗。汉军追上来后，只项王一人就杀死汉军数百人，他自己身上，也受伤十多处。

后来，项羽被汉兵认出来，他就说道：“我知道汉王悬赏千金买我的头，封邑一万户，我就给你们这点儿好处吧！”说完，就挥剑在乌江边上自杀了。

王翳最先取得了项王的头颅。其余的骑兵就去争抢项王的身体，他们自相残杀，有好几十人因此而毙命。后来，项羽的身体被分成了四份，抢夺到的人也因之而封侯封地。

项王已死，楚地尽归汉王。

刘邦最后以鲁公封号礼葬项王于谷城。他还亲自去替项羽发丧，据说是洒泪离去的。

历代名家点评

胡应麟：《少室山房笔丛正笔》项王喑呜叱咤，千人皆废。然东城之役，灌婴以五千追之，虽杀伤过当，卒自刭，势也。

吴见思：《史记论文》八十人渡江而西，忽化而两万，六七万，数十万，忽化而为八百余人，百余人，二十八骑，至无一人还。其兴也，如江涌；其亡也，如雪消。令人三叹。

成语典故

四面楚歌 出自《史记·项羽本纪》：“夜闻汉军四面皆楚歌，项王乃大惊，曰：‘汉皆已得楚乎？是何楚人之多也。’”比喻处于四面受敌、孤立无援的困境。

吕后与孝惠帝

◎ 吕太后本纪　高祖十二年

背景

公元前195年，惠帝即位，尊吕后为皇太后。由于惠帝仁弱，西汉政权实际上掌握在吕后手中，致使惠帝忧郁而死。吕后先后掌权长达十六年，是中国历史上帝后专政（吕后、武则天、慈禧太后）的第一个人。

原文

吕太后者，高祖微时妃也，生孝惠帝、女鲁元太后。及高祖为汉王，得定陶戚姬，爱幸，生赵隐王如意。孝惠为人仁弱，高祖以为“不类[1]我”，常欲废太子，立戚姬子如意，“如意类我”。

戚姬幸，常从上之[2]关东，日夜啼泣，欲立其子代太子。吕后年长，常留守，希[3]见上，益[4]疏。如意立为赵王后，几代太子者数[5]矣。赖大臣争之，及留侯策，太子得毋废。

注释 <<<

①类：似。
②之：至。
③希：同“稀”。
④益：：更加。
⑤数：：音shuò，屡次。

史纪风云

吕后名雉，字娥姁，是汉高祖刘邦贫贱时所娶的妻子。她生了两个孩子，一个男孩，一个女孩，儿子是后来的孝惠皇帝，女儿是后来的鲁元公主。

刘邦成为汉中王时，在定陶又娶了戚夫人，这个戚夫人十分年轻貌美，所以很得刘邦的宠幸，没多久又生下一子，取名叫如意。如此

◎蚀花石髓珠 东汉◎
红色，半透明，整体呈圆筒状，其两端口略收，表面有八道白色平行线纹。

一来，戚夫人在刘邦面前就更受宠了。

刘邦在关中作战的时候，常带戚夫人随行。这个戚夫人就故意日夜在刘邦面前啼哭，为的就是让刘邦立自己的儿子如意为太子。当时孝惠已经被立为太子了，可是刘邦认为他太仁慈柔弱，一点儿也不像自己，没有帝王之相。相反，渐渐长大的如意，不仅相貌与自己十分相似，而且性格也很相像，况且自己现在又如此喜爱戚夫人。所以，刘邦就有了废掉太子，另立戚夫人之子如意的打算。当时，吕后已经老了，常常留守在家，自然不会随同刘邦东征西战，与刘邦的见面机会很少，关系便也渐渐疏离了，不能替儿子孝惠争得他应得的权利，为此，吕后暗暗忌恨在心上。

如意先是被刘邦立为赵王，有好多次几乎取代了太子，幸亏大臣们据理力争再加上留侯张良的计谋起了作用，孝惠这才保住了太子之位。

后来，刘邦在长乐宫去世了，可惜他没有替自己喜爱的母子二人安排一个好的去处。吕后在刘邦死后就立即关押了戚夫人，将她囚禁在永巷，同时，派使者去召戚夫人的儿子赵王如意进京。使者一连去了三批，都被赵相建平侯周昌打发回来。周昌对使者说："高祖嘱咐我保护赵王，赵王还很年少，他不懂得人世的复杂关系。我听说太后怨恨戚夫人，她派人来召赵王回宫一定是想将她们母子一并杀掉。我不敢让赵王回京，而且赵王也正在生病，不能奉诏前去。"

使者回来后将情况禀报给吕后，吕后特别恼怒，于是就先派人去征召赵相国周昌到长安，周昌不得不从，只得先去了长安。随后，吕后又派使者召赵王如意进宫。如意这一次只得应召，于是就启程往京城方向赶来。

孝惠帝是一个十分仁慈的皇帝，他深知太后讨厌戚夫人母子。知道此事后，就亲自到霸上迎接赵王回宫，自己又与赵王一同起居和饮食，这样一来吕后就没有机会下手了。可是，吕后仍不肯善罢甘休，她布置了许多密探，日夜监视惠帝的活动。

终于有一天，惠帝早晨起来要去外面射猎，因为时间太

◎龙纹熏炉 西汉◎
隆盖，炉壁平直，高柄座，腹部两侧设兽首衔环耳。镂空顶盖，顶上有一环形钮，周围为一圈透雕首尾相连的龙纹，弯曲盘绕，其外是两圈镂空的直条纹，呈放射状排列，腹部、座装饰凸弦纹带。

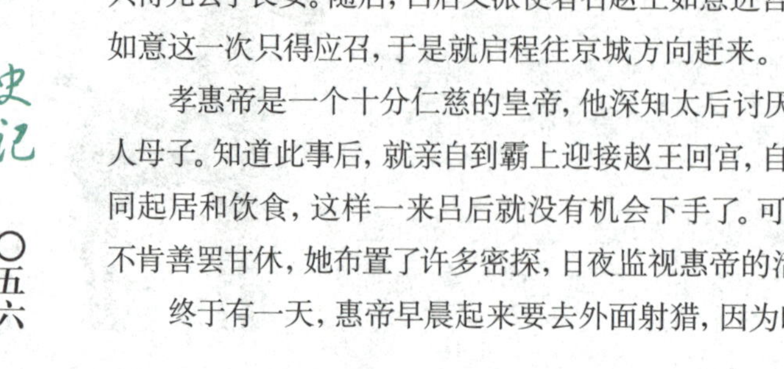

早，而赵王年少不能早起，所以这一次二人没有同行。密探立刻将这个消息报告给了吕后，吕后就派人拿着毒酒给赵王如意灌下去了。天刚亮，惠帝回来了，年少的赵王已经被毒死了，惠帝看到这个场景，心里十分悲伤，怪自己没有保护好年幼的赵王，以致让太后有了可乘之机。可是吕后毕竟是自己的亲生母亲，惠帝也明白，吕后这样做是为了使自己的帝位更加巩固，所以也就没再说什么。

吕后杀死赵王如意后不久，又开始谋划惩治戚夫人的方法。回想着自从戚夫人得宠后，刘邦一心都在她身上，听她屡进谗言，想要废了孝惠帝而转立赵王如意为太子；想着自己辅佐高祖平定天下，又帮他安定社稷，为他出谋划策诛杀大臣，可不但没有得到他的任何怜爱，相反却在宫中留守……想到这一切，吕后就愤愤不平。她认为杀了戚夫人给她一个痛快实在是不解恨，于是她就想出了一条变戚夫人为“人猪”的阴毒之计。吕后派人先是斩断了戚夫人的双手双脚，接着，又挖去了她的双眼，熏聋她的耳朵，并强行给她灌下了哑药，最后将她丢在猪圈里，称她为“人猪”。

过了几天，吕后叫惠帝去观赏“人猪”。孝惠帝看了觉得十分可怜。一问之下得知这是戚夫人，于是大哭不止。从此病倒了，一年多不能起床。

后来，孝惠帝派人去对太后说：“这不是人能干出的事情。我身为太后的儿子，无颜再治理天下了！”惠帝自此以后整天沉溺于逸乐，不再过问政事了。七年就死了。

在孝惠为帝的第二年，楚元王刘交和齐

悼惠王刘肥都到京城来朝见太后。

十月的一天，孝惠帝同齐王刘肥在太后面前设宴饮酒。高祖有八个儿子，其中只有齐王刘肥要比孝惠帝年长，孝惠帝认为齐王是哥哥，就按照家庭的礼节，请齐王坐在上座，而自己位居下位。

吕后见到这种座次，立刻大怒。她认为这是齐王对惠帝的不尊，是以臣压君，这还了得！于是命令人倒来两杯毒酒，摆在了齐王的面前，要齐王刘肥端酒致贺。齐王顺从地站起身来，没想到惠帝也端起另一只毒酒杯站了起来。他们先共同向太后祝贺，然后再互相祝愿……太后大惊，立刻走上前来弄洒了惠帝的酒。齐王觉得很奇怪，不敢喝自己手上的酒，连忙称自己醉了就离开了宴席。

过后，齐王找人打听，才得知是吕后想用毒酒毒死自己，心里非常恐惧，想着恐怕这一回是不能活着离开长安了，日夜茶饭不思。

这时齐王的内史士就劝齐王道："太后只有惠帝和鲁元公主两个孩子，现在大王拥有七十余城，可是公主的俸禄只有几个城，她怎么会甘心呢？况且太后狠毒而且贪婪，如今她当权，您不仅不能触犯她，而且应该让她事事顺心，如今之计，我看贿赂太后比较妥当！"

齐王闻此言，忙问道："你说现在怎么办呢？"

内史士说："大王如果能将一个郡的封地献给太后，作为公主的汤沐邑（意为洗头洗身休息和收取俸禄的城邑），太后必定会很高兴，大王也就可以免除杀身之祸了。"

齐王听后，立刻照此计执行并且又尊鲁元公主为齐国的王太后。

吕后见齐王向她献上一个郡，而且屈尊于鲁元公主，非常高兴地接受了，就在齐王的府邸（诸侯王在京城的居所）摆酒设宴，尽情痛饮。这一次，孝惠皇帝仍然尊敬齐王是自己的兄长，让他坐在上座。吕后见了，便称赞道："皇帝在家，能以家庭之礼尊齐王为兄长，这才符合君臣父兄之道嘛！"场面十分和谐自然，就像从没有发生过什么事儿似的。宾主尽兴之后，齐王返回封国。

历代名家点评

郑樵《通志·帝纪序》：迁遗孝惠而纪吕，无亦奖盗乎！

何焯《义门读书记·史记》：作吕太后本纪者，著其实。赞以孝惠帝冠之，书法在其中矣。

◎铁剑及剑◎

文帝即位施仁政

◎ 孝文帝本纪　公元前162年

背景

吕后死后，刘邦第三子刘恒在周勃、陈平支持下诛灭了诸吕势力，登上皇帝宝座，在位二十三年（公元前180年—公元前157年）。孝文帝刘恒在位期间，采取了一系列措施，开创了“文景之治”的兴盛局面，使汉朝从国家初定逐步走向繁荣。

原文

后二年[①]，上曰：“朕既不明，不能远德，是以使方外之国或[②]不宁息。夫四荒之外不安其生，封畿之内勤劳不处，二者之咎，皆自于朕之德薄而不能远达也。间者累年匈奴并暴边境，多杀吏民，边臣兵吏又不能谕[③]吾内志，以重吾不德也。夫久结难连兵，中外之国将何以自宁？今朕夙兴夜寐，勤劳天下，忧苦万民，为之怛惕不安，未尝一日忘于心，故遣使者冠盖相望，结轶于道，以谕朕意于单于。今单于反古之道，计社稷之安，便万民之利，亲与朕俱弃细过[④]，偕之大道，结兄弟之义，以全天下元元之民。和亲已定，始于今年。”

注释

①后二年：后元二年（公元前162年）。
②或：有时。
③谕：了解，明白。
④细过：小过失。

史纪风云

孝文帝是汉高祖刘邦的儿子，曾被封为代王。吕后死去，群臣平叛诸吕之乱，迎立代王回宫，即位为天子。

孝文帝即位当天就连夜下诏书，宣布大赦天下，赐民众牛和酒，

◎九色鹿本生故事◎
北魏 敦煌莫高窟257窟壁画(局部)

允许他们聚众痛饮三天。此道诏书一下，大快天下人心。

接着，孝文帝将平定诸吕之乱有功的大臣一一按照功劳的大小，升官封赏。其中太尉周勃增加封邑一万户，赐黄金五千斤；增加丞相陈平、将军灌婴的封邑各三千户，赐黄金二千斤。即位的这年年底，孝文帝还与群臣商议，废除了一人有罪，家人便收为奴隶和其他互相连坐的法律，民众都对这个决定十分赞同。

第二年，孝文帝立自已的儿子启为太子，又立太子启的生母为皇后，人称窦皇后。

孝文帝因为立皇后的原因，特赐给天下无妻、无夫、无父、无母和穷困的人，以及八十岁以上的老人和九岁以下的孤儿每人一定数量的布帛、米和肉。

这时，民众对孝文帝的评价是："皇上从代国来到京城，刚刚当上天子就'普施仁德恩惠于天下'，安抚诸侯和边境的外族，使各方面的关系都很和谐，这样的开头，意味着又一个太平治世的来临吧!"

在孝文帝为天子的二十三年中，他又先后论功封赏了从代国跟来的功臣，下诏让臣民劝谏以匡正自己的不足，行"亲耕之礼"(古时帝王带头耕种一块土地，用来示范天下)。让百姓能够自由言论，废除了农田租税，先后几次驱逐匈奴的入侵，并订下了与匈奴和亲的国策……

其中，关于孝文帝的仁政有一个很有名的故事。

孝文帝十三年五月，齐国的太仓令淳于意因为被人陷害而被捕，按照当时的法令是要处以肉刑的。

淳于意为官清正廉洁，只是膝下无子，只有五个聪明伶俐的女儿，平时他很疼爱她们。

后来因为奸人陷害，淳于意被收入长安的监狱。当他被捕临行前，看到五个哭泣的女儿，仰天长叹道："唉！女孩就是不如男孩，有了紧急事情，简直毫无用处，又有谁能够替我申冤呐！"小女儿缇萦听到父亲的长叹后，暗自下定决心，一定要替蒙冤的父亲讨回一个公道！

小缇萦便跟随父亲来到了长安。来到长安后，小缇萦立刻给孝文帝上书一封，在信中她写道："我的父亲——淳于意在齐国做官，国内的人都称道他廉洁公平，如今犯了法应当受到惩罚。我很悲伤的是已死之人不可能复生，受到肉刑的人也是不可能复原的了，在这种情况下，虽然想要改过自新，但已经失去了机会……"最后缇萦写道："我情愿到官府去当一名奴婢，来抵赎我父亲的刑罚，请求陛下给我父亲一个改过自新的机会！"

这封信陈奏到天子的面前，孝文帝怜悯缇萦的孝心，不仅下诏免除缇萦父亲淳于意的刑罚，而且从此以后废除了肉刑这种酷刑。肉刑这种刑罚始于秦始皇而止于汉孝文帝。

这就是"缇萦救父"的故事，缇萦的勇气和智慧固然可嘉，孝文帝的对民仁义更是值得讴歌的。

孝文帝即位二十三年，他的宫室、苑囿、

狗马、服饰和御用器具等，基本上没有增加什么。有不方便百姓的措施，总是立即放弃，以利于民众。他曾经想建露台，招工匠一计算，要花费上百斤黄金，文帝就放弃了这个打算。

文帝常常穿着粗丝衣服，就连他所宠幸的慎夫人，穿的衣服也不得长到拖地，用的蚊帐也不能绣花，以表示俭朴，给天下人作出表率。

文帝让人营建自己的陵墓——霸陵的时候，规定都用瓦器，不准用金、银、铜、锡等金属作为装饰，不修造高大的墓，为的是力行节俭，不去烦扰民众。他一心用道德感化民众，所以国内人口兴旺，生活富足，人们都十分讲究礼义道德。

到了后元七年六月的时候，文帝因为病重在未央宫驾崩。文帝的遗诏关照人民只服丧三天，后宫中的宫女全部遣散回娘家……孝文帝的确是一个好皇帝，连太史公司马迁都说孝文帝是一个仁爱的君主！

太子刘启即位，他就是孝景帝。

◎永宁寺塔基泥塑◎
汉魏洛阳城北魏永定寺塔基遗址

历代名家点评

王充《论衡》：孝文皇帝可谓明矣，案其本纪，不见凤鸟与河图，使孔子在孝文之世，犹曰："吾已矣"夫！

杜牧《皇风》：以德化人汉文帝，侧身修道周宣王。

高拱《本语》卷六：三代而后，如汉文帝者，可谓守成令主。唐宋皆无之，我孝皇则可与伯仲。

成语典故

结难连兵 结下怨仇，接连用兵。

夙兴夜寐 早起晚睡，形容勤奋不懈。

季札让贤

◎ 吴太伯世家 王余祭四年

背景

春秋时期，吴国国王寿梦，死前有意让第四子季札即位，但是季札不愿接受，坚持把王位让给自己的哥哥诸樊。吴国百姓被季札的厚德所感动，更加强烈地拥戴季札为王。季札不得已退隐山林，整日躬耕劳作，以此表明自己的坚决态度，这样才使吴国百姓彻底打消了这个念头。

原文

季札之初使，北过徐君。徐君好季札剑，口弗敢言。季札心知之，为使上国，未献。还至徐，徐君已死，于是乃解其宝剑，系之徐君[1]冢树而去。从者曰："徐君已死，尚谁予乎？"季子曰："不然。始吾心已许之，岂以死倍吾心哉！"

注释 <<<

①徐君：正义括地志云："徐君庙在泗州徐城县西南一里，即延陵季子挂剑之徐君也。"

史纪风云

寿梦共有四子，长子诸樊，次子余祭，三子余眛，小儿子季札。四子中季札最贤能，实是一块治国安邦的好材料，所以寿梦想把王位传给季札，谁知季札遵守礼法到了迂腐的地步，认为这样会给国家带来灾难，所以极力推让。到了寿梦去世的时候，季札还是不肯继承王位，无奈之下不得不立长子诸樊，而诸樊也很谦让，对外声称自己是代理政务，我诸樊虽居王位，施行王业，但季札才应该是王。

诸樊元年，守丧期满。季札的威望也日益高涨，特别是一些朝中

大臣欲推翻王位，拥戴季札为王，诸樊就要把王位让给季札。季札以曹国的子臧为例推辞，并逃到乡下，亲自参加农业劳动，以显示自己不争王位的决心。吴人无奈，只得作罢，诸樊才坐稳了王位。

诸樊去世时，把王位传给余祭，希望王位在兄弟间传下去，这样季札就没有借口推辞了。到余昧去世的时候，又想把王位传给季札，季札不但辞让，而且又逃到了其他国家来躲避继承王位。国不可一日无君，无奈吴人推举余昧的儿子僚继位，这下可惹恼了诸樊的儿子光。光处心积虑，寻找机会欲杀死僚而自立为王。

十三年，光在一次宴请僚的宴会上刺杀了僚，自立为王。当时吴人都不想承认这个刺杀兄弟夺取王位的光，都想拥立季札，没想到季札在国外听到这件事后就回国了。他先到僚的坟上痛哭一场，并且报告了自己出使的情况，当把这件事做完后他就官复王位等待光的命令，令国人十分不解。他的解释是国家社稷为重，个人生死荣辱事小，只要保证先王的基业不被毁坏，至于由谁登基都是小事。

太史公称季札为仁义君子，殊不知让贤虽是美德，把一个天下从一个有贤德之人的手中拿出来却递给一个相对平庸无能的人，这也算仁义吗?而只懂死守一些礼法却不求上进，不为国鞠躬尽瘁，这也算贤吗?

历代名家点评

李炳海：公子季札最受关注，他的礼让、明智、诚信等优秀品质，得到了充分展现。边远之地而成长起这样一位彬彬有礼、博古通今的公子，实在令人赞叹!

成语典故

松枝挂剑　《史记·吴太伯世家》："季札之初使，北过徐君。徐君好季札剑，口弗敢言。季札心知之，为使上国，未献。还至徐，徐君已死。於是乃解其宝剑，系之徐君冢树而去。从者曰：'徐君已死，尚谁予乎？'季子曰：'不然。始吾心已许之，岂以死倍吾心哉！'"后因以"松枝挂剑"比喻重信义的美德。

姜太公钓鱼 愿者上钩

◎ 齐太公世家 约公元前710年

背景

公元前11世纪，西周国力日渐强大，使商王朝感到不安。商纣王为了遏制西周势力的发展，将西伯侯姬昌拘于羑里。姬昌出狱后，决心推翻腐朽的商王朝，为百姓谋福祉。一次，他在渭水河边出猎，恰巧遇到年已垂老、怀才不遇的姜尚，由此引出了一段贤臣终遇明主的历史故事。

原文

太公望吕尚者，东海上人。其先祖尝为四岳，佐禹平水土，甚有功。虞夏之际封于吕，或封于申，姓姜氏。夏商之时，申、吕或封枝庶子孙，或为庶人，尚其后苗裔也。本姓姜氏，从其封姓，故曰吕尚。

吕尚盖尝穷困，年老矣，以渔钓奸[①]周西伯。西伯将出猎，卜之，曰“所获非龙非彨[②]，非虎非罴[③]，所获霸王之辅。”于是周西伯猎，果遇太公于渭之阳，与语大悦，曰：“自吾先君太公曰‘当有圣人适[④]周，周以兴’。子真是邪？吾太公望[⑤]子久矣。”故号之曰“太公望”，载与俱归，立为师。

注释 <<<

①奸：通“干”，求取。

②彨：同“螭”，传说中一种像龙而无角的动物。

③罴：熊的一种。

④适：到……去。

⑤望：盼望，期望。

史纪风云

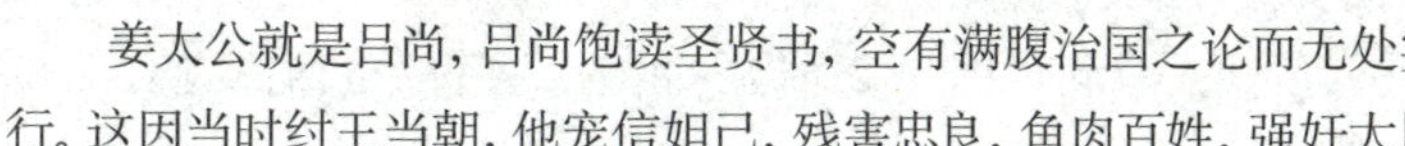

姜太公就是吕尚，吕尚饱读圣贤书，空有满腹治国之论而无处实行。这因当时纣王当朝，他宠信妲己，残害忠良，鱼肉百姓，强奸大臣

◎姜太公钓鱼◎

的妻子；杀害过河的一老一少，只是为了想看一下谁的骨头疏，谁的骨头密。

在一次朝拜中，周公的父亲西伯姬昌来到都城。当时人都知姬昌精通卦象，就让他卜卦。这一卜可不要紧，算出了商将要亡国。纣王一看大怒，就把西伯拘禁在羑里。吕尚与周的两个能人智士散宜生、闳夭素寻求了美女奇珍献给纣王与妲己，在妲己的帮助下姬昌才算逃脱，从此重用了吕尚，而吕尚也帮助文王及其子夺得了天下。

关于吕尚辅佐文王的说法有很多，其中在民间流传最广的就是姜太公钓鱼：吕尚七十岁时在兹泉钓鱼，泉水很深，水流也很急，他无法钓上鱼。后受异人指点，得知自己虽在此钓不上鱼，但可遇见一个可以辅佐的霸主，于是吕尚就整天在这儿等待。时间长了在崖边磨出两个膝盖印，今天这个古迹还存在。直到有一天，文王出猎，临行前占卜，卦象显示将找到一个辅佐自己夺得天下的贤才。他就满怀希望地上山打猎了。

一天下来，事事都很平静，令西伯很是苦恼、疑惑。就在西伯下令撤退的时候，一头野鹿在大家眼前一闪而过，慢慢地跑向树林深处。西伯一声大喊，挥弓纵马向前追去。等到大家缓过神来的时候，西伯已跑开很远了。

林中树很多，小鹿慢慢地左一拐右一拐，西伯距它就几步之遥，并且也趁机射了几箭，可就在关键时刻小鹿一扭身，躲开了西伯射来的箭。这下更令西伯恼怒，一催马快速赶来，可小鹿就是距离那么几步远，西伯却不能射中它。

西伯在林中追小鹿的时候，太阳渐渐落山了，西方开始显出火红。林中已暗了下来，后边的人只见西伯在林中一闪，就再也看不见了，这下可吓坏了大家。商议之后，分成八路去寻找。

西伯发觉小鹿越跑入林越深，路越难走，而地势越高，渐渐地听见了水响。这时小鹿登上了一个坡，一扭身，向水岸冲了过去。西伯以为水面很宽，这下小鹿无路可走了，他弃马步行登上山，弯弓刚要射，只见小鹿一纵身，越过河流，钻入对岸的树丛中不见了。西伯好生恼火，他往四周一望，想找个窄的地方跳过去继续追。往前一看，他发现了一个白胡子老头，穿着破布衫在钓鱼。只见他把鱼饵穿在一个直钩上放在水中，鱼群蜂拥而上，一会儿鱼饵就没了。西伯感到很奇怪，就上前施了一礼说道：“老人家，钓鱼用直钩怎能钓上来呢？”老头看了他一眼说：“我老头儿钓鱼，用的虽是直钩，但是鱼儿跟我长久有情，自会有鱼来作我盘中餐的。”说完果然鱼钩沉了下去。老头儿用劲一甩，一尾五斤多重的鲤鱼啪地就落在了岸边，不断发出近似“哈”的声音。西伯感到很奇怪，突然发现鱼肚中有一个东西在一拱一拱的，似乎想往外冲的样子。老头儿用一把小刀划开鱼的肚子，一看是一段竹子，上面刻着：吕望封于齐。西伯一看，知道这就是自己要找的人，就深施一礼，道：“敢问老丈，在下可为你做什么事，以助你封侯拜相？”老头儿就打个哈哈说，你呀是想靠老头给你引荐啊。西伯虽心里暗笑，但态度更加恭敬。老头就扯出一个竹编的坐椅，前边绑着一条绳子。他对西伯说：“老头儿我坐的时间太长了，走不动了，你把我拉下山，我可保你前途

◎姜太公祠◎

位于临淄（古营丘）城区，其主要景点有姜太公衣冠冢、姜太公祠、丘穆公祠、封神游乐宫。

无量。”西伯是个爱才有贤德的人，现在他虽然又累又饿，又面对这个不近情理的要求，但还是恭敬地请老头儿上坐，自己弯下身子去拉老头下山。

他累得实在走不动了，一头栽倒，喘着粗气对老头儿说：“老丈，我实在走不动了。”老头哈哈大笑，施了一礼，道：“吕尚本鄙薄之人，西伯侯竟然肯拉老头儿我走848步，好，我保你848年。”西伯一听，很奇怪：“老丈你认得我？”老头儿一乐：“天下又有哪个侯爷能拉一个破衣老头走路？除了西伯侯还有何人？”西伯连忙谦让。

西伯带吕尚回去以后，任命他为军事统帅，终于统领各个诸侯，聚合天下之兵，把残暴的纣王推下了王座，奠定了周朝七百年的基业。

◎齐侯匜　西周晚期◎
器身如椭圆形瓢，前端宽流高高昂起，匜的四足同样以龙为形，俯首曲体承载匜的器身，魁伟庄重，极其稳健。

历代名家点评

王应麟《困学纪闻》：《齐世家》：周西伯昌“与吕尚阴谋修德以倾商政，其事多兵权与奇计，故后世之言及周之阴谋，皆宗太公为本谋”。

石林叶氏曰：“其说盖出《六韬》。夫太公贤者也，其所用王术也，其所事圣人也，则出处必有义，而致君必有道。”

成语典故

飞熊入梦　原指周文王梦飞熊而得姜太公。后比喻圣主得贤臣的征兆。

牧野之战

◎ 齐太公世家 武王十一年

背景

商在纣王统治下，政治腐败，国力衰退，整个社会动荡不安。而周朝属国西周国力却蒸蒸日上，如日中天，不失时机地为灭商做着准备。西周灭商的战争，终于在公元前1046年的牧野爆发了，史称“牧野之战”。

原文

居二年，纣杀王子比干，囚箕子。武王将伐纣，卜龟兆，不吉，风雨暴至。群公尽惧，唯太公强[①]之，劝武王，武王于是遂行。十一年正月甲子，誓于牧野，伐商纣。纣师败绩[②]。纣反走，登鹿台，遂追斩纣。明日，武王立于社，群公奉明水，卫康叔封布采[③]席，师尚父牵牲，史佚策祝，以告神讨纣之罪。散鹿台之钱，发巨桥之粟，以振贫民。封[④]比干墓，释箕子囚。迁九鼎，修周政，与天下更始。师尚父谋居多。

注释 <<<

①强：坚决。
②败绩：大败。
③采：同“彩”。
④封：土堆。

史纪风云

武王十一年，纣王杀死丞相比干，囚禁了箕子，商的忠臣良将被纣王杀的杀，囚的囚，无一幸免。余下的要么是奸诈自私小人，要么是平庸无能之辈。武王遂暗地里联合各诸侯国，要灭掉纣王而建立新朝。

各路诸侯集结完毕，占卜以定出师的吉凶。武王占卜的结果

不吉利，大家就想暂时停止出师。就在各路人马想撤退时，吕尚左手拿着用黄金装饰的大斧，右手拿着白牦牛尾装饰的军旗登上祭台道："纣乃一残暴的君王，我们去消灭他，推举一个贤明的君王，这样的壮举上天怎会不赐福给我们呢?卦象显示的虽不好，那是因为识卦的人能力有限，见识太少，不识这个上上之卦，请王出兵，不要顾及个人的荣辱，要以天下黎民为重。"武王听吕尚这么说，当场封吕尚为太公，以"父"称之(因此，又有人称吕尚为"尚父")，并与众诸侯商议把军权委任给吕尚。

吕尚随即登台拜帅，然后登上帅车，帅旗一挥，向商的国都殷进发。

吕尚与纣王的大军在牧野相遇，纣王让奴隶打头阵。双方刚一交战，前排的奴隶掉转头来进攻纣王的军队，纣王大败。临阵倒戈这个典故就是从这儿来的。

不久，纣王被杀死在鹿台，商被灭，武王登基。这是吕尚敢逆卦而行的结果，否则一旦众侯撤兵，纣王先下手，鹿死谁手，尚难定论啊!

历代名家点评

叶适《习学纪言序目》："阴谋修德以倾商政"，德非倾人之事，岂能阴谋所能为?信如此，则古之为德，乃后之所以为暴也。迁并言之。未可与论知德也。

成语典故

反戈一击 指掉转武器向自己原来所属的阵营进行攻击。

桓公登基

◎ 齐太公世家　公元前685年

背景

襄公十二年（公元前686年），公孙无知杀死齐襄公，自立为君。第二年，雍林人又杀死公孙无知。一时间齐国无君，朝政一片混乱，引发了公子小白与其弟纠的王位之争。

原文

桓公之中钩，详[①]死以误管仲，已而载温车中驰行，亦有高、国内应，故得先入立，发兵距[②]鲁。秋，与鲁战于干时，鲁兵败走，齐兵掩[③]绝鲁归道。齐遗鲁书曰："子纠兄弟，弗忍诛，请鲁自杀之。召忽、管仲仇也，请得而甘心醢[④]之。不然，将围鲁。"鲁人患之，遂杀子纠于笙渎。召忽自杀，管仲请囚。

桓公之立，发兵攻鲁，心欲杀管仲。鲍叔牙曰："臣幸得从君，君竟[⑤]以立。君之尊，臣无以增君。君将治齐，即高傒与叔牙足也。君且欲霸王，非管夷吾不可。夷吾所居国国重，不可失也。"于是桓公从之。乃详为召管仲欲甘心，实欲用之。管仲知之，故请往。鲍叔牙迎受管仲，及堂阜而脱桎梏，斋祓[⑥]而见桓公。桓公厚礼以为大夫，任政。

桓公既得管仲，与鲍叔、隰朋、高傒修齐国政，连五家之兵，设轻重鱼盐之利，以赡贫穷，禄贤能，齐人皆说。

注释 <<<

①详：通"佯"，假装。
②距：通"拒"，抵御。
③掩：趁人不备而袭取。
④醢：古代一种酷刑，把人剁成肉酱。
⑤竟：终。
⑥祓：古代习俗，为除灾去邪而举行仪式。

史纪风云

襄公在位时荒淫无道，既喜好女色又经常诛杀大臣，借口常是一些无关紧要的小事，对觊觎自己王位的人更是如此。由于襄公的儿子还小，不能继王位，一旦他出现意外的话，那么王权就要落入他的几个兄弟手里。所以为了消除这个隐患，襄公一直在找借口要杀掉自己的几个兄弟，吓得他的兄弟们纷纷逃奔国外。他的弟弟纠逃到鲁国，因他的母亲是鲁国国君的女儿。鲁国以管仲、召忽为师，教纠的学习及生活起居的礼仪。公子小白投奔到莒国，拜鲍叔牙为师。其实两人都是逃奔到自己的亲戚家中，有实力等国内发生内乱时回国，并乘乱夺得王位。不过是等待时机的退避，而并非一逃了之，这是当时王子间争夺王位常用的一种方法。无知则因在朝内势力很大，骇得襄公不敢轻易动他。而这一逃一留，恰好制造了无知杀死襄公后自立为王而无人与之争夺的局面。襄公的短见客观上帮无知清除了政敌，所以才有无知之乱。无知登上王位后，以齐国的实力，鲁、莒这些小国实不敢撄其锋。不过无知被刺杀后，情况就不同了。首先，无知本身是靠武装政变而篡夺王位的，所以他的儿子就在潜意识中不被大家公认为王位继承人。其次，无知也是一个暴君，其子也非善良之辈，襄公的几个弟弟又与朝内几个大族有联系，所以他们纷纷请逃跑的几个公子回国来争夺王位。这样一来，竞争力最强的王位继承人不在国内，而是国外奔鲁的纠与奔莒的小白。纠的母族实力雄厚，加上其师傅管仲也是一代名相，所以最被看好。而小白从小就与高傒的关系很好，所以高傒联合国氏大臣从莒国偷偷召小白回来。而且他们故意拖延大臣的议立新君的朝会，以替小白争取时间。鲁国国君听说无知被刺死了，就派大军护送纠回国争夺王位。管仲自请领兵截杀公子小白，纠同意了。管仲领兵埋伏在小白回国时必须经过的一个树林内，静候小白的到来。

小白虽得高傒、国氏照顾，还是迟来一

步。他带人匆忙赶路时，被管仲的伏兵截住。由于他们毫无准备，被杀得惨败。逃跑时，小白被管仲从远处射来的箭射中腰部。小白本来正立于马上指挥逃跑，旁边的车上坐着鲍叔牙，箭“噗”的一声，射中小白，小白“呀”的一声跌倒在车内，双眼紧闭，脸如白纸，嘴角还渗出血沫，吓得四周的亲兵大惊失色。跟小白最要好的几个朋友怒不可遏，掉转马车，疯狂地冲入敌阵要替小白报仇。四周的亲兵也忍不住齐喊“替公子报仇”，重又杀向敌军。管仲一看这个阵势，哈哈大笑，领兵撤退了。他们此行的目的本身就不是要歼灭这帮人，只是要杀死小白，现今目的达到了，就赶紧溜之大吉。同时派人飞速报公子纠，让他得知小白的死讯，可安心回国了。

公子纠正带着鲁军匆匆赶往齐国国都，日夜兼程，走得人困马乏。公子纠因一向娇生惯养，苦不堪言，暗暗地有些泄气了。可王位的诱惑力是无限的，要不他早就甩手不干了。这天黄昏，刚把大队人马停下，探子来报，管仲已成功地刺杀了小白。纠一听，喜出望外，当晚大宴群臣，犒赏三军，人人喜气洋洋。纠同时传话下去，最有竞争力的小白已经死了，剩下的人都不足为惧，所以要保证军队的战斗力，日出行军，太阳下山前即安营扎寨。这样一来，剩下的二天半即可走完的路程他们足足走了六天。

鲍叔牙待小白倒下后以为小白必死。看着敌人渐渐地远去，鲍叔牙的脸色苍白、落寞。一滴眼泪，悄悄滑落。突然，他听见身后几个亲兵在惊呼：“公子!”他有些机械地转回身，他几乎不敢相信自己的眼睛，只见小白站在车上，脸上带着懒洋洋的，甚至有些许狡诈的笑容。鲍叔牙上前一把抓住小白的双手喊道：“刚才是怎么一回事?”小白微微一笑，道出缘由。原来刚才管仲那一箭刚好射中小白的衣服钩子，钩子乃金饰品，所以小白根本未受任何伤害。之所以倒下去，只不过是诈死以骗管仲而已。

经过仔细的商议之后，大家决定先派人去联络高、国二大臣。同时，大队人马装扮成平民，夜行宵睡，更是加急赶路。待到他们赶到营丘的时候，纠还在路上做美梦呢!

小白一到营丘，在高、国的帮助下，很轻松地扫清了政敌，登上了王位，人称桓公。小白一登上王位，即掌握了军队的指挥权，马上派兵去阻挡正在向营丘进发的鲁军。

◎龙凤纹盉　春秋早期◎

形制呈椭方形扁体。小口有盖，盖为四坡式屋形，顶设鸠形捉手，高冠、弯喙、圆眼，体躯两侧有双翼；腹部前有曲管状兽首流，后置龙首鋬，高圈足外撇。

纠一行人轻松得意地赶往营丘，似有游山玩水之意。探马突然来报，说小白已登上王位，并派了大军来攻打鲁国，请纠定夺。这下纠傻了，无奈之下只好往回赶，齐兵追杀到鲁的边界才算罢休。纠等人并不心甘，联系朝内大臣，企图在国内局势未稳定的情况下发动兵变，这更加深了桓公的疑忌。

这年的秋季，齐兵在乾时(今永安一带)发现潜入的鲁军，与之大战，因鲁军是孤军深入，虽都是精锐之师，无奈寡不敌众，被打得大败。而齐军早封死了鲁军的回军路线，所以鲁军被全部歼灭。

鲁军偷袭的消息传到营丘，小白非常生气，派人送信给鲁君，让鲁国杀公子纠，将召忽、管仲两人遣送到营丘来。其实，这是鲍叔牙的主意。他故意让人把召忽、管仲这样的不世之才接到营丘，好说服他们共同辅佐桓公。没想到召忽接到鲁君的命令后自杀而死，管仲则甘愿做齐国的阶下之囚。他说自己曾箭射小白，如若小白不亲手杀死他的话定会派兵攻打鲁国。管仲被送到营丘并被囚禁起来，鲍叔牙暗中以桓公的名义给以照顾。管仲已知叔牙心意，两人遂成刎颈之交。

◎刀币　春秋◎

桓公平定内外的乱臣贼子之后，正式登基。他登基后做的第一件事竟是要斩了管仲。鲍叔牙劝谏道："臣自您小时候就辅佐您，但只能辅佐您登上王位，已无法再增加您的威仪。您如果只是要把齐国治理好，我与高傒两人就够了。您如果想要称霸天下的话，非管仲不可。管仲被送到齐国，是上天要助您成就霸业呀！"桓公听从了鲍叔牙的建议，决定重用管仲。

从此，桓公在管仲的辅佐下，治理齐国的内政，整治军政税法，使得齐国逐渐强大起来。

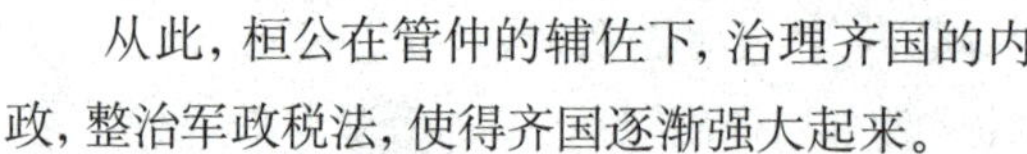

成语典故

管鲍之交　春秋时，齐人管仲和鲍叔牙相知最深。后常比喻交情深厚的朋友。

历代名家点评

黄淳耀《史记评论·齐太公世家》：管仲天下奇才也，而其为子纠谋则未善也。

凌士《史记评林·齐太公世家》：齐鲁皆大国，侯伯之命盍为不于鲁而于齐乎？当时是，周公未达鲁，太公在齐，伯禽何可当也？

重信义桓公称霸

◎ 齐太公世家　公元前651年

背景

齐桓公即位后，在管仲的辅佐下，开始与邻国修好，同时励精图治，使国力大大增强。桓公七年（公元前679年），诸侯在甄举行会盟，推举齐桓公为盟主。因此，齐桓公成为“春秋五霸”之首，也是历史上第一位诸侯盟主。

原文

五年，伐鲁，鲁将师败。鲁庄公请献遂邑以平，桓公许，与鲁会柯而盟。鲁将盟，曹沫以匕首劫桓公于坛上，曰：“反鲁之侵地！”桓公许之。已而曹沫去匕首，北面就臣位。桓公后悔，欲无与鲁地而杀曹沫。管仲曰：“夫劫许之而倍[1]信杀之，愈[2]一小快耳，而弃信于诸侯，失天下之援，不可。”于是遂与曹沫三败所亡地于鲁。诸侯闻之，皆信齐而欲附焉。

七年，诸侯会桓公于甄，而桓公于是始霸焉。

注释 <<<

①倍：通“背”，背弃。

②愈：满足。

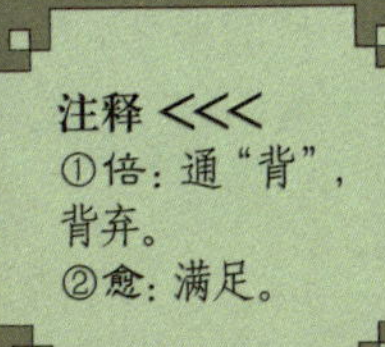

史纪风云

桓公五年，齐伐鲁，三败鲁军，鲁请求割地求和，齐同意了，双方约定在柯这个地方会盟。

齐鲁会盟。在祭坛上，双方正在誓约时，鲁大夫曹沫拿出匕首，劫持了桓公，要齐国归还所侵占的鲁国失地，

桓公在当时的情形下答应了曹沫的要求。曹沫一看桓公同意了，扔掉匕首，对桓公施以国君之礼。

盟约后桓公后悔了，就准备背约，不归还鲁地并加紧攻鲁。管仲认为这样做会失信于诸侯，就对桓公进行劝谏，桓公答应了管仲，依照盟约归还了所侵占的鲁地。其他诸侯一看齐如此重信义，纷纷与齐进一步密切国家间的往来。七年，诸侯在甄会盟，推举桓公为盟主，桓公慢慢成为春秋五霸之首。

二十三年，山戎攻打燕国。(山戎指现在北京出了长城一带的游牧民族。)燕抵抗不住山戎的进攻，向齐求救。为了防止燕成为夷族进攻中原的基地，齐接受了燕的请求，派兵去救燕，大败山戎，一直攻打到孤竹才回师。

燕为了表示敬意，由燕庄公亲自送桓公进入齐国的疆界。桓公说："我虽是盟主，但不是天子，咱们都是平等的诸侯，诸侯间相送是不能送出国境的，我不能接受您这样的礼仪，请回吧！"同时又吩咐身旁的大夫说："把燕庄公到达齐国的地方做个记号，把这块地割让给燕，以示我的话不敢违背。"于是燕就得到了额外的惊喜，齐桓公同时命令燕庄公修复召公时的礼仪，重新向周进贡，比同成康二公的时候。诸侯一看，更惟齐马首是瞻。齐桓公从此成为真正的霸主。以后齐国的清淡之士谈论齐国的威望时，都以此为例，可见桓公与管仲确是百年难遇的君臣好搭档。

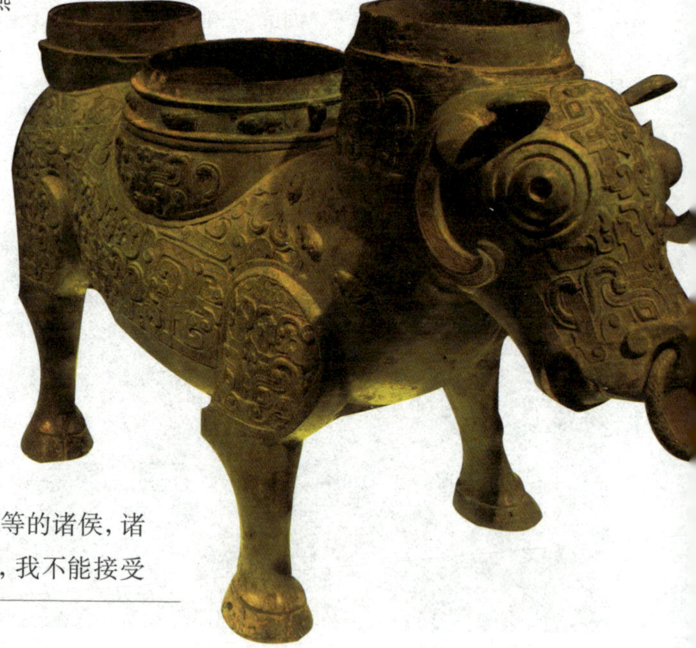

◎牺尊 春秋晚期◎

古时祭祀用的牛、羊等被称为"牺牲"，这件尊是以牛为器形，命名为"牺尊"。

历代名家点评

叶适《习学纪言序目》：二十三年曹刿复谏观社，详其前后词语，岂操匕首于坫坛之间者耶？意当时处士谓刿自乡人拔起有功业，宗主之，不以为德而以为刺，习俗之陋，何独后世，可哀也已！

周公的故事

◎ 鲁周公世家　周成王时

背景

周公旦作为周武王的弟弟，辅助周武王翦灭商朝。周武王于公元前1043年驾崩，由他年幼的儿子周成王姬诵即位。此时，周公代理国政，平定“三监”之乱。他是周朝早期能够稳定、强大的伟大贡献者。

原文

其后武王既崩，成王少，在强葆[1]之中。周公恐天下闻武王崩而畔[3]，周公乃践阼代成王摄行政当国。管叔及其群弟流言于国曰：“周公将不利于成王。”周公乃告太公望、召公奭曰：“我之所以弗辟而摄行政者，恐天下畔周，无以告我先王太王、王季、文王。三王之忧劳天下久矣，于今而后成。武王早终，成王少，将以成周，我所以为之若此。”于是卒相成王，而使其子伯禽代就封于鲁。周公戒伯禽曰：“我文王之子，武王之弟，成王之叔父，我于天下亦不贱矣。然我一沐三捉发，一饭三吐哺，起以待士，犹恐失天下之贤人。子之鲁，慎无以国骄人。”

注释 <<<
①强葆：即“襁褓”。
②畔：通“叛”，背叛。

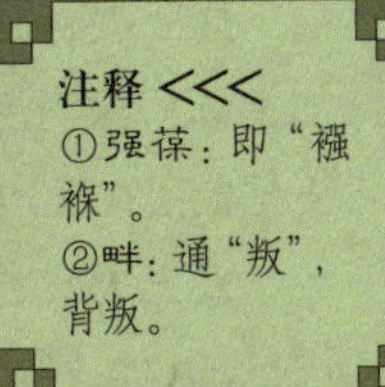

史纪风云

周公旦，是周文王的儿子，周武王的弟弟。文王在位时，周公旦极守孝道、笃信仁义、为人忠厚、行事稳重、讲求信义，与其他公子不同。待到武王即位，他就替武王分忧，常辅佐武王，替武王出谋划

策，辛勤劳苦，居功不傲，深得武王信任。

武王十一年，带领各路诸侯讨伐昏庸的纣王，一直攻打到牧野，周公亲自作《牧誓》篇，诏告天下。数纣王之罪，赞扬武王的不世之功。

周公亲自领兵攻打殷都，一鼓作气，直杀入王宫。贪暴之王纣自杀身亡。

杀死纣后，周公持大钺，召公持小钺，分居左右，在祖庙里祭奠，宣告纣王的罪状，让天下人都知道纣乃昏君，推翻他乃顺民意，是替天行道。然后赈济殷民，使其安居乐业。释放被纣王关押起来的箕子，同时封纣王的儿子武庚禄父，让管叔与蔡叔监督他，使殷的祭祀能延续下去。

◎铜盘 西周◎

方唇，浅腹，双耳，圆足。腹饰鸟纹。圈足花纹似夔纹不见首，可能即窃曲纹的原始形态。内底铭十八行，二百八十四字。

在周公的建议下，大封同姓王侯，包括讨纣立有大功的文臣武将。周公被封于曲阜，被人称为鲁公。及至现在，山东省仍以鲁为本省简称。

周公被封曲阜之后并没有立即动身前往，因为武王身体不好，加上周公深明治国之道，精通文韬武略，实乃不世之良才。所以武王把他留在身边，辅佐自己治理天下。

武王灭殷的第二年，天下还没有安定，殷的小股遗民仍在负隅顽抗，其他一些诸侯因不满武王大封同姓、排挤外姓诸侯的做法，频频作乱。这时武王又忧劳成疾，一病不起，群臣非常害怕。一旦武王去世，其他各路诸侯定要起兵作乱，天下又将陷入兵荒马乱之中。为了平息群臣的纷乱，周公和召公决定卜上一卦。古代人特信占卜，把一块旱龟的壳从里面凿个槽，写上占词，因××事卜，然后用火烤钻洞处，根据所破裂的纹来推验所卜之事的凶吉。卜卦者据说是介于天人之间的人物，随时可与神仙、魔鬼对话，男的被称为觋，女的被称为巫。他们推理之后再在占词后添上卜词，待事情过后再加上验词，然后就放入国库，储藏起来。待存到一定数量之后，就分批把这些龟甲之类

◎玉镂雕凤纹佩◎

的卦爻埋藏起来。殷的此类物品已被发掘，上面所载的文字被称为“甲骨文”，因材料多为龟兽兽骨之类的东西而得名。

现在周公与召公就是要用这种方法来占卜。周公面北背南而立，颈项戴着美玉，手里拿着圭，向太王、王季、文王祈祷。祝词说：“您的长孙王发，忧劳成疾，现生死难料。三位君王如可以向天求情的话，请赦免发；若生死不可以改变的话，请让我姬旦替季发去死。姬旦聪颖伶俐，善解人意，且多才多艺，可以把鬼神侍候得很舒服。姬发是治国良材，但他不如旦多才多艺，不会侍候鬼神。他若去了您那儿，您的日子会过得不顺畅，还是让姬旦去给您解闷吧。姬发受命于您而治理天下，使您的子孙伏首听命，百民敬畏，以为天子。如若任他死去，则势必天下大乱，连您的祭祀都不能再维持。如果您能令他痊愈的话，您的祭祀不但会持续，而且将一年四季供奉不断，使您因此而受到诸路神鬼的尊敬。现在请您把您的指示显示在龟甲上，如果您应允的话，我将带璧与圭回去等候您的差遣，如果您不许我，我会把璧和圭藏起来，您以后也将享用不到祭祀了。”

周公祷告完之后，就下令开始占卜。

占卜结果出来之后，卦师都说此卦大吉，我主贵体肯定会无恙，必能逃过此劫。周公一听非常高兴，马上入宫去向武王道贺。

病床上的武王听完周公叙述后无力地闭上眼沉思了一会，睁开眼后眼中就多了些生命之光，周公一看暗喜。安排武王躺下休息之后，他就来到卜院把祝词跟卦象都锁在一个盒子里，并用金箔密封上，同时又警告守护卜院的武士要严加保管，同时又命令卦师不要乱说。

不知是鬼神有灵还是心理作用，据说第二天武王的身体情况就开始好转，能吃些东西了。鬼神若真有效，当然好了，可是不久武王还是驾崩了。

武王驾崩，其子继位，是为成王。成王年少，尚不能独立处理国政。为了国家前途，周公开始摄政，暂代成王处理国政。周公摄政之后，管叔与其他公子散布谣言说周公摄政会杀死成王以绝其后，而立自己这一脉为正统。

为了澄清事实，止息谣言，也为了显示自己绝无私心，一心为公，周公就把太公望、召公奭召来，在朝会上对他二人说道：“我之所以不避成规而代理朝政的原因，是担心天下背叛我周国。我代行国政，是为天下，而非为一己之私，也不敢为一个王位而冒天下之

◎周公辅成王◎

大不韪。”当时代君自立的事绝少发生，所以周公才说自己是代理，而非私立。“所以你们不用担心，一旦成王长大成人，我必定会交出王权，到鲁国封地安享晚年。”他又派自己儿子伯禽代表自己去鲁国受封，他就始终留在周朝辅佐成王。

周公在伯禽上路时曾嘱咐他说：“我是文王之子，武王之弟，成王之叔父，天下都在以我为例来教育子孙，因我位高权重。为了不失信于天下，我礼贤下士，一听说有人前来拜访，我马上停止手中的活儿去迎接，一时也不耽搁，正在洗头我就把头发挽起来，正在吃饭我就把饭吐出来，所以有‘一沐三握发，一饭三吐哺’之说，我这样谦逊地对待士人，是害怕失去天下的贤才。你到鲁国之后，应该戒骄戒躁，谦逊地对待谋臣，不可狂妄自大，令国人有背叛之心。”伯禽到鲁之后果然以其父为榜样，把鲁国治理成礼仪之邦，孔子就是在这样的氛围中长大的。

周公虽无叛逆之心，但别人不这样想，一些人就鼓动管叔、蔡叔、武庚等领头造反，南方各少数民族部落也随之兴风作浪。

他们反叛的消息传到朝廷后，成王就命令周公率兵去平叛。周公就兴兵东征，作《大诰》，大胜而回，尽诛武庚、管叔，把蔡叔流放到边疆，把殷民收归周朝，把他们封给康叔与微子。康叔的封地为卫国，微子被封于宋国。同时平定了其他地区的叛乱，历时两年，天下大定，奠定了周朝一统天下的坚实基础。此后七百年诸侯不再叛乱，都以周为正宗，虽有称霸，却极少称王，虽秦、齐有东西二帝之称，但不久又都自动废除，直至秦灭天下，此功非周公莫属。

唐叔发现了一棵禾苗，一个根长了两个穗，古人认为这是福兆。于是成王命人把这个禾苗送给正在领兵打仗的周公，希望他能够大胜而归，作《馈禾》。周公受命之后，向天下宣扬成王的美德，又作《嘉禾》。平定大乱之后，周公向成王复命，并做了一首诗赠给成王，名为《鸱鸮》，向成王表明自己的志向，即只为王尽忠，此时周公已实为周王。

在成王行成人之礼的那一年，周公把王权交还给了他，成王终于成为名副其实的周天子。周公摄理朝政时面南背北，俨然一副天子模样，很坦然地接受群臣朝拜，与他们议论朝政，侃侃而谈。及至交出王权后，他朝拜君王也一副惟

◎镂空蛇纹鞘青铜短剑◎
鞘身镂空成蟠蛇，身躯回环缠绕。蛇身上有简单纹饰。钝三角形蛇头，双目凸起。

恐出错的朝臣模样。想到成王年少时病重，自己照样以身为质要代成王而死，那次祭祀的祝策还藏在卜院里，与为武王祈祷的祝策并排放着。自己一片忠心，可成王还是听信谗言怀疑自己，周公不由得两行热泪洒满衣襟。他只好逃到太伯的楚国避难，在楚国受到了礼遇。

周公离去后，周朝内人心惶惶。因为周公为人豪侠仗义，善用人才，朝内大臣多由他一手提拔，现在成王能驱赶周公，自然可撤去周公所用的人。

大臣们惶恐的时候，成王也闷闷不乐。周公在的时候，身体力行，替他做好了一切，可现在千斤重担都压在了他一个人的身上。

这天，成王闷闷不乐中想去占卜，来到卜院。他发现一个很贵重的盒子被放在一个隐秘的位置，就命人打开这个盒子。

打开后成王把里面藏的祝辞看了几遍，心生感叹，夜不能寐。想到周公为国呕心沥血，不惜替父王和自己去死，可自己还怀疑他，成王感到十分内疚，就决定请周公回国。周公虽多次推却，可拗不过成王的诚意，只好归国。周公回来后见成王年少，就写了《多士》与《毋逸》来告戒成王莫骄纵、莫淫逸，成王长拜而谢。

周公在丰地得了重病，要死的时候他说："一定要把我葬在成周，以显示我不愿意离开成王的心志。"周公死后，成王将周公葬在了毕地，因为文王就葬在毕地。成王说："周公高风亮节，我不敢让他做我的臣下。"成王又命令鲁王可以到郊外祭祀周公，其礼可比周天子，以表彰周公的美德。

历代名家点评

李炳海：周公以仁孝著称，对于武王，他甘愿以身相待去死，对于成王，他把一切过错都揽在自己身上，可谓仁至义尽。成王即位前后，他既能大力扶植，又能谆谆教诲，做到了鞠躬尽瘁。

成语典故

三吐三握 《史记·鲁周公世家》："周公戒伯禽曰：'我文王之子，武王之弟，成王之叔父。我於天下亦不贱矣，然我一沐三握发，一饭三吐哺，起以待士。'"后以"三吐三握"为求贤殷切之典。

圣人孔子

◎ 史记·孔子世家　鲁昭公年间

背景

春秋战国时期(公元前770年—公元前221年)是中国奴隶制社会解体，封建制社会初步形成时期。春秋末期，社会矛盾日益激化，人们对传统文化的怀疑和批判也愈演愈烈，这个社会潜伏着沉重的危机，圣人孔子的儒家思想就是在这样的历史环境下产生的。

原文

子曰："弗乎弗乎，君子病没世而名不称焉。吾道不行矣，吾何以自见于后世哉？"乃因史记作《春秋》，上至隐公，下讫哀公十四年，十二公。据鲁，亲周，故殷，运之三代[①]。约其文辞而指博。故吴楚之君自称王，而《春秋》贬之曰"子"；践土之会实召周天子，而《春秋》讳之曰"天王狩于河阳"。推此类，以绳当世贬损之义。后有王者举而开之。《春秋》之义行，则天下乱臣贼子惧焉。

孔子在位听讼，文辞有可与人共者，弗独有也。至于为《春秋》，笔则笔，削则削，子夏之徒不能赞一辞。弟子受《春秋》，孔子曰："后世知丘者以《春秋》，而罪丘者亦以《春秋》。"

注释 <<<

① 三代：正义殷，中也。又中运夏、殷、周之事也。

史纪风云

孔子出生在鲁国昌平乡陬邑，他的祖先是宋国人。孔子的父亲叫叔梁纥，母亲叫颜征在。叔梁纥与颜征在在野外私会，颜征在

怀上了孔子。

孔子名丘字仲尼。据说，他父亲为了生个儿子曾在尼丘山祈求神灵，所以生下孔子后就给他起名叫丘，字仲尼。还有一种说法：孔子生下后头顶是凹形的，像个小土丘，所以起名叫丘。

孔子生下不久，他父亲就死了，葬在防山，防山位于鲁国的东面。由于孔子的母亲隐瞒实情，所以孔子不知道父亲的坟地究竟在哪里。后来，孔子的母亲也去世了，装殓后暂停在五父道旁。直到同邑人輓父的母亲告诉了孔子他父亲墓地的所在，孔子才把父母合葬在防山。

◎蟠龙纹盘◎

平口，方唇，浅腹，腹壁较直，平底，下设三兽首形矮蹄足。腹部两侧设置兽首衔环耳。腹部装饰精细的蟠龙纹。

孔子家境贫寒。成年后，在鲁国季氏门下做过仓库保管员的小官，还干过管理牧场的差事，后来升做司空。再后来，孔子曾一度离开鲁国，周游天下。可是，孔子在齐国受到排挤，去宋国和卫国又被驱逐，后来又被围困在陈国和蔡国之间。最后，万般无奈，孔子又回到了鲁国。孔子高九尺六寸，人们称他为“长人”，并用奇怪的眼神看他。

鲁昭公二十年，孔子三十岁。齐景公带着晏婴访问鲁国，他们问孔子：“当年秦穆公国小，地方又偏僻，可后来居然会称霸，为什么呢？”孔子回答说：“秦国虽小，志向却大；地方虽然偏僻，但行事得当。秦穆公用五张羊皮把百里奚从牢里解救出来，任命他为大夫，和他交谈了三天，就让他主持国政。像这样治理国家，一统天下都不是难事，更何况是称霸呢？”齐景公听后，十分高兴。

齐景公就向孔子请教治国之道，孔子说：“治国之道其实很简单，只要君主像君主，臣子像臣子，父亲像父亲，儿子像儿子，那就行了。”齐景公听后，连连赞叹：“说得好！说得好！如果君王不像君王，臣子不像臣子，父母不像父母，儿子不像儿子，哪怕天下有吃不完的

◎铜镂空云纹禁 春秋◎

粮食，我恐怕也要饿死呀！”(意思是：如果做人不各司其职，国家就会大乱。管理粮仓的人也就不会在他的岗位上，人们也就会因得不到粮食而饿死。)

季桓子家打井，挖出一个陶罐，陶罐里有一个像羊似的东西，可他却认为是只狗。孔子看了以后说：“依我看这是只羊。我听说山林中有夔、罔阆那样的怪兽，水中有龙、罔象那样的怪兽，泥土里的怪兽就是这种没有雌雄之分的羊。”

吴国讨伐越国攻下了会稽，拆城墙时得到一段骨节，长度差不多和车身一样。吴国派人去问孔子：“最长的人的骨节是谁的？”孔子说：“当初大禹召集群神到会稽山开会，防风氏来迟了，禹命人杀了他，陈尸示众，车身都装满了，他的骨节应该是最长的。”吴国使者又问：“那些神都有谁呢？”孔子回答说：“守卫名山大川，能呼风唤雨、调济天下的，就是神。至于守社稷的，都是公侯，隶属于王者。”使者又问：“防风氏守卫哪里？”孔子说：“汪罔氏(防风氏)的君长守卫封山、禹山那一带，姓釐。在虞、夏、商三代人们称之为汪罔，到了周代，人们称之为长翟，现在嘛，人们称之为大人。”使者问：“人的身高到底有多长？”孔子回答说：“最矮的人是僬侥氏，身长不过三尺；最高的人也不过三丈长，没有超过三丈长的人。”吴国使者听后赞叹道：“真不愧是圣人啊，知道的东西太多了！”

孔子三十五岁时，鲁国发生内乱，孔子就去了齐国，做了齐国大夫孟昭子的家臣，想以此接近齐景公。一天，孔子和齐国的太师探讨乐理，听到演奏《韶》乐，便跟着学习，足足学了三个月。由于他学习太专注了，甚至连肉的味道都记不起来了。齐国人知道这件事后，都纷纷称赞孔子做事的专注。

后来，孔子回到鲁国。由于鲁国政局动荡，大夫们互相倾轧，孔子便不去做官，而是潜心修纂《诗经》、《书经》、《礼记》、《乐经》。前来拜师学习的人很多。

鲁定公任命孔子为中都宰，他才做了一年的中都宰，其他地方官就都效仿他的治理方略。孔子由于政绩突出，就由中都宰升为司空，后来又由司空升为大司寇。

定公十年，齐鲁建立了友好关系。齐国派使者邀请鲁定公去夹谷与齐景公相会。鲁定公原想轻车简从地前往，但孔子劝他说："我听说，出门办文的事情要有武的设备，办武的事情也必须有文的设备。按惯例，诸侯国君出国，必须配备文武官员，并且还应带左右两司马。"定公接受了孔子的建议，并带上了左右两司马担任保护工作。

夹谷之会上，齐景公多次想借武力威胁鲁定公，但都被孔子识破。齐景公无功而返，他责怪手下的大臣们说："鲁国的大臣用君子之道辅佐君王，你们却用野蛮无礼的手段来教我，让我得罪了鲁国国君，这可如何是好？"为了向鲁国表示歉意，齐国只好归还了侵占鲁国的郓、汶阳、龟阴等地，以求两国的和好。

◎孔子画像◎

鲁定公十四年，孔子五十六岁，升任大司寇兼宰相之职，孔子的脸上现出欢喜的笑容。弟子中有人对孔子说："听说君子在大难临头时一点不惧怕，喜从天降时也不表示欢喜，您今天为什么面带喜色呢？"孔子微笑着回答说："我之所以今天面带笑容，是因为我被任命的职务将会让我的弟子们感到脸上有光啊！"

孔子当了代理宰相后，就杀了鲁国大夫少正卯，因为少正卯危害了鲁国朝政。孔子主持政事才三个月，鲁国风气大变，卖猪贩羊的商人不敢哄抬物价，男女有别，路不拾遗。

齐景公听说鲁国的变化感到很害怕，他想："有孔子这样的人辅佐鲁国国君，鲁国定会强大起来。齐国是鲁国的邻国，鲁国一旦强大，势必要先吞并齐国，能不能用割地求和的办法来保证齐国的平安呢？"大夫黎钼劝他说："先别忙着割地给鲁国，我们应想办法阻止鲁国称霸。"于是，齐国选了八十个美女，让她们穿上漂亮的衣服，练习《康乐》舞。然后用三十四辆豪华的马车把她们送到鲁国的南门外。季桓子换了朝服，几次前去观看。他劝鲁国国君也去观看，鲁国国君一看就着了迷，连朝政都给忘了。

弟子子路见此情形对孔子说：“先生，咱们可以离开这儿了。”孔子叹了口气，说：“再等等，不久就要春祭了，如果国君到时能把祭肉分给大臣们，咱们就可以不离开鲁国。”

谁料到，鲁定公接受了齐国的美女良车，连着三天不理政事。春祭后，也没有把祭肉分给大臣们。孔子知道再在鲁国呆下去也没什么意义了，就动身离开了鲁国。当天晚上，住在屯这个地方。乐师前来送行时说：“先生的要求怕是太苛刻了吧？”孔子说：“我可以唱支歌吗？”接着他就唱道：“美人一张口，能把大臣都赶走。美人近国君，破败衰亡祸及身。我又何必强留下，不如洒脱度余生。”乐师回去后，季桓子问孔子都说了些什么，乐师如实相告，季桓子长叹一声说：“先生是因为那群女人而怪罪我呀！”

孔子离开鲁国后，开始周游各国。孔子先到了卫国，卫灵公问孔子：“你在鲁国的俸禄有多少？”孔子回答：“每年六万石小米。”卫国也就给孔子六万石小米，作为他一年的俸禄。不久，有人在卫灵公面前进谗言，想要加害孔子。孔子怕惹祸上身，就动身去了陈国。

孔子去陈国路经匡城的时候，他驾车的弟子颜刻用马鞭指着匡城对孔子说：“当初我进匡城，就是从那个缺口进去的。”孔子的长相很像阳虎，因为阳虎当年曾欺负过匡人，匡人以为阳虎又回来了，就把孔子围了整整五天。弟子颜渊随后赶到，孔子说：“我还以为你死了呢？”颜渊说：“先生还在，弟子怎敢先死？”匡城人对孔子看管得越发严了，弟子们都感到很害怕。孔子这时候说：“周文王虽然已经死了，但周代的礼乐还在。上天如果要它灭亡，谁也没有办法。上天如果不让它灭绝，那匡人又能把我们怎么样呢？”后来，匡人知道了事情的真相，才纷纷散去。

孔子经过蒲城，呆了一个多月，又返回卫国。卫灵公有一个夫人叫南子，听说孔子来了，就派人对孔子说：“四方君子想来结交国君的，都要先来见我，我希望能会见您。”

孔子再三推辞，不得已，最后还是要去见南子夫人。

孔子进去后，向北行跪拜礼，南子夫人早已坐在帷帐中等待。答礼时，南子夫人身上的玉佩叮当乱响。子路很不高兴。孔子对子路说："我不愿意做的事情，连老天爷都讨厌啊！"

孔子在卫国住了一个多月。有一回，卫灵公与南子夫人同车而行，宦官雍渠陪在左右，却让孔子坐在后面的一辆车上跟着，招摇过市。孔子说："我还从未见到一个好德却又好色的人！"他为自己的举动感到羞愧，于是离开了卫国。

孔子离开卫国来到宋国。有一天，孔子在一棵大树底下给弟子们讲授礼仪。宋国的司马桓魋想要杀孔子，就派人把那棵大树连根拔去，孔子只好离开。弟子们说："咱们还是快走吧！"孔子却说："老天爷赐给我品德，桓魋又能把我怎么样呢？"

孔子到了郑国，跟弟子们走散了，一个人站在城的东门口。一个郑国人对孔子弟子子贡说："东门外有一个人，额头像唐尧，脖子像皋陶，双肩像子产。可从腰往下，比禹还短三寸。看样子他可真狼狈啊，活像一只丧家之犬。"子贡把话原原本本地告诉了孔子，孔子却笑着说："说我长得如何那倒是小事，说我当时像是一只无家可归的狗，那可真是不假啊！"

孔子到陈国，有只鹰落在陈国的宫廷里死了，身子被一支楛木箭射穿。箭头是石质的，箭长一尺八寸。陈湣公让人去询问孔子箭的来历，孔子说："这只鹰来得可远哪！这是肃慎人的箭。从前周武王灭了商纣，命各少数民族供奉各自的特产，肃慎人就献上了这种楛木箭，长一尺八寸。周武王为表彰其美德，就把这箭赐给了长女太姬。太姬后来嫁给了虞胡公，封地就是陈。当初，武王把珍宝分给同姓诸侯，是为了使亲族关系密切；分给异姓王珍宝，则是为了让他们臣服。这也是把肃慎箭分给陈国的原因。"陈湣公派人去旧府查找，果真找到了这种箭。

孔子在陈国居住了三年，由于陈国常被周边国家欺负，孔子就对弟子们说："咱们还是回家吧！"于是，孔子和弟子们便离开了陈国。

离开陈国后经过蒲地，蒲人把孔子扣留了。孔子有一个名叫公良儒的弟子，勇猛过人，他和蒲人打得异常激烈，蒲人害怕了。他们对孔子说："你如果不去卫国，我们就放了你。”孔子答应了他们的要求，他们便放了孔子。可孔子还是去了卫国。子贡问孔子：“君子能违背诺言吗？”孔子说：“被威逼之下说出的诺言，鬼神是不会听的。”

孔子虽然到了卫国，可卫灵公已经老了，政事懈怠，不重用孔子。孔子喟然长叹：“若是用我，一年就可见成效，三年就可以使卫国兴盛啊！”无奈之下，孔子只好离开了卫国。

孔子不被卫君重用，便想到晋国去见赵简子。在黄河边上，孔子听说晋国的两个贤人被赵简子杀死，估计自己到了晋国也不会被赵简子重用，就又返回了卫国。

一天，卫灵公向孔子询问用兵布阵之法。孔子说：“祭祀之类的事情，我多少还懂一些；要说行军打仗，我可从未学过。”第二天，卫灵公又邀孔子谈话，恰好天上飞过一行大雁。卫灵公只顾抬头看天上的大雁，不再答理孔子。孔子感到十分失望，就又去了陈国。

鲁哀公三年的秋天，季桓子得了重病，临终前他对他的长子康子说：“过去鲁国也曾几度兴盛，后来由于我得罪了孔子，就不再兴旺了。我死后，你将成为鲁国的宰相，那时，你要把孔子召回来，和你一起辅佐国君。”

过了几天，季桓子就死了，康子继宰相之位。他想召孔子回鲁国，可公之鱼却对他说：“过去我们对孔子没有一用到底，遭到了诸侯的耻笑；如今又要召他回国，如果仍旧不能一直重用他，我们还会被耻笑的。”康子问：“那我们用谁呢？”公之鱼就向他推荐了孔子的弟子冉求。康子派使者请冉求回

◎铜宋公栾簠◎

方口沿部呈直壁状，且年代越晚直壁越长；腹部变深，方形圈足也较高，容量加大。

国，孔子对冉求说：“鲁国召你回去，恐怕是要重用你啊！”

冉求走后，第二年孔子就从陈国去了蔡国。又过一年，孔子又从蔡国去了叶国。一天，叶公向子路打听孔子的为人，子路没有告诉他。孔子听说后对子路说：“由啊，你为何不告诉他孔子是一个刻苦用功、诲人不倦、发愤忘食、乐以忘忧、不知到自己已经年老了的人啊！”

此后不久，孔子又离开叶国去了蔡国。长沮、桀溺二人正在耕田，孔子看出他们是隐居之人，就派子路去向他们打听渡口的位置。长沮问子路：“车上坐着的那个手拉缰绳的人是谁呀？”子路说：“他是孔丘。”长沮又问：“是鲁国的那个孔丘吗？”子路说：“是的。”长沮听后便说：“那他应该知道渡口在哪儿呀！”桀溺又问：“你是孔子的徒弟吧？”子路说：“是的。”桀溺就说：“如今天下动荡，谁也无法改变这种局面。与其四处逃避乱臣昏君，还不如当个隐居之人。”说完就

不再答理子路，埋下头去继续耕田。子路回去后，把长沮、桀溺说的话告诉了孔子，孔子惆怅地说："人怎么能成天和鸟兽生活在一起，如果天下国泰民安，我也犯不着去改变它呀！"

后来，有一天子路在路上遇见一个背草筐的老人，就问他："你看见我的老师了吗？"老人问子路："一个手脚从不劳动，连五谷都分不清的人还配叫先生吗？"说完，便再也不理会子路了。子路把这件事告诉了孔子，孔子说："这又是一个隐居的高士啊！"再去寻找那位老人，老人却早就不见了。

吴国攻打陈国，楚国派兵去陈国救援。听说孔子正在陈国和蔡国的边境，楚国就派人去聘请孔子。陈、蔡两国的大夫们听说了这件事，就聚在一起商量对策。他们认为，孔子虽然停留在陈、蔡两国之间，但两国大夫们的所作所为都不合孔子的意。如今楚国来聘请他，若是他去辅佐楚国这个大国，那么，陈、蔡两国主政的大夫们可就危险了。于是，他们就派人把孔子一行人包围在了旷野之中。后来，孔子派子贡到楚国，楚昭王派大军来接孔子，才为孔子解了围。

楚昭王想赐地七百里给孔子，楚国的令尹子西不同意。他问："大王派去各国的使臣有跟子贡差不多的吗？"

"没有。"

"辅佐您的宰相有跟颜回差不多的吗？"

"没有。"

"您有像子路这样的将帅吗？"

"没有。"

"您的地方官有像宰予的吗？"

"没有。"

子西接着说："楚国的祖先是周朝分封的，爵位不过子男，封地也不过五十里。孔子这个人讲授三皇、五帝的治国之道，提倡建立周公、召公那样的业绩，您若是任用了他，那楚国还能世世代代拥有方圆几千里的土地吗？再说，当初文王在丰、武王在镐，封地都不过百里，可最终却一统天下。如果孔子得到这么大一块封地，又有贤明弟子辅佐，恐怕这不是楚国的福气啊！"昭王听后，便打消了原来的念头。

楚国有一个装疯隐居的高人名叫接舆。一天，接舆唱着歌从孔子身边经过，他在歌中唱道：

"凤啊！凤啊，你品行为何这样低下！

◎交龙火纹鼎◎

盖顶有环形矮支足捉手，直口，附耳弧曲，腹深而宽，圜底，下承外撇的三兽蹄足。

过去的已无法挽回，未来的却要做好准备。

没希望了，算了！

当今从政的人都很危险呀！

孔子下了车，想和接舆搭话，接舆却飞也似的走掉了，把孔子晾在了一边。

孔子生活的时代，周朝已经很衰落了。礼崩乐坏，《诗》、《书》典籍也残缺不少。孔子便遵循三代的治国礼仪，作《书传》，上起唐尧、虞舜，下至秦穆公，按历史过程编排史事。

孔子考察了夏、商两代典章制度的增删情况，然后深有体会地说："这些制度虽说已隔百代，但仍旧是或文彩华丽，或质朴无华。周朝参照两代制定的典章真可谓是包罗万象、光彩照人啊！我遵从周代的典章法礼。"

孔子还对《诗经》进行了重新整理。古代流传下来的诗有三千多篇，孔子从中选择了适合礼义教化的那部分，然后把这部分入乐歌唱，力求能合乎韶乐、武乐或是朝廷高雅的音乐。

孔子晚年很喜欢研究《易经》，他翻来覆去地研读，把系书的牛皮绳都磨断了三回。他说："要是我还能多活几年，那我就能体会到《易》的精髓了。"

孔子教授诗书礼乐，弟子有三千人，能够精通六艺的有七十二人。像颜浊邹那样受过孔子教导，却没有正式入学的人还有很多。

孔子吃饭时也很讲究，如果鱼不新鲜，肉已变味或是切得不合规矩，他都不吃。就坐时，一定先把座位摆正才坐下。跟带孝的人同桌吃饭，孔子从不吃饱，只是稍吃一点，以示哀悼之情。

孔子说："有三个人一同走路，那里面一定有一个人可以当我的老师。"

他还说："不修养德性，不钻研学问；见到正义的事不马上做，有了缺点和错误不知道改正，这些都是我所担心的啊！"

孔子从不谈论有关怪事、暴力、叛乱、鬼神这类事情。

孔子的弟子们都很钦佩孔子。子贡说："先生的文章，我欣赏过的不算少了，要是能听先生讲讲有关天道和性命的道理，那该有多好啊！"颜渊也曾深有感慨地说："先生的形象真是越看越高大，先生的学问真是越钻研越深奥，我永远也无法赶上他啊！"住在达巷里的人们都称赞孔子说："孔子真了不起！他学问广博，样样精通，只不过还没有成名罢了。"

鲁哀公十四年春天，王公贵族在大野狩猎。叔孙氏的车夫捕获了一只怪兽，以为不吉利，去问孔子怪兽是什么。孔子看后说："是麒麟啊！"又说："黄河里再也不会有神龙驮着八卦图出现了，洛水里也不会再有鬼神背着洛书浮出水面了，我人生的路也要走

完了。”

第二年，子路在卫国死了，孔子也生了重病。一天，子贡来看望孔子，孔子正拄着拐杖在门口散步。一见子贡，孔子就说：子贡啊！你怎么来得这么晚呀！”说着，他叹了口气，接着唱道：“泰山就要崩塌了！梁柱也要断折了！有聪明才智的人要死了！”伴随着凄楚的歌声，孔子泪流满面。他又对子贡说：“天下乱了很久了，但世人都不采纳我的治国主张。夏朝人死后葬在东阶，周朝人死后葬在西阶，殷朝人死后葬在门前的两个门柱之间。昨天晚上，我梦见自己坐在两柱之间被人祭奠，我大概算是殷人吧？”

七天后，孔子真的死了，享年七十三岁。孔子死后被安葬在鲁城北面的泗水边上。孔子的弟子们都为孔子守孝三年，三年期满才洒泪而别。只有子贡哀思难尽，就又留下来为孔子守了三年孝。后来，孔子弟子和鲁国人有一百多家先后迁到孔子墓附居住，人们因此把这个地方称为孔里。孔子生前住过的房子后来被改建成了孔庙，陈列着孔子坐过的马车、穿过的衣服、用过的书籍等物品。鲁国人每年按时去孔子墓祭祀，读书人也前去讲授儒家礼仪，世世代代，至今从未间断。

历代名家点评

毛泽东：从孔夫子到孙中山，我们应当给以总结，继承这份珍贵的遗产。

李炳海：孔子不是王侯将相，但司马迁却把他列入世家，司马迁具有远见卓识，不是完全按照官本位来处理历史人物，他把孔子作为精神领袖看待。

成语典故

不赞一词 《史记·孔子世家》：“至於为《春秋》，笔则笔，削则削，子夏之徒，不能赞一辞。”原谓文章写得很好，别人不能再添一句话，后用为一言不发之意。

杨虎围匡 《史记·孔子世家》：“孔子将陈，过匡……匡人闻之，以为鲁之阳虎。阳虎尝暴匡人，匡人於是遂止孔子。孔子状类阳虎，拘焉五日。”阳，通“杨”。后因以“杨虎围匡”指因貌似而产生误会。

招摇过市 故意炫耀以引起别人注意。语出《史记·孔子世家》：“居卫月馀，灵公与夫人同车，宦者雍渠参乘，出，使孔子为次乘，招摇市过之。”

大泽乡起义

◎陈涉世家　秦二世元年

背景

二世元年（公元前209年）七月，胡亥下令征集穷人守卫渔阳。当队伍走到大泽乡(今安徽宿县东南刘村集)时，忽降大雨，道路不通，预计无法按期到达，按照当时严酷的秦法，误期当斩，引发了中国历史上第一次大规模的农民起义。

原文

二世元年七月，发闾左适[①]戍渔阳，九百人屯[②]大泽乡。陈胜、吴广皆次[③]当行，为屯长。会[④]天大雨，道不通，度[⑤]已失期[⑥]。失期，法皆斩。陈胜、吴广乃谋曰："今亡[⑦]亦死，举大计亦死，等死，死国可乎？"陈胜曰："天下苦秦久矣。吾闻二世，少子也，不当立，当立者乃公子扶苏。扶苏以数谏故，上使外将兵。今或闻无罪，二世杀之。百姓多闻其贤，未知其死也。项燕为楚将，数[⑧]有功，爱士卒，楚人怜之。或以为死，或以为亡。今诚以吾众诈自称公子扶苏、项燕，为天下唱[⑨]，宜多应者。"吴广以为然，乃行卜。卜者知其指意，曰："足下事皆成，有功。然足下卜之鬼乎！"陈胜、吴广喜，念鬼，曰："此教我先威众耳。"乃丹书帛曰"陈胜王"，置人所罾[⑩]鱼腹中。卒买鱼烹食，得鱼腹中书，固以怪之矣。又间令吴广之次所旁丛祠中，夜篝火，狐鸣呼曰"大楚兴，陈胜王"。卒皆夜惊恐。旦日，卒中往往语，皆指目陈胜。

注释 <<<

①适：因犯罪被贬罚。
②屯：驻扎。
③次：次第，次序。
④会：逢上，赶上。
⑤度：猜测，估计。
⑥失期：超过规定的日期。
⑦亡：逃亡。
⑧数：屡次。
⑨唱：通"倡"，号召，倡导。
⑩罾：捕鱼的工具。此处用作动词，指用罾捕获。

史纪风云

中国历史上第一次农民起义的领导人陈胜是阳城人，吴广是阳夏人。

陈胜年轻时很穷，以帮人家耕田种地为生。有一天，他干活累了，和同伴坐在田埂上休息，心里十分不痛快。别人有地，有饭吃，而自己却要累死累活地替别人干活，而且还吃不饱肚子。于是他就对身边的同伴说：“将来如果谁要是富贵有钱了，可不要忘了大家啊！”同伴们笑话他说：“别做梦了，我们只是替别人干活的人，哪能有什么富贵呢？”陈胜一听，不禁叹口气说：“你们真是目光短浅的人，一点志向都没有，我陈胜可非要干出一番大事业来不可。”大家都很佩服陈胜有志向。

◎漆画枋◎

秦汉至南北朝时期酒器

秦二世刚刚登上王位的那年夏天，由于士兵不足，朝廷下令调征住在闾左的穷人到渔阳去守卫边塞。陈胜和吴广也被征调，而且还担任屯队的队长。屯队就是秦朝时军队的编制，一屯有几十个人。

由于是夏天，天一直下着大雨。当他们路经大泽乡时，雨更大了，把路都给淹没了，无法通行，只得停下来驻扎在大泽乡，想等雨停了再走。但是雨老是不停，眼看守边的日子就要到了，按照秦朝的法律，误了期限是要被斩首的。但雨一直不停，队伍无法前进，看来肯定是不能按时到达渔阳了。

陈胜一想这么多的人都要因为这倒霉的雨而被砍头，不是太无辜了吗？于是他和吴广商量：“误了守边的期限是要被处死的，眼看这么多的人都要被杀死，我心里真难受啊！朝廷的爪牙也多，我们逃跑也没有活路。与其这样任人宰割，我们不如揭竿而起，造反算了，大家活着也是备受欺侮，这样即使死也死得有价值。”

“对，咱们起义算了，大不了是一死，反正咱们已经是没有活路了。大家都是

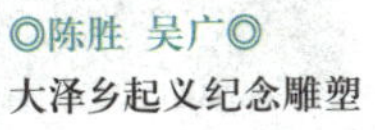

◎陈胜 吴广◎

大泽乡起义纪念雕塑

穷苦人，受朝廷的苦已经很久，早就忍无可忍了。不过，我们具体应该怎么办才好呢？”吴广虽然同意，但是又有点顾虑。

陈胜就把自己事先想好的主意告诉吴广说：“我听说现在的皇帝秦二世是秦始皇的小儿子，按理他是不该做皇帝的，做皇帝的应该是公子扶苏。扶苏因为多次直言劝谏，被秦始皇赶到外地去了。后来因为秦二世想做皇帝，就把扶苏给害死了。但百姓因为十分痛恨秦二世的暴政，就都认为公子扶苏并没有死，有一天他还会卷土重来。我们可以假借公子扶苏的名义号召天下。另外，原来楚国的将军项燕，一生功劳盖世，又十分爱护士兵，楚地的人们都很爱戴他。现在也不知道是死是活，我们也可以打着他的旗号，只要有带头人，起来响应的人一定不少。”

吴广完全赞成陈胜的计划。古代人在做事之前，有先问吉凶的习惯，所以他们两人商量妥当后，又去找算卦先生去算命。算卦先生猜出他俩的意图，鼓励说：“你们的事情准能成功，可以建立功业，然而你们向鬼神问过吉凶吗？”陈胜、吴广听了很高兴，明白算卦先生的意思是让他俩先借鬼神在众人之中取得威望。

陈胜、吴广于是找来一块丝绸，用朱砂写了“陈胜王”三个字，偷偷塞在人家刚捞上来的鱼肚子里。士兵把鱼买回来煮食，发现了鱼肚里的字条，议论纷纷，以为是神仙显灵了。

陈胜又让吴广趁天黑到营地附近的破庙里点起火堆，学着狐狸的叫声，大叫道：

◎农民起义陈胜之墓◎

位于河南省永城市东北芒砀山主峰西南麓。

“大楚兴，陈胜王！大楚兴，陈胜王！”士兵们看见火光，听见叫声，都惊奇不已。天亮后，大家三五成群，交头接耳，用惊异的眼光看着陈胜。

吴广见军心开始动摇了，趁着官府派来领队的营尉喝醉，故意多次扬言要逃走，借以刺激营尉，使他生气而当众侮辱自己，来激起大家的不平。营尉果然发怒了，并用鞭子狠狠地抽打吴广，后来又想杀死吴广。吴广就乘机夺过剑，将营尉杀了。陈胜也赶过来，将另外两个营尉杀死。围观的士兵被这突如其来的变故惊呆了。这时只见陈胜跳上土台，对士兵们大声说：“弟兄们，我们遇上大雨，已经延误了行期，到了渔阳就会被处死。就算不死，大家也会因为守卫边关而死。反正都是一死，还不如我们反啦，成就一番事业，也不枉活一生……”

“我们听你的！我们听你的！”士兵们举起兵器一片欢呼。于是陈胜自己为将军，吴广为都尉，打着公子扶苏和项燕的旗号举行起义，攻打大泽乡，挺进附近的郡县。

不久，陈胜自立为王，国号张楚，各地人民都纷纷起兵响应。中国历史上第一次农民大起义就这样轰轰烈烈开展起来了。

历代名家点评

刘光《史记太史公自序注》：以陈涉与汤武、《春秋》并言，此理最精深，以其功同也。汤武有德，力通达于一时之天下，故功在一时，孔子有德，力不能达一时之天下，而能传于万世之天下，故功在万世。陈涉无德，力亦不能为天下之功，而能为天下之有力者发端，故功即在发端也。

李炳海：陈涉的反秦是自觉的，有清醒的意识；他蹈袭秦朝暴政却是不自觉的，并没有意识到自己是在走前朝的老路，重犯和自己讨伐对象相同的错误。

成语典故

篝火狐鸣　原指秦末陈涉于竹笼中置火，学狐狸叫声，假托狐鬼之事，以发动群众起事。《史记·陈涉世家》：“又閒令吴广之次所旁丛祠中，夜篝火，狐鸣呼曰：‘大楚兴，陈胜王。’”后因以“篝火狐鸣”指图谋起义。

狐鸣鱼书　《史记·陈涉世家》：“乃丹书帛曰‘陈胜王’，置人所罾鱼腹中。卒买鱼烹食，得鱼腹中书，固以怪之矣。又令吴广之次所旁丛祠中，夜篝火，狐鸣呼曰‘大楚兴，陈胜王’。”后因以“狐鸣鱼书”指起事者动员群众的措施。

饿死不食周粟

◎伯夷列传 约公元前十一世纪

背景

商末时，孤竹国君的两个儿子伯夷和叔齐，在商朝灭亡后，宁死也不吃周朝的粮食，最后饿死在首阳山。

原文

孔子曰："伯夷、叔齐，不念旧恶，怨是用希。""求仁得仁，又何怨乎？"余悲伯夷之意，睹轶[1]诗可异焉。其传曰：

伯夷、叔齐，孤竹[2]君之二子也。父欲立叔齐，及父卒，叔齐让伯夷。伯夷曰："父命也。"遂逃去。叔齐亦不肯立而逃之。国人立其中子。于是伯夷、叔齐闻西伯昌善养老，盍[3]往归焉。及至，西伯卒，武王载木主，号为文王，东伐纣。伯夷、叔齐叩马而谏曰："父死不葬，爰及干戈，可谓孝乎？以臣弑君，可谓仁乎？"左右欲兵之。太公曰："此义人也。"扶而去之。武王已平殷乱，天下宗周，而伯夷、叔齐耻之，义不食周粟，隐于首阳山，采薇[4]而食之。及饿且死，作歌，其辞曰："登彼西山[5]兮，采其薇矣。以暴易暴兮，不知其非矣。神农、虞、夏忽焉没兮，我安适归矣？于嗟徂兮[6]，命之衰矣！"遂饿死于首阳山。

由此观之，怨耶非耶？

注释 <<<

①轶：散失。

②孤竹：孤竹古城在卢
县南十二里，殷时是诸
孤竹国。

③盍：何不。

④薇：野豌豆，蕨类植物，其叶与果可食。

⑤西山：即首阳山。

⑥于嗟徂兮：于嗟：叹词，表示惊异；徂：通"殂"，死亡。

伯夷和叔齐是孤竹国君的儿子。二人都是圣贤之人，气节非常高。

孤竹君想将王位传给叔齐，有一天他召见伯夷，对他说："我年纪已老，等我去世，你要辅佐叔齐将国家治理好。"伯夷郑重地点头答应。

等到父亲去世，叔齐被推为王，他对伯夷说："按理说你是兄，王位应由你来继承。"

伯夷自然不肯接受，说："这是父亲的遗命，我们都应该遵守。"他怕叔齐不肯，就离家逃走了。

叔齐也不肯即位，偷偷逃走了，国人只好另立孤竹国君别的儿子为王。

伯夷、叔齐两个人在逃跑的路中相遇，兄弟相见，唏嘘不已。两个人商量到哪里去，他们听说西伯昌对老人和善，在他那里可以安享晚年，就决定投奔西伯昌。可等他们到达的时候，西伯昌已经去世了。

这一天他们走在路上，忽然发现远方尘土飞扬，以为出了什么事。等到了近前才发现，原来是武王用车载着神主，说是奉了文王的遗命，结集天下英雄，共同纣伐纣王。

伯夷、叔齐交换了一下眼神，就上前按住武王的马劝谏说："我们讲究孝、忠，可不能空口白说。现在西伯刚刚去世，你尚没有安葬，却要先发动军队去打仗，这能说是孝子吗?再有，作为臣子，你要去弑杀国君，以下犯上，这能叫忠臣吗?"

两个人一左一右，不停地劝说，弄得武王心烦意乱。武王左右的人想杀掉二人，免得他们扰乱军心。

◎铜盉 西周晚期◎

姜太公拦住他们说："他们也算是仁义的人啊!"于是命人将他俩搀扶下去。

武王正义之师终于杀死纣王，天下诸侯都归附了周朝，民心大安，路不拾遗，夜不闭户。

而伯夷、叔齐却以作周朝的臣民为耻辱，为了坚守节义，他们拒食周朝米粮，隐居在首阳山中。饿了，就采些野菜充饥，形如野人。后来，在快要饿死的时候，两个人作了一首歌，歌词说："登上那座西山哪，去采些薇菜。暴臣取代暴主，他尚不知自己的错误呢!

神农、虞、夏的时代一去不复返了，我没那种命啊！现在叫我到哪里去呢？我的命运真是不幸啊！”

后来，伯夷、叔齐就饿死在首阳山中。

历代名家点评

煮酒论史：太史公接着评道：“由此观之，怨邪非邪？”这是接着孔子的“求仁得仁，又何怨乎”说的，可见太史公并不完全赞成孔子的说法，伯夷、叔齐大概仍是有怨在心的；不过这怨并非为了自己的利益得失，而是为了理想的破灭，正符合“哀而不伤，怨而不怒”的诗教。这样的怨，就算再多一点又何妨呢？

李炳海：伯夷叔齐属于善人之列，司马迁由此想到善恶施报的有无，并且把颜渊和盗跖作为正反典例加以对照，充分肯定善人高士的品格风范。

成语典故

不食周粟　《史记·伯夷列传》：“武王已平殷乱，天下宗周，而伯夷、叔齐耻之，义不食周粟，隐於首阳山，采薇而食之。”后以“不食周粟”谓清白守节。

管仲遇贤助霸业

◎ 管晏列传 公元前685年

背景

管仲（公元前725年－公元前645年），生活在春秋初期，是中国历史上"礼乐崩坏"、社会急剧变化的历史时期。几经人事变换的管仲终由鲍叔牙推荐，被齐桓公任命为卿，尊称为"仲父"。管仲由此开始辅佐齐桓公开创霸业。

原文

管仲曰："吾始困时，尝与鲍叔贾[1]，分财利多自与，鲍叔不以我为贪，知我贫也。吾尝为鲍叔谋事而更穷困，鲍叔不以我为愚，知时有利不利也。吾尝三仕三见逐于君，鲍叔不以我为不肖，知我不遭时也。吾尝三战三走，鲍叔不以我为怯，知我有老母也。公子纠败，召忽死之，吾幽囚受辱，鲍叔不以我为无耻，知我不羞小节而耻功名不显于天下也。生我者父母，知我者鲍子也。"

鲍叔既进管仲，以身下之。子孙世禄于齐，有封邑者十余世，常为名大夫。天下不多管仲之贤而多鲍叔能知人也。

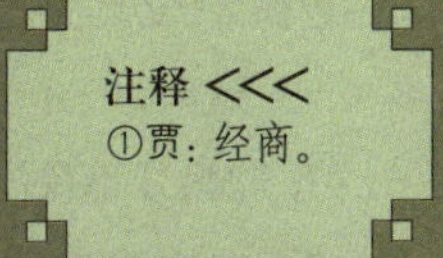

注释 <<<

①贾：经商。

史纪风云

鲍叔牙慧眼识人

在春秋战国时代，各诸侯国之间经常争霸、打仗，百姓民不聊生。而诸侯国的强弱也每时都在变，往往昨天还是一个强国，明天

就可能面临被瓜分的危险。

各国能够成就大业，首先要有贤君，而贤臣也必不可少。我们讲的管仲的故事就是一个贤臣助贤君的故事。

管仲是姬姓后代管严的儿子，名敬仲，又叫管仲，还称夷吾。他父亲在世时，家居颍水上游，就是今颍水县上方。但是，他从小很不幸，父亲去世早，他与老母相依为命，家境很穷困。

管仲年轻时，就与鲍叔牙交往很深，彼此了解对方性格。他们常合伙做事。

有一年，管仲与鲍叔牙合伙做买卖，鲍叔牙出钱，管仲负责经营，商定赚得的利润双方平分。管仲对此十分尽心，早出晚归，他们的买卖经营得很成功，管仲也赢得了鲍叔牙的信任。到年终分红时，利润分配由管仲掌握，他就给自己分了三分之二，而分给鲍叔牙三分之一，但鲍叔牙从不怪他。

这时，一个了解情况的人告诉鲍叔牙内情，鲍叔牙不仅没怨管仲，而且对那个人讲："不要再提这件事了，虽然我们当初商定各得利息的一半，但是管仲家境贫穷，我比他强，他多分点也是应该的。"从此，再没有人提及此事。

后来，管仲又给鲍叔牙做助手，替他出谋划策。

可是，他提出的很多办法那个时候根本行不通，也不切实际。鲍叔牙的家人就背地里说："这个管仲根本就不像老爷说的那样有才能，瞧他提出的计策，根本行不通。"

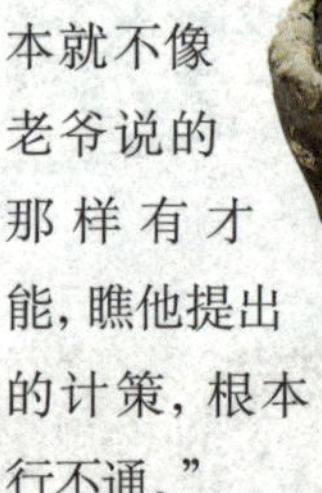

鲍叔牙知道后，立刻教育家人说："才能要遇时机而现。有的人有才能，然而没遇到有利的时机，所以显现不出来，你就可能以为人家没有才能；而有的人遇到好的时机时显身手，你就会认为他有才能，这都是不全面的。比如姜太公，遇到时机之前，是渭水钓鱼的老头儿。等到周文王礼贤下士，姜太公的才能才得以发挥，助武王灭纣，一展才华。"家人不再说管仲有才无才之事了。

后来，管仲不在鲍叔牙家做事，他想成就一番事业。他曾经做过好几国的小官，总是领兵打仗，然而到关键时刻，他又总是败逃而归。最终被国君驱逐。

很久之后，管仲又随鲍叔牙到齐国。这一次，两人侍奉不同之人。鲍叔牙侍奉齐国公子小白，管仲侍奉公子纠。不久，齐国发生内乱，公孙无知领兵杀了齐襄公，自立为齐君。两位公子只能逃出齐国避难。鲍叔牙与公子小白逃到莒国，管仲与公子纠逃到鲁国。

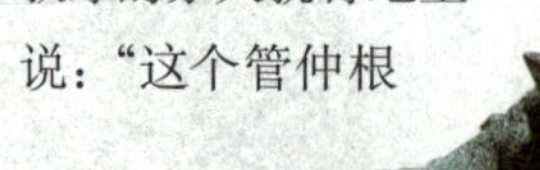

齐国的内乱平定之后，两位公子都要回国做国君。公子小白在鲍叔牙的帮助之下，抢先回到齐国，被立为国君，

就是后来有名的齐桓公。而鲁庄公派兵护送公子纠回齐国迟了一步，在回国路上被齐桓公和鲍叔牙截住了退路，结果鲁军被打败。这时，管仲掩护公子纠先逃跑，提出要与齐桓公当面对话，待齐桓公出来，他用箭射齐桓公，但是没射中咽喉，而只射中了桓公腰间大带的铜钩。桓公装着受伤，瞒过管仲。齐桓公虽然没受伤，但对此却非常愤怒。

战后，齐桓公派鲍叔牙去处理战后事情。鲍叔牙对鲁庄公提出两点要求：一是公子纠是齐君的亲兄弟，齐侯不能亲手杀他，请鲁庄公将其处死；二是随同公子纠的管仲、召忽等是齐侯仇人，请鲁君将人交出，押解回国。

由于鲁军战败，庄公无法，在生窦那个地方将公子纠处死，召忽听说后也自杀身亡。但管仲提出让鲍叔牙牙将自己捆绑起来，送回齐国治罪。鲍叔牙答应了他的请求，用囚车囚禁管仲，送给齐国。但是，一到齐国境内，就立即打开囚车，放出管仲。

回到都城，鲍叔牙向桓公进谏说："管仲的才能比我强很多，可以让他来辅佐君王。"齐桓公恨恨地说："我可以对他射我之仇既往不咎，但绝对不能再用他来辅佐我。有你做我的丞相，已经足够了。"

鲍叔牙立刻推辞："我与管仲之间有太多差距，与民众联系并予之恩惠，我不如他；治国而不失国之权柄，我不如他；制礼仪而传之天下，我不如他；亲临阵前，鼓舞军心，我不如他。这几个方面我都不如他，假如国中有他，岂不更好？"桓公仍然摇头："尽管如此，国中有你为相，加上有高傒帮助，一定能治理好的。"

鲍叔牙见桓公如此固执，就只有另想办法。有一天，他趁桓公高兴，就又说："君王要只是为了治好齐国，那么有我和高傒两个人就足够了。但假如您想称霸的话，就非管仲不可。管仲在哪国，哪国就兴旺，这些您已经看到，这样的人才可不能失掉呀！"齐桓公权衡利弊，终于采纳了鲍叔牙的意见，任用管仲为丞相。

管仲当上齐国丞相后

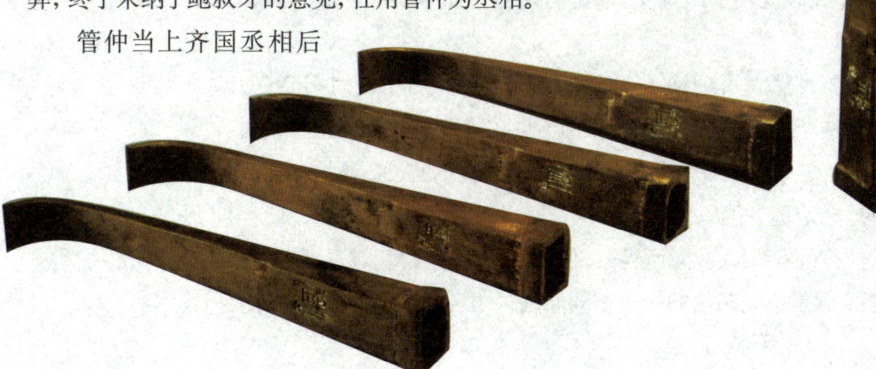

◎曲头铜斤◎

说："当初我穷困的时候，曾经和鲍叔牙做生意，后来都是我一个人负责。分利润时，我多拿而少给他，鲍叔牙没有说什么，他知道我贫穷啊；我曾给鲍叔牙谋划事情，可是能力有限，但鲍叔牙不认为我愚蠢，知时机有利与不利的缘故；我曾三次做官三次被国君驱逐，但鲍叔牙不认为我没才，认为我不逢时；我曾三战三逃，但鲍叔牙不认为卑怯，知我有老母无人奉养；公子纠失败，召忽为子纠而死，我被囚受辱，但鲍叔牙不把我看做无耻之徒，知我不羞小节，却以功名不显于天下为耻辱。生养我的是父母，而了解我的却是鲍叔牙啊！"

鲍叔牙把管仲推荐给齐桓公，自己官位居于管仲之下，他的后代也大多是有名的大夫。天下的人不称道管仲的才能，而多称赞鲍叔牙是识人之"伯乐"。

◎镶石舞人圆形铜扣饰◎
扣饰正中嵌玛瑙珠及绿松石小珠，其外透雕人像一周，共18人，衣后皆饰尾，手挽手，腿部微屈作旋转舞蹈状。

管仲助君成霸业

齐桓公同意了鲍叔牙的意见，任命管仲为相。国内有鲍叔牙与高傒二人，现在又有了管仲，他认为定能将齐国治理得很好，于是他把治国大任全交给管仲，放手让他去干。

由于齐国发生内乱，百废待兴。过了很长时间，齐桓公仍未发现有什么动静，他问管仲："齐国政治什么时候才能达到顺善的地步？"

管仲就直言说："臣下地位卑微，而齐国贵族很多。所谓'贱不治贵'，我怎能治了这些贵人呢？若不能治贵族，齐国政治又怎能顺善？"

齐桓公恍然大悟，于是任命他为上卿。可是过了一段时间，齐国仍然是老样子。齐公又问管仲怎么仍不见齐国政治顺善，说："相国已是上卿，在齐国除我一人之外，您是最高贵的官吏，还怕有什么人会阻挡您治理齐国吗？"

管仲答："对贵人我无所畏惧。但臣下是贫穷的人。君王可知'穷不治富'。这是不能顺治的一个重要原因。"桓公于是将齐国市场的税收全赐给管仲。管仲有了税收，可以富比齐室。但是，虽贵为上卿，又富可敌国，这些都是君王所赐，可以随时封，也可以随时撤。

可是，管仲仍一如既往，齐国不见丝毫起色。桓公第三次质问管仲，到底什么原因，仍不见动静。

管仲答道："跟君王关系的亲疏问题也要考虑。关系远的人自然不能控制近的人，这是常理。臣下虽然贵过他人，也富甲国家，然而如果没有君王亲近，也是枉然。"

桓公仔细考虑，觉得甚为有理，于是封管仲为仲父。这下管仲有了贵、富、亲之权，就开始实施治国的一切方案了。

由于齐国小，又处在东海边上，地理位置有一定的限制，于是管仲就发展工商业，积聚钱财，以使国家富足，军队强大，并且与人民和谐相处。

他在所著《管子》中提到："仓廪实而知礼节，衣食足而知荣辱，上服度而六亲固。四维不张，国乃灭亡。下令如流水之源，令顺民心。"

意思是："仓廪中装满米谷，百姓不愁吃喝，才会顾虑到礼节；衣服食物丰足了，人们才能知道荣辱；在上位的人遵行礼度，父母兄弟妻子才能亲密团结；礼义廉耻若不能实行，国家就有可能灭亡。颁布的命令如同有源的流水，那么政令就能顺合人民心愿。"

管仲凭借一个海边上齐地，就使国家富强，人强马壮，人民守礼义而行。而且，他在执行政事的时候，擅长把本来有害的事变成有益的事，把本来要失败的事转化为成功的事；重视衡量轻重的法度，审慎对事情的权衡。

齐桓公生蔡姬的气，要南下袭击蔡国，管仲却劝桓公讨伐楚国，斥责楚国不把菁茅朝贡给周室。桓公要北面征讨山戎，管仲就劝燕国重修召公时的政治。齐鲁两国在柯地会合时，齐桓公想背弃他与曹沫所签订的盟约，管仲劝他信守条约。

果然，在管仲的治理之下，几年之后，齐国就称霸于诸侯，桓公成为春秋五霸之首。

历代名家点评

许家星：孔子从道德和事功的分合着眼，对管仲做出了“如其仁”和“不知礼”是非两分的评价；孟子则鉴于时代要求和推行王道的需要，极力贬低管仲的霸道功业及其品德；程颐和朱熹从寻求普适的道德标准出发，以长幼、忠信之义为原则对管仲、魏征做出了正反不同的评价；王夫之以国家大义替代长幼之义，亟称管仲之仁与功，同时严斥魏征之不仁不义。由此反映了儒家在坚持义以至上的同时，对义利合一的艰难追求。

李炳海：孔子及先秦儒家对管仲、晏婴均有批评、有赞扬，都是以礼为尺度。司马迁则突破了礼的藩篱，对人物所做的评价更接近历史实际，反映出广大人民的心声。管仲传记中司马迁赞扬极力提携管仲的鲍叔，他胸怀坦荡，知人善任，慧眼识珠，管仲的成功归结为鲍叔的举荐。

成语典故

鲍子知我 《史记·管晏列传》：“管仲曰：‘吾始困时，当与鲍叔贾，分财利多自与，鲍叔不以我为贪，知我贫也。吾尝为鲍叔谋事而更穷困，鲍叔不以我为愚，知时有利不利也。吾尝三仕三见逐於君，鲍叔不以我为不肖，知我不遭时也。吾尝三战三走，鲍叔不以我为怯，知我有老母也。公子纠败，召忽死之，吾幽囚受辱，鲍叔不以我为无耻，知我不羞小节而耻功名不显于天下也。生我者父母，知我者鲍子也。’”后以“鲍子知我”谓彼此相互了解而情谊深切。

◎猎首纹铜剑 战国◎
此剑一字形剑格，鼓形剑首，剑柄及刃近格处饰浮雕人物。

伍子胥的故事

◎ 伍子胥列传 楚平王年间

背景

公元前522年，因遭楚太子少傅费无忌陷害，伍子胥的父亲伍奢和兄长为楚平王所杀，伍子胥被迫出逃吴国，发誓一定要灭掉楚国，以报杀亲之仇。

原文

始伍员与申包胥为交，员之亡也，谓包胥曰："我必覆楚。"包胥曰："我必存之。"及吴兵入郢，伍子胥求昭王。既不得，乃掘楚平王墓，出其尸，鞭之三百，然后已。申包胥亡于山中，使人谓子胥曰："子之报仇，其以甚乎!吾闻之，人众者胜天，天定亦能破人。今子故平王之臣。亲北面而事之，今至于僇死人，此岂其无天道之极乎?"伍子胥曰："为我谢申包胥曰，吾日暮途远，吾故倒行而逆施之。"于是申包胥走秦告急，求救于秦。秦不许。包胥立于秦廷，昼夜哭，七日七夜不绝其声。秦哀公怜之，曰："楚虽无道，有臣若是，可无存乎!"乃遣车五百乘救楚击吴。六月，败吴兵于稷[1]。会吴王久留楚求昭王，而阖庐弟夫概乃亡归，自立为王。阖庐闻之，乃释楚而归击其弟夫概。夫概败走，遂奔楚。楚昭王见吴有内乱，乃复入郢。封夫概于堂溪，为堂溪氏。楚复与吴战，败吴，吴王乃归。

注释 <<<

①稷：稷丘，地名，在郊外。

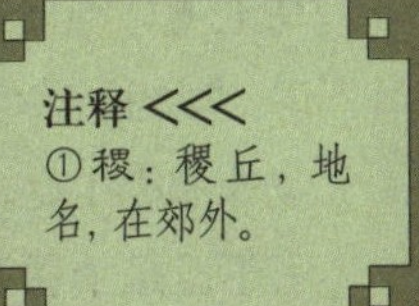

楚国的伍子胥在历史上十分有名，但是他的命运却十分坎坷。他的父亲伍奢、哥哥伍尚都在他年轻时被楚平王杀害，他本人逃到了吴国。在他逃亡的过程中，有很多脍炙人口的故事。

因父逃难

伍子胥的父亲伍奢被楚平王任命做太子建的太傅(就是老师)，而太子建还有一个老师，是少傅费无忌。这个费无忌可是一个纯正小人，专门投机钻营、陷害别人。

有一天，楚平王派费无忌到秦国去为太子娶亲。费无忌到秦国后，发现秦氏女美貌无双、多才多艺，他的坏念头就冒出来了。他马上飞马跑回楚国，一脸谄媚地对楚平王说："大王，这位秦女的美貌可谓天下无双，假如您娶了她，将会无比幸福。"这个楚平王不但是个昏君，而且是一个色鬼。他一听说有美女就马上眼睛放光，当即娶了秦女。秦女娶回，楚平王非常宠爱，不久就生了个儿子叫轸。后来他就另给太子娶了个妻子。

费无忌因此而得宠于楚平王，他就离开太子建去侍奉平王。但是，他见平王已经老气横秋，万一哪天一死，太子建就得杀了他。于是他眉头一皱，计上心来。他就一天到晚说太子建的坏话，企图离间平王和太子的感情。他对平王说："太子的母亲是蔡国君王的女儿，蔡国对我们楚国三心二意，你因为蔡国之故疏远蔡姬也对。可是，太子在跟前，很容易受蔡姬影响，时间一长恐怕不太好，不如让他们母子离远一点好。"

昏庸无道的平王果然听信了谗言，渐渐疏远了太子建，后来就干脆派他去边疆防止外敌入侵了。太子被派往城父邑，远离了国都。

费无忌加紧陷害太子建，他对平王说："您占了太子的媳妇，太子非常怨恨，早就对您有了防备之心。自从太子到了城父邑，我听说他整天在内操练兵马，在外勾结诸侯，企图谋反呢!"

楚平王一听大惊失色，赶紧招太傅伍奢拷问。伍奢知道这都是费无忌在陷害太子，就直言不讳地说："大王您为什么要听信小人的话而怀疑自己的亲儿子呢?太子自从被派往城父邑，就一心为国，忠于职守，根本没有造反之心，一定是有小人在进谗言。"说

◎伍子胥逃难◎

完，狠狠地瞪了一眼费无忌。

费无忌见自己的阴谋被人揭穿，恼羞成怒，阴阳怪气地对平王说：“大王您现在对他们不加制止，等到他们事成了，那可就危险啦！”

楚平王一听这话，就囚禁了伍奢，又派人命令城父邑司守将奋扬杀死太子建。奋扬对太子建说：“您快点离开吧，国王听信谗言，派人来杀你了。”

太子建一听，大惊失色，连忙跑到宋国去了。

费无忌见太子已经逃跑，又来陷害伍奢全家。他对平王说：“伍奢有两个儿子，都很贤能，将来一旦他们辅佐太子建，必有后祸，我们要斩草除根。”楚平王一听有理，就下令叫伍奢招他两个儿子进京。

伍奢说：“我大儿子伍尚为人仁慈，他听说我被抓，一定会来；但是二儿子伍员，为人很有智谋，叫他来恐怕要难。”

平王说：“能叫他们来就保你活命，不然就治你死罪！”君命难违，伍奢就修书一封，召他两个儿子进都城。

使者见到伍尚、伍员二人，对他们说：“国王召你二人进京，去了，你们父亲就能活，不去，他就得死。”

伍尚听说，忙准备动身。而伍子胥(伍员)则说：“国王召咱们两个去，未必就能让父亲活。他是怕我们逃走而留下祸患，才用父亲作人质，诈召我俩去送死。我们去了不能报仇，反而要送死，倒不如逃走，借别国之力来雪耻。”

伍尚说：“我也知道此去不能保全父命，但是父亲召我，我却不去，恐怕要被天下人嘲笑。还是你逃到别国，为父亲和我报仇，我去京城送死。”

伍尚伸手就擒，而伍子胥则搭弓准备放箭，使者见他怒目圆睁，十分恐怖，都不敢上前。伍子胥趁此机会连忙逃跑。他听说太子建在宋国，就到宋国去投靠太子建。伍奢听说伍子胥逃跑了，就叹了口气，说：“楚国君臣将苦于兵战了。”

伍尚被押到京城，与其父伍奢一起被杀了。而伍子胥则留下了自己的性命，开始了为父兄报仇的艰难历程。

◎铜矛◎

渔夫救难

◎铜蟠螭纹簋　春秋中期◎

伍子胥听说太子在宋国，就逃到那里，暂时在宋国栖身。但是不久之后，宋国就发生了华氏家族的暴乱，伍子胥又不得不随太子逃到郑国。郑国对太子建十分友好。

可是，他们后来发现，郑国其实十分弱小，属于强国晋、楚相争之地，很不安全。于是，他们就辗转到了晋国。

晋顷公对他们更是热情有加。他听说太子从郑国来，而且受到了很好的礼遇，就对太子说："太子跟郑国关系很密切，可见郑国对太子十分信任。我们可以利用这个机会，由太子作内应，我们里应外和，一举将郑国消灭。到那时，我们把郑国封给太子，您就可以利用郑国作为您回楚国为王的资本了。"太子建一听，觉得很有道理，于是他就又回到了郑国，准备伺机而动。

事情还没有准备好，太子因为一件私事要杀了他的一个随从，这个随从刚好知道太子建回郑国的秘密，他就向郑国告密，结果郑国国君大怒，当即就把太子建杀了。

太子建有个儿子叫胜，伍子胥怕郑国斩草除根，连忙带胜逃跑。他们跑到昭关，昭关的守将要捉拿他们去领赏。没办法，伍子胥只能和胜分开逃跑。到了长江边上，伍子胥发现江水滔滔，一片茫茫，根本就见不到船。看见后面追兵马上就要追到，他心里着急万分。

◎玉透雕龙纹璧◎

突然，有一条渔船缓缓而来，那渔夫见是伍子胥，知道他处于危难之中，就连忙把伍子胥接上了船。子胥拿出自己的佩剑，对渔夫说："我伍子胥逃命在外，身无别物，仅此佩剑，价值百金，我感谢您的救命之恩，请您收下！"

渔夫说："楚国有法令公布，捉到伍子胥赐粟米五万石，受封爵，我连那都不要，还要这价值百金的佩剑吗？"

助吴攻楚

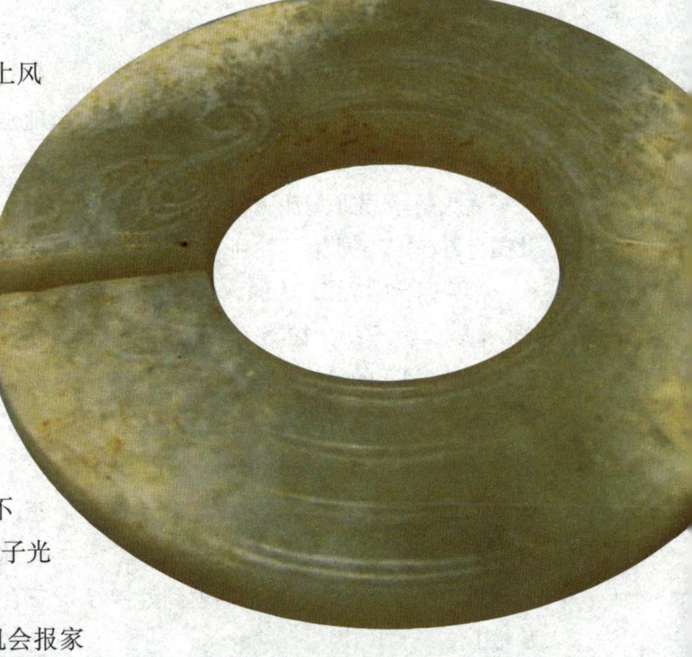

伍子胥没到吴国就病了。一路上风餐露宿，忍饥挨饿，终于到了吴国。

当时，楚国的边邑钟离和吴国的边邑卑梁氏都养蚕，有两个女子为争采桑叶而发生口角，后来竟发展为恶斗。楚平王大为生气，两国开始发兵打仗。

吴王就派公子光领兵与楚军相战，结果把楚国的两邑钟离和居巢夺了过来。伍子胥趁此机会就劝吴王僚说：“楚国战败，士气不振，一定可以攻破的，大王应再派公子光去灭楚。”

公子光知道伍子胥是想借此机会报家仇，就对吴王说：“伍子胥父兄被楚平王杀死，现在他劝您攻打楚国是要报他的家仇。但我们现在攻打楚国没有必胜的把握。”吴王觉得有理，就没有再派兵。

伍子胥知道公子光另有阴谋，想杀害吴王自立为君，就把专诸推荐给公子光。专诸是一个刺客，在历史上十分有名。

过了五年，楚平王去世。轸即位，他就是楚昭王。吴王僚就乘楚国丧君，派烛庸、盖余两公子率兵袭击楚国。谁知楚国发兵切断了吴军的后路，吴兵不能撤退回国。

吴国国内空虚，公子光就趁这个机会利用专诸刺杀了吴王，自立为王，称作吴王阖庐。阖庐做了国君后，便把伍子胥招入宫中，官拜行人，让他参与策划国事。

这时，楚国诛杀他们的大臣郤宛、伯川犁。伯川犁的孙子伯嚭逃到吴国，吴王也用他做大夫。

先前吴王僚所派的伐楚的公子，因为路途断绝不能回吴，之后又听说阖庐杀吴王僚自立的消息，于是就带军投降楚国，楚国把他们封在舒地。

阖庐立为吴王的第三年，与伍子胥和伯嚭起兵攻打楚国，占领了舒，捉到先前叛吴的那两个公子。阖庐想要继续攻打郢都，来个乘胜追击，好一举成功。将军孙武说：“老百姓都已经很疲惫了，军民疲乏而进军，会损兵折将，不可以！暂且等待机会吧。”于是，他们收兵回国。

第四年，吴国攻伐楚国，占领六和灊两个地方。第五年又攻打越国，取得了胜利。第六年，楚昭王令公子囊瓦带兵攻打吴国，吴王派伍子胥迎战。战争打得相当激烈，结果吴军在豫章把楚军打得大败，夺取了楚国的居巢。

到了第九年，阖庐对伍子胥和孙武说：

“起初我想发兵攻打楚国，你们说不可以，时机尚不成熟。现在过了这么多年，你们说现在情形怎样？”

伍子胥和孙武回答说：“楚国将军囊瓦为人贪婪好色，唐国和蔡国都恨他，大王如要举兵伐楚，要先取得唐国和蔡国的帮助。几国合力进兵，定能取得胜利。”

阖庐完全听从了二人的意见，出动全部军队，联合唐、蔡两国进军楚国，与楚军在汉水对峙。吴王的弟弟夫概请求随军伐楚，阖庐不允。夫概就自己领着他的五千人进攻楚将子常，子常败走，逃到郑国去了。吴军便乘着胜利之机，大举进攻。吴军势如破竹，经过五次交战，攻进了郢都。楚昭王连忙奔逃。而伍子胥进入郢都后就到处搜寻楚昭王。

楚昭王逃命，跑到了云梦泽这个地方，但遭到了强盗袭击。没有办法，他就逃到了郧。郧公的弟弟怀就说：“楚平王杀我们父亲，现在我们杀了他的儿子，父债子还，可以吧？”

郧公害怕弟弟真杀了楚昭王，便和昭王一起逃奔到随国。这个消息被吴军知道了，吴军就包围了随国。他们对随国人说：“整个汉水流域的周室子孙，都被楚国灭掉了，你们应该交出楚昭王！”随国民众一听，对楚昭王憎恨不已，都要杀他。随王子綦把楚昭王藏起来，自己准备承担一切后果。随人卜卦，卦上说把楚昭王交出去可能不利，就拒绝交出。吴国也没追究，就退出了随国。

伍子胥和申包胥是知心朋友，伍子胥当初被楚国缉拿，临离开楚国时说：“我一定要灭掉楚国。”申包胥说：“我一定要保存楚国。”

吴兵攻入郢都，伍子胥没有抓到楚昭王，十分生气，下令挖掘楚平王的坟墓，用鞭子抽打楚平王的尸体，边打边骂，足足打了三百下。

这时候，伍子胥的朋友申包胥逃亡在外，听说伍子胥鞭打平王尸体的事情，十分震惊，连忙派使者见伍子胥。使者说：“您这种报仇方式也未免太过分了吧！您从前是平王的臣下，曾经侍奉过他，而现在您却侮辱他的尸体，是不是太残忍了？”

伍子胥听了就对使者说：“你回去跟申包胥说，我急着复仇，这种急切叫人难以忍耐，就像路途遥远而太阳却要落山了一样，我已经等不及，所以只能逆着事理行事了。”

申包胥听伍子胥这样说，连忙找到秦国，向秦王报告楚国危急，向秦国求救。秦王不答应出兵，申包胥见状，就站在秦国的朝廷上日夜啼哭不止，连哭七天七夜。秦哀公听见后，对他可怜不已，说：“楚王是一个无道昏君，可他却有这样的臣子，我还哪能见死不救？”

秦哀公派兵援楚抗吴，六月，打败吴军。这个时候，吴王阖庐正在楚国搜寻楚昭王，而他的弟弟夫概竟偷跑回吴国，自己做了国王。

阖庐在楚国听到这个消息后十分气愤，他只好先放弃楚国，转头回国攻打他的弟弟夫概。夫概的军队根本不堪一击，经过一番激战后，夫概逃走了。他逃到楚国，楚昭王见吴国发生内乱，赶紧回国整顿。

二年后，阖庐派太子夫差率兵进攻楚国，攻取了番地。楚国害怕吴军再来，就把国都从郢迁到了鄀。此时，吴国重用孙武和伍子胥，国势开始强大起来。

此后的第五年，吴军攻打越国。越王勾践亲自领兵迎战，结果大败吴军，击伤了吴王阖庐的脚趾。阖庐临死的时候，把儿子夫差叫到床前，说：“越王勾践杀害你的父亲，这些你会忘记吗？”夫差忍泪回答道：“儿不敢忘。”当晚，阖庐就死了。

忠君被害

阖庐死后，太子夫差即位为王，他任用伯嚭为宰相，开始加紧操练兵马，准备为父报仇。

◎铜提梁盉 春秋◎

两年之后，吴越在夫湫大战，结果越国被打得落花流水，越王勾践只剩下五千人，在会稽山驻扎。勾践派大夫文种带厚礼和美女(西施)去贿赂吴国宰相伯嚭，向吴国求和，以保存实力，求得东山再起。

吴王夫差答应了勾践的要求，伍子胥立即劝阻，说：“越王勾践这个人能忍辱负重，今日您不除他，恐怕将来您就要后悔了。”吴王没有采纳他的建议，而是用太宰伯嚭的计策，跟越国讲和。

此后五年，吴王听说齐景公死了，各大臣

争权夺势，而新立的国君势力又不强，便准备发兵讨伐齐国。伍子胥劝谏说："勾践现在吃东西根本不讲究口味，在国内还经常安慰死者，抚慰病患，他一定另有图谋。这个人不死，始终是咱们吴国的忧患。而且，现在的勾践已非当年的败将勾践了。现在越国对吴国来说，就好像一个人的心腹之病一样，早晚要让人病入膏肓。大王您不趁机攻打越国，反而要专力攻打齐国，这不是舍近求远吗?"

不管伍子胥怎么说，吴王是铁了心要打齐国了。结果，他在艾陵把齐国打得大败，威震邹鲁两国。吴王趾高气扬地班师回国，从此以后，吴王就瞧不起伍子胥，更谈不上采用伍子胥的计谋了。

过了四年，吴王打算北伐齐国。越王勾践采用了子贡的计策，带领军队帮助吴国作战，还送贵重的宝物给吴国宰相伯嚭。伯嚭既然收了厚礼，就得替人家做事呀!于是他就不分白天黑夜地在吴王面前说越国的好话。

伍子胥则进谏说："越国其实是吴国的心腹之患哪!希望国王您能够听从臣下的劝告，先不要舍近求远地去攻打齐国，先消除我们眼前的隐患，灭掉越国吧，否则到时候连后悔都来不及了。"

吴王根本听不进伍子胥的劝告，为了免得见着眼烦，他就派伍子胥出使齐国，把他打发得远远的。

伍子胥临走前对他儿子说："我屡次劝谏国王，但是他不听我的话，吴国就要灭亡了。让你和吴国一起坐等死亡，没有益处。"于是他就把儿子托付给齐国的大夫鲍息照顾，只身返回吴国向国王死谏。

宰相伯嚭与伍子胥本来就不和，现在他更是在吴王面前诋毁伍子胥，他说："伍子胥为人刚强暴戾，缺乏情感，并且猜疑嫉妒。他这种性格的人恐怕要给吴国酿成大的祸害。就拿以前国王要讨伐齐国之事来说，伍子胥劝您说不可以，结果您还是出兵，而且大胜回朝。您没采用他的计策，他一定会觉得羞耻，心里势必会产生失望怨愤的情绪。

我派人暗中观察他，他把他的儿子交给齐人鲍息照顾，分明是心中不满。他自认为是先王的谋臣，而现在又不被重视，心中常常不快，怨恨国王。还希望国王您早日决断，以免留下祸患。"

◎燕车軎　春秋时期◎

軎身呈八棱柱体，后端为作圆盘形，体和圆盘中央有透穿圆孔，前粗后细，颈部饰蟠虺纹，有环耳和辖孔，辖孔内贯车辖，颈外饰绳纹圆箍。

吴王听后更是下定了决心，他说："就是你不说，我也早就怀疑他了。"于是吴王派人赐给伍子胥一把属镂之剑，要伍子胥自决。

伍子胥看到剑后，想到自己对吴国一片忠心，却落得如此下场，不禁潸然泪下，转头对仆人说："我死后，你们把我的眼睛挖出来，挂在东门上，我要亲眼看到越国灭绝吴国。"说完，就自杀了。

吴王听到伍子胥的话，非常生气，他下令把伍子胥的尸体装在一个皮袋子里，投入江中任其漂浮。吴国人都非常同情伍子胥，替伍子胥在江边建立祠堂，并把伍子胥祠堂所在地叫胥山。

历代名家点评

煮酒论史：伍子胥直言上谏说明他的忠心，而最终由于受害而转为怨恨却说明他的不忠。我们该同情他的忠诚而受害还是反对他的受害而怨恨呢？

李炳海：伍子胥的一生，贯穿恩怨施报事件。他是位忠臣，传记中出现的另一位人物申包胥也是位忠臣。尽管两人各为其主，处于敌对地位，但都是光彩照人的形象。

成语典故

倒行逆施 指做事违反常规或违背情理。语本《史记·伍子胥列传》："吾日莫途远，吾故倒行而逆施之。"

苏秦合纵说天下

◎苏秦列传 公元前260年

背景

春秋末期，王室衰微，诸侯争霸，学者们便周游列国，为诸侯出谋划策，到战国时期形成了"百家争鸣"的局面。苏秦，战国时东周洛阳人，学纵横之术游说各国，是纵横家的代表。

原文

北报赵王，乃行过洛阳，车骑辎重，诸侯各发使送之甚众，疑[①]于王者。周显王闻之恐惧，除道，使人郊劳[②]。苏秦之昆弟[③]妻嫂侧目不敢仰视，俯伏侍取食。苏秦笑谓其嫂曰："何前倨而后恭也？"嫂委蛇蒲服[④]，以面掩地而谢曰："见季子位高金多也。"苏秦喟然叹曰："此一人之身，富贵则亲戚畏惧之，贫贱则轻易之，况众人乎！且使我有洛阳负[⑤]郭田二顷，吾岂能佩六国相印乎？"于是散千金以赐宗族朋友。

初，苏秦之燕，贷人百钱为资，及得富贵，以百金偿之。遍报诸所尝见德者。其从者有一人独未得报，乃前自言，苏秦曰："我非忘子。子之与我至燕，再三欲去我易水之上。方是时，我困，故望子深。是以后子。子今亦得矣。"

注释 <<<

①疑：通"拟"，比拟，相比。

②郊劳：到郊外迎接、慰劳。

③昆弟：同生母所生的兄弟。

④委蛇蒲服：委蛇，同"逶迤"，伏地曲行。蒲服，同"匍匐"，伏地膝行。

⑤负：背倚。

史纪风云

合纵联盟

苏秦是战国时期的纵横家，东周洛阳人。年轻的时候，他曾经拜齐国的鬼谷子为师，学习纵横学说。学成后，他就想借此求得官位和财富，使自己能过上荣华富贵的生活。

十分不幸的是，在外游历了多年，各诸侯却不任用他，他非常困苦。历经种种磨难后，他只好回到家里。这时他的哥嫂、弟妹、妻子都暗暗地讥笑他，认为“周朝人的风俗就是安分地经营产业，致力地从事工商，以谋取利润为正业。可是现在你却放弃最根本的职业，去做卖弄口舌的事，到头来遭受穷困，这是你自找的，活该！”

苏秦听了这些话，心中非常惭愧和悲伤。从此他就闭门不出，翻出他的所有书籍，发奋阅读。一旦困倦，他就用锥子去刺大腿，提起精神继续读书。他想：“一个读书人，整天埋头读书，到头来却不能凭这些学问得到高官厚禄，即使书读得再多，又有什么用？”于是，他又找到一本名叫《阴符》的书，潜心研读，揣摩出很多道理，他自信地说：“我现在用这些道理可以说服很多国君了。”

◎鼎形铜行灯 战国◎

他就去游说周显王。但是，显王左右的大臣们早就知道苏秦这个人，都很看不起他，周显王也不欣赏他。

碰了壁的苏秦只有到西方的秦国去了。这时候秦孝公已经死了，他就开始游说惠王。他说：“秦国是个四边都是天险的国家，有华山的遮挡，有渭河的围绕。东面据有函谷关、黄河；西面拥有汉中；南面有巴、蜀两郡；北面还有代郡和朝马的便利。这可真称得上是天然的屏障与府库啊！并且秦国兵强马壮，人口众多，人才济济，又施行兵法的教令。君王可以凭借这些有利的条件一统天下，完成帝王的大业。”

秦惠公说：“一只小鸟，它的翅膀没有长成，羽毛没有丰满，怎能叫它高飞；一个国家的政治还没清明，国内尚没平定，绝不可以兼并别的国家。”这个时候，秦国刚刚诛杀商鞅，对辩士都没有好印象，所以不肯用苏秦。

苏秦十分沮丧地离开了秦国，向东到了赵国。赵肃侯用他的弟弟赵成为宰相，并封赵成为奉阳君。奉阳君不喜欢苏秦，根本就不接见他。

苏秦只好离开赵国，又游历到燕国。在燕国过了一年多，他才见到燕文侯。于是他就利用他的理论，开始游说燕文侯，他说："燕国东面有朝鲜和辽东；北面有林胡和楼烦；西面有云中和九原；南面有滹沱河和易水。又有国土方圆二千多里，有装备齐全的军队几十万人，战车六百辆，战马六千匹，粮食充足，可以支持好多年。而且燕国南有碣石、雁门的富饶之地，北边又有枣、栗的收益，即使民众不去耕作，枣、栗的收益也可以使他们富足了，这真是一个天府之国。"

燕文侯听到苏秦这样夸说燕国的自然条件，并没有感到太多的意外和鼓舞，因此没什么表示。苏秦看到这种情况，就继续说："燕国现在安然无恙，没有军队覆没的危险，没有将领被杀害的情况，这些都是别国比不上的，大王您知道是什么原因吗？燕国没有遭受敌国的侵犯和战争的摧残，完全是因为赵国在南边起了屏障作用。就说秦国吧，秦、赵发生了五次战斗，秦两胜而三败。两国争斗，您完全可以凭全燕的力量控制他们的后方，这就是燕国不受侵犯的原因。假如秦国想攻打燕国，它的军队必须经过云中、九原，还要跨过代郡和上谷。经过千里之地，即使它到了燕城之下，疲倦的军队也很难取胜。再退一步说，即使秦国一时能攻下燕国，也根本没有办法永远守住。所以秦国是不会攻打燕国的。而赵国要攻打燕国，只要赵国发出进攻的命令，不用十天，他们的几十万军队就能进驻到我们的边界东垣了。然后他们涉过滹沱、易水，不需四五日，就能抵达燕国的都城了。所以说秦国攻打燕国是远在千里之外打仗，而赵国则只在百里之内。燕国不忧虑百里之患，却重视千里之外的敌寇，这又是多么错误的决定！因此，我建议大王能与赵国南北亲合，天下各国联为一体，这样燕国就没有什么可担忧的了。"

燕文侯说："你的话很有道理，但是我们燕国十分弱小，西面又迫近强大的赵国，南面紧靠着齐国，这两国都是强国。你想用合纵策略使燕国得以安全，那么寡人就让燕国加入合纵吧。"

于是，燕文侯就供给苏秦车马、黄金、布匹，让他去游说其他五国。苏秦接连说服了赵、韩、魏、齐、楚五国加入合纵。六国合纵后，他便成为六国盟约首领，同时成为六国的宰相。

当他向北报告赵王时，他的情况可大不一样了。现在的苏秦可不是几年前落魄的苏秦了。几年前他破衣烂衫，现在他的车马辎重很多，各诸侯国送行的人也前呼后拥，俨然是位“王者”。

周显王听说了，非常恐惧，连忙净街相迎，对苏秦以上宾之礼相待。

当初家人嘲笑他，瞧不起他。可是现在变了，他们对苏秦都不敢仰视。他的嫂子拿着食品侍奉他时，都要俯下身子，几乎趴在地上。苏秦看着这种滑稽的样子，十分可笑，他打趣地对嫂子说：“嫂子从前见我时那样傲慢无礼，今天见我却毕恭毕敬，前后差别这么大，这是为什么呀？”他的嫂子跪行几步，然后趴在地上磕头如捣蒜一般，向苏秦谢罪说：“那还不是因为看到小叔您地位高了，金钱多了吗！”她说得非常直白。

◎双龙璜　战国◎

苏秦听了，感慨万千，叹了口气，又哈哈大笑起来说：“这样看来，一个人的一生，有钱又有官位的时候，就自然会一呼百应，谁都巴结他。一旦你穷困潦倒，你就会受到轻视和冷落。亲戚朋友尚且如此，更何况别人呢？”于是拿出千两黄金用来馈赠宗族亲人和朋友。

当初，苏秦要到燕国去谋事，跟别人借了一百钱作路费。现在他得了官，又有了钱，苏秦就用百金加倍偿还给那人。并报答了所有对自己有好处的人。但是，苏秦有一个随从人员没有得到报酬，这个人便找到苏秦，对他说：“我是您从前的仆人，您赏赐的时候，众仆人都得到了，惟独没有我的份，那是为什么呢？”

苏秦一见是他，就说：“我并不是忘了你。而是因为你以前跟随我到燕国的时候，在易水边你几次三番想离开我到别处去，那时我曾经深深地怨恨过你，所以将你排在了后边。现在，你可以去领赏了。”说完，就打发那个人走了。

这样，苏秦就很顺利地联合了六国，合纵联盟。之后，他回到赵国。赵侯封他为武安君。于是，他将六国合纵的盟约送给秦国。秦国看到后，有十五年不敢窥视函谷关以外的国家。

说服齐宣王

过了很久，有一次秦国派犀首欺诈齐、魏，和他们联合攻打赵国，想破坏合纵的盟约。于是，齐、魏就反过来攻打赵国，赵王责备苏秦，苏秦害怕了，就说要去燕国，请求燕国出兵报复齐国。他离开

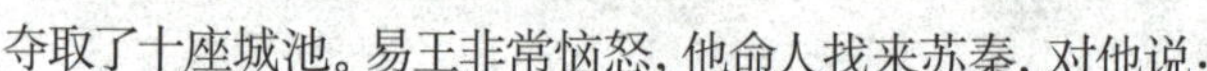

赵国后，六国盟约就解散了。

秦惠王把女儿嫁给燕太子为妻。这一年，燕文侯去世，太子继承王位，他就是燕易王。易王刚即位，齐宣王就趁燕国举国治哀之际，偷袭燕国，夺取了十座城池。易王非常恼怒，他命人找来苏秦，对他说：“当初先生您到燕国来，说服先王要诸侯联盟。先王曾给您资助，但是现在齐国先是攻打赵国，接着又攻打燕国。因为先生您而令天下人讥笑，现在您能为燕国收复那十座城池吗？”

◎铜雕　战国◎

苏秦听易王这样说，十分惭愧，就说：“我去替君王把失地收回来。”一路舟车劳顿，苏秦到了齐国。见到齐王，苏秦拜了两拜，低下头向齐王表示祝贺。然后又抬起头来，向齐王表示哀悼。齐王被他弄得莫名其妙，就问他：“你为什么刚刚表示祝贺，接着又立即向我表示哀悼呢？”

苏秦回答说：“我听说饥饿的人不论怎样都不会吃乌喙这种有毒的东西，因为虽然乌喙能暂时填饱肚子，但一会儿人就会因为中毒而身亡，这样死去与饿死是一样的。”

齐宣王知道苏秦好打比方，就对他说：“您讲下去吧，我洗耳恭听。”苏秦见齐宣王没什么其他反应，就继续说：“现在的燕国，虽然弱小，但燕王却是秦王的女婿。一旦燕国出了什么事，秦国必定要出兵。您虽然得到十城的利益，却得一直以强秦为敌。如此一来，您就相当于招来天下最精锐的军队来攻击自己，这和吃乌喙止饥是一样的事啊！”

齐王一听，当即就变了脸色，他忧心忡忡地说：“可事情已经这样了，我还能怎么办呢？”苏秦说：“古来善于处理事情的人，都能转灾祸为福祉，因失败而取得成功。大王若能听我的计策，就立即将十个城池归还燕国。燕国没有费力气又收回十城，必然很高兴。秦王若知道是因为他的缘故而使齐国归还燕国的十城，也必然很高兴。这样，燕国和秦国都会亲近齐国。那么大王您的命令，天下就没有人会不服。这等于大王以十城的代价取得天下，这真是霸主的事业啊！”

齐宣王听后很高兴，就把那十座城池归还了燕国。

苏秦罹难

有人毁谤苏秦说："你这个人，出卖国家，是个反复无常的臣子，必定会引起乱事。"苏秦听到后，害怕获罪，赶紧回到燕国。但燕王却不再信任他，根本不重用他。苏秦请求见燕王，说："以前，我本是东周粗鄙的平民，游历到燕国时，根本没有半点功劳，可您却亲自在宗庙上、宫廷中接见我，还以礼相待。现在，我替大王说退了齐兵，收回了十座城池，照理应该对我更加亲近才对。然而如今我回到燕国，大王却不给我官位，也不接见我，一定是有人陷害我。我不诚实，正是大王的福气啊！我听说那忠信的名声，都是为自己而建立的。进取的行为，都是为别人而做的。况且，我去劝说齐王，也并没有欺骗他啊！我把老母一个人留在东周，只身出来，根本就没有为自己谋私利的打算，而只是想做一些进取的事。现在，假如让这三种人，就是像曾参那样孝顺的、像伯夷那样廉洁的、像尾生那样守信的人来侍奉大王，您觉得怎样？"

燕王就说："假如能有这三种人，那我求之不得。"

苏秦说："像曾参一样孝顺的人，照理说是绝不能离开父母半步的。假如您要他步行千里，来到弱小的燕国，侍奉处在危险中的国君，他能来吗？像伯夷那样廉洁的人，坚守义气，不做孤竹君的继承人，又不肯做周武王的臣子，最后饿死在首阳山。他这样廉洁，您又怎能使他步行千里，到齐国要回十座城池呢？像尾生那样守信用的人，和女子在桥下约会，女子没有来，等洪水上涨他也不离开，直到抱柱被水淹死。他这样守信用，您又怎能让他远行去退走齐国的强兵呢？我就是因为忠实守信才得罪了居上位的人啊！"

燕王听了他的话，有点驳不过他，但还是对苏秦不满，就说："你本来就不忠信，又怎么说得上是因为忠信而获罪呢？"

苏秦当即驳道："话不能这么说。我听说这样一个故事：有一个人到很远的地方做官，结果他妻子与别人私通。后来听说他要回来，两个人非常害怕，就设计陷害这个人。妻子准备了一碗毒酒给丈夫，要侍妾端去。这个侍妾明明知道是毒酒又不敢吱声，她怕主人知道会非常生气而赶走女主人。但她不说，男主人又要被毒死，她左右为难。这时，她想出一个主意，就假装跌倒，把毒酒弄洒，而那个男主人大发雷霆，打了她五十鞭。侍妾跌倒而泼掉了毒酒，保全了男主人，又保全了女主人，而她自己却受了鞭打。这怎么能说坚守忠信就没有罪呢？我的罪过就与这个故事相似啊！”燕王听他这样说，便十分后悔，就又恢复了苏秦原来的官位，给他更加优厚的待遇。

易王的母亲，是燕文侯的夫人，与苏秦关系暧昧。后来被燕易王知道了，但是燕王对他更加优待。苏秦心里有鬼，恐怕被杀，就对燕王说道：“我在燕国，不能使燕国受到诸侯的重视；假如我到齐国去，就必定可以使燕国受到重视。”

苏秦就假装犯了罪，然后逃到齐国。齐宣王任用他为客卿。

后来，齐宣王去世了，齐湣王继位。苏秦劝湣王把宣王的葬礼办得隆重些，以显示自己的孝顺；又劝湣王扩大苑囿，高筑宫室。他这样做是想让齐国因多破费而衰弱，那样则就有利于燕国。燕易王死后，燕哙继立为王。

此后，齐国有很多大夫与苏秦争宠，在暗中派刺客刺杀苏秦。苏秦遇刺，还没有断气，刺客就逃走了。齐王听说后，非常气愤，当即下令全国搜捕，但是，仍没有捉到。苏秦临死的时候对齐王说：“我死了就将我车裂，然后宣告说‘苏秦替燕国做间谍，到齐国来谋乱。’这样，杀我的凶手就能够找到。”

齐王就照着苏秦的话去做了，果然，那个刺客以为自己有功，就高高兴兴地自己送上门了。

历代名家点评 

苏洵《嘉祐集》：噫，龙逄比干不获称良臣，无苏秦张仪之术也；是以龙逄比干吾取其心不取其术，苏秦张仪吾取其术不取其心，以为谏法。

叶适《习学纪言》：卫鞅之后，苏秦张仪造为从衡。于是论天下始有势，兼天下始有术。

何焯《义门读书记》：苏秦合众，不载世家。

平原君好客传佳话

◎ 平原君列传 赵惠文王时期

背景

赵惠文王元年（公元前298年），平原君做了丞相，先后历经惠文王、孝成王二朝，共在赵国任相四十八年。他以善于养士而闻名，门下食客曾多达数千人，和齐国孟尝君田文、魏国信陵君魏无忌、楚国春申君黄歇合称"战国四公子"。

原文

毛遂比至楚，与十九人论议，十九人皆服。平原君与楚合从，言其利害，日出而言之，日中不决。十九人谓毛遂曰："先生上。"毛遂按剑历阶而上，谓平原君曰："从之利害，两言而决耳。今日出而言从，日中不决，何也？"楚王谓平原君曰："客何为者也？"平原君曰："是胜之舍人也。"楚王叱曰："胡不下！吾乃与而君言，汝何为者也！"毛遂按剑而前曰："王之所以叱遂者，以楚国之众也。今十步之内，王不得恃楚国之众也，王之命县[1]于遂手。吾君在前，叱者何也？且遂闻汤以七十里之地王天下，文王以百里之壤而臣诸侯，岂其士卒众多哉！诚能据其势而奋其威。今楚地方五千里，持戟百万，此霸王之资也。以楚之强，天下弗能当。白起，小竖子耳，率数万之众，兴师以与楚战，一战而举鄢、郢，再战而烧夷陵，三战而辱王之先人。此百世之怨，而赵之所羞，而王弗知恶焉。合从者为楚，非为赵也。吾君在前，叱者何也？"楚王曰："唯唯[2]，诚若先生之言，谨奉社稷而以从。"毛遂曰："从定乎？"楚王曰：

注释 <<<

①县：通"悬"。

②唯唯：连声答应。

③录录：庸庸碌碌。

"定矣。"毛遂谓楚王之左右曰:"取鸡狗马之血来。"毛遂奉铜盘而跪进之楚王曰:"王当歃血而定从,次者吾君,次者遂。"遂定从于殿上。毛遂左手持盘血而右手招十九人曰:"公相与歃此血于堂下。公等录录[3],所谓因人成事者也。"

平原君已定从而归,归至于赵,曰:"胜不敢复相士。胜相士多者千人,寡者百数,自以为不失天下之士,今乃于毛先生而失之也。毛先生一至楚,而使赵重于九鼎大吕。毛先生以三寸之舌,强于百万之师。胜不敢复相士。"遂以为上客。

史纪风云

平原君赵胜,是赵国公子中的一位。在赵国所有的公子中,他是最贤能的。他喜欢招揽宾客,在他门下宾客也达数千人。在赵惠文王和孝成王年间,他曾三次做宰相,又三次离职。

平原君砍美人头

平原君对贤士是十分尊重的,通过下面这个故事,就可以说明这个问题。

平原君住的高楼,紧临老百姓的住房。有一天,在老百姓住的房舍里,走出一个跛子。这个人脚步蹒跚地去井边打水。住在高楼上的平原君的一个美人看到那个跛子一瘸一拐地去打水,感到好笑,就高声大笑起来,同时还对别人说:"你看那个人,左歪右斜的,真好笑。"美人的笑声和讥讽的话语被跛子听见了,气得他满脸通红,感到这是对他人格的极大污辱。第二天,那个跛子来到平原君面前说:"我听说您很爱才,所以仁人志士才不远千里来投奔您,那是因为您能够尊重他们,而不以妻妾为重。我从小不幸患了弓腰驼背的毛病,但您楼上的一个美人看见我走路的样子竟然耻笑

◎立牛铜伞盖 战国◎
整体似炊锅覆置状,顶上铸一牛。伞面有平行沟纹,边沿为网状纹。伞内侧边沿有十个小圆环,作系铃用,另有两个较大的半圆环,供装木柄。

我，我希望您能不惜美人，把那美人的头砍下给我。”

平原君听完，笑着答应说：“好的。”等那个跛子走了，平原君笑着说：“这个小子，因为一句玩笑，就要杀掉我的美人，真是太过分了！”

最终平原君也没有杀掉那个美人。过了一年多，平原君发现自己宾客、门下、舍人，竟有一半以上都陆续离开了。他感到很奇怪，就问周围的人说：“我对待门下宾客，从来不曾失礼，可为什么他们一个一个都要离开我呢？”

◎嵌绿松石铜镯◎

镯面均镶嵌绿松石两周，青黑的铜色与绿松石相间衬托，改变了青铜镯单一的色彩，使镯色显得高雅，增加了美感和艺术效果。

这时候，有一个人大胆走上前说：“这是因为您没有杀掉讥笑跛子的美人，大家觉得自己的才能还是比不上一个美人重要，深感心寒意冷，因此就离开您了。”

听完这番话，平原君立刻砍下那个美女的头，亲自登门送给跛子，并且再三谢罪。从此以后，他的宾客又都渐渐回来了。

毛遂自荐

赵惠文王九年，秦兵包围赵国都城邯郸。赵王派平原君到楚国去搬救兵，希望能与楚国联合抵抗秦国的军队。平原君决定带门下文武双全的二十个人同去。平原君说：“假如我能够以和平方式完成任务，那是再好不过了。要是不能取得成功，就要在那华丽的议事厅歃血盟誓，完成合纵盟约再回来。这二十个随从不用到外面找了，只要在我门下食客中找就行了。”

但是，他挑来选去，只找到了十九个人，还差一个人。正在大家左右为难的时候，门下有一个叫毛遂的食客走到平原君面前，自我推荐道：“我听说君王派您到楚国去会盟，准备挑选门下二十个人跟您同去，现在还差一个人，那就请您答应我随您一同去吧。”

平原君听他这样说，就问他：“您在我门下多久了？”

毛遂说：“三年。”

平原君深有感触地说：“一个贤能的人活在世上，就像锥子放在袋子里面，一放进去，锥尖就会扎破口袋露出来。但是您呆在我门下已经有三年了，没一个人夸赞您，也没一个人提起您，我也根本没听说过您。说句不好听的话，您大概没什么才能吧，怎么能让您来补缺呢？您还是留在家里吧。”

毛遂上前一步说道：“我现在正是要您把我放进袋里呀！假如您早把我放进去，我早就能脱颖而出(整个锥子脱离口袋露出来)，不单只是锥子的尖露出来了。”

平原君见他执意要去，心想反正也找不到别人了，就叫他去吧，这样也可以试试他的才能。另外十九个人，你看看我，我看看你，都在偷偷地笑毛遂。

毛遂与众宾客一起跟随平原君到楚国，一路上大家讨论了很多问题，彼此交换看法，最后那十九个人都很佩服毛遂。

平原君和楚王商量议和的事情，平原君一再说明合纵的好处，不合纵的坏处。他们从早上说到中午，费尽唇舌，还是没有结果。后来那十九个人就怂恿毛遂说：“您上去试试，说不定能行。”

于是毛遂就左手提剑，右手握住剑把，昂首挺胸地走上台阶，进入议事厅。然后他扭转头对平原君说：“关于合纵的利害关系，两句话就可以说完，可是你们却从早上直说到现在还没有结果，这是为什么呢？”

楚王一见毛遂手握宝剑、面露凶气、眼睛圆睁的样子，十分惊讶，就问平原君说：“这位客人是做什么的？”

平原君连忙欠身答道：“他是我的门客。”

楚王立刻呵叱毛遂说：“滚下去！我在和你的主人谈话，哪里轮到你来插嘴！”

毛遂握着剑，一个箭步蹿到楚王面前，不卑不亢地说：“大王您之所以呵叱我毛遂，是倚仗着楚国强大的威势。现在，我与您相距不过十步，您的命运现在掌握在我的手里。况且，我的主人就在您的面前，您这样呵叱我为什么啊？我听说商汤凭着七十里的地方，统治了天下；周文王凭借百里的土地，号令诸侯。他们是因为士卒众多吗？当然不是，而是因为他们能够依据已有的情势，振作他们的威武罢了。

“目前，楚国有纵横五千里的土地，再加上百万雄师，这就是称霸天下的资本。您依仗这个权势，没人能阻挡得了。但是，白起只是一个小毛头，他率

◎错金凤纹壶 战国◎

直口，口沿宽厚，束颈，圆肩较宽，鼓腹，平底加矮圈足。器腹外壁饰错金丝和金片的凤纹和各种云气纹，凤纹侧立，凤尾上翘，纹饰线条婉转流畅。

◎铜削 战国◎

领几万人的军队，出兵和楚国作战，一战就攻下了鄢、郢两地；再战，焚毁了楚国的夷陵；三战，就侮辱了大王您的祖先。楚国受这样的奇耻大辱，连赵国都替您感到羞耻，作为一国之君，您反倒无羞愧之意！合纵这件事，完全是为了楚国，而不是为了赵国。”

楚王听完他的话，当时脸色就变了，赶忙和颜悦色地说：“是！是！我愿意和赵国订立合纵盟约联合抗秦！”

毛遂趁热打铁，问楚王说：“合纵的事，就这么定了吗？”

楚王说：“对！就这样定了！”

于是，毛遂吩咐楚王左右说：“快拿鸡狗马的血来！”毛遂手捧着铜盘，跪着献给楚王，说道：“大王您应先歃血盟会来表示合纵的诚意，然后是我的主人，最后是我。”

平原君与楚国订立了合纵盟约之后，就回国了。回到了赵国，平原君感慨地说：“我以后再不能以貌取人了！从我以貌取才以来，多者有千人，少则也有几百人了，自己一直认为不曾漏掉一个人才。但是现在看来，在对毛先生的认识上，说明我错了。毛先生一到楚国，就使赵国的威望比九鼎、大吕还要贵重。毛先生三寸不烂之舌，真可以胜过百万大军了。从今以后，我再也不以貌取人了！”于是，他就拜毛遂为上客。

平原君救赵

平原君回到赵国以后不久，秦国来攻打赵国。楚国派春申君救赵，魏国的信陵君也假托国君的命令，巧取晋鄙的兵权，前来救赵。但在他们的援兵未到之时，秦军加紧包围邯郸城，邯郸的形势十分危险，平原君非常焦虑。

这时邯郸传舍吏（管理客舍的官）的儿子李同找到平原君，对他说：“你不担心赵国灭亡吗？”平原君说：“我怎么不担心？我马上就要成为俘虏了，您说我能不担心吗？”

李同就说：“目前，邯郸城里的百姓钱粮断绝，甚至到了把死人枯骨当柴烧，交换儿女烹食的地步了，情况十分危急。可您再看您后宫的美人、婢妾个个绫罗绸缎，精美的食物吃也吃不完。再看看百姓们穿的破衣烂衫，连糟糠都吃不饱。百姓们穷困潦倒，连兵器都没有，他们就削尖木头作矛矢，但您家里的器物却依然完好无缺。一旦秦国把赵国灭了，您还能拥有这些东西吗？如果赵国能够保全，您何愁没有这些东西呢？现在最好的办法就是和民众一心，共同对付秦国。把您夫人以下的人员全编入军队，分担一些工作。再将您的家私都拿出来，犒赏士兵。在这危难的时刻，兵士是很容易感恩戴德的。”

于是，平原君就照他的建议去做了，果然得到敢死的勇士三千人。李同就带着这些人奔赴前线，和秦国的军队交战，结果把秦国的军队击退了三十里。正在这个时候，楚国春申君和魏国信陵君的援兵都赶到了，秦兵禁不住打击而败退，赵国的都城邯郸保住了。

李同殉难。赵王对他很是感激，就封他的父亲为李侯。

公孙龙智劝平原君

赵国有一位上卿——虞卿，想凭着信陵君保卫邯郸有功，替平原君在赵王那里得到加封。公孙龙听说之后，连夜驾车去见平原君，说：“我听说虞卿想凭借信陵君保全邯郸城的功劳，替您求封邑，有这回事吗？”

◎铜镶嵌几何纹钫 战国◎

平原君回答说：“是的。”

公孙龙就说：“我认为这事最好不要答应。赵王提拔您担任宰相，并不意味着您的智慧和才能是赵国第一。赵王之所以把东武城封给您，并不意味着您对国家有多大的贡献，只不过是因为您是赵王亲戚的缘故。您接受相印时，没谈到本身无能；接受封邑时，也没说自己无功。之所以如此，是因为您自己也认为是赵王亲戚的缘故啊！事实上，是信陵君保全了邯郸城，但有人为您请求封赏，这也是因为您是赵王的亲戚呀。再说虞卿脚踏两条船，事情一旦成功，那他就可以让您感激他的帮忙；事情不成功，他可以用您未能实现的虚名来博得您的好感。希望您千万不要听他的！”

平原君终于没有听从虞卿的建议。

赵孝成王十五年，平原君去世。他的后世子孙世代承袭封爵，直到赵国灭亡。

历代名家点评

李炳海：平原君以好士著称，但是，他究竟真好士还是假好士，也曾面临着一场严峻的考验。据实而论，平原君的才智并没有超人之处，有时甚至显得平庸，他的最大长处是善养士、能用人。

焦周：长平之败不在平原君，错在赵王中秦离间之计用纸上谈兵之赵扩换廉颇。

成语典故

一言九鼎　秦昭王十五年秦围赵都邯郸，赵使平原君赴楚求救，毛遂自愿同往。经遂晓以利害，楚王同意救赵。平原君因而赞扬曰："毛先生一至楚而使赵重於九鼎大吕。"见《史记·平原君列传》。九鼎大吕，古代国家的宝器。后因以为典实，谓一句话即可产生极大的力量。

毛遂自荐　《史记·平原君虞卿列传》载：毛遂，战国赵平原君门下食客。赵孝成王九年，秦兵攻赵，王命平原君赵胜赴楚求救，毛遂自荐随同前往。既至楚，平原君与楚王谈判，自日出迄日中不决。毛遂按剑上阶，直陈利害，终使楚王歃血定盟，决定楚赵联合抗秦。后因以"毛遂自荐"为自告奋勇、自我推荐之典。

◎踞坐男俑铜勺 战国◎

此器为酒器，是从尊或壶中取酒倒入杯中的酌勺，多与尊、壶共出。这件铜勺造型奇特，与中原地区的铜勺完全不同，具有明显的地区差异性。

廉颇与蔺相如

◎廉颇蔺相如列传　赵慧文王十六年

背景

公元前3世纪，战国七雄征战不断。秦国作为实力最强的国家，多次攻击赵国，赵国重用廉颇和蔺相如，廉、蔺团结合作，使赵国在外交和军事上都取得了较大的发展，有力地抵御了强秦灭赵的阴谋。

原文

秦王坐章台见相如，相如奉璧奏秦王。秦王大喜，传以示美人及左右，左右皆呼万岁。相如视秦王无意偿赵城，乃前曰："璧有瑕[①]，请指示王。"王授璧，相如因持璧却立，倚柱，怒发上冲冠，谓秦王曰："大王欲得璧，使人发书至赵王，赵王悉召群臣议，皆曰'秦贪，负其强，以空言求璧，偿城恐不可得'。议不欲予秦璧。臣以为布衣之交尚不相欺，况大国乎！且以一璧之故逆强秦之欢，不可。于是赵王乃斋戒五日，使臣奉璧，拜送书于庭。何者？严大国之威以修敬也。今臣至，大王见臣列观，礼节甚倨；得璧，传之美人，以戏弄臣。臣观大王无意偿赵王城邑，故臣复取璧。大王必欲急臣，臣头今与璧俱碎于柱矣！"相如持其璧睨柱，欲以击柱。秦王恐其破璧，乃辞谢，固请，召有司案图，指从此以往十五都予赵。相如度秦王特以诈佯为予赵城，实不可得，乃谓秦王曰："和氏璧，天下所共传宝也，赵王恐，不敢不献。赵王送璧时，

注释 <<<

①瑕：斑点。

②九宾：为古代宾礼中最隆重的礼仪，主国有九个迎宾的官员司仪施礼，并延引上殿。

斋戒五日，今大王亦宜斋戒五日，设九宾[2]于廷，臣乃敢上璧。”秦王度之，终不可强夺，遂许斋五日，舍相如广成传舍。相如度秦王虽斋，决负约不偿城，乃使其从者衣褐，怀其璧，从径道亡，归璧于赵。

史纪风云

廉颇是赵国的著名将领。赵惠文王十六年，廉颇被任命为大将军，率兵攻打齐国，结果大败齐军，夺取了晋阳城，为此被晋升为上卿。廉颇凭着英勇善战、率兵出色而扬名于各诸侯国。

蔺相如则出身低微，只是赵国宦官头领缪贤的一个舍人。

蔺相如完璧归赵

赵惠文王的时候，赵王得到楚国的和氏璧。秦昭王知道了这件事，就派人送信给赵王，说愿意用十五座城交换和氏璧。赵王接到这封信后，就犯难了。他召集大将军廉颇以及其他朝臣商议对策。有人说：“把和氏璧送给秦国，但是那十五座城秦国不给怎么办?赵国不是白白被欺骗了吗?如果不给秦国和氏璧，又怕秦国发兵来。”给与不给，一时难以决定。这时，就需要物色一个人，叫他去答复秦王，但是这样的人是不容易找到的。

◎猛虎袭牛铜枕◎
铜枕多放在死者头部。

宦官头领缪贤对赵王说：“臣下的舍人蔺相如可以去。”赵王问：“你怎么知道他能去呢?”缪贤回答说：“臣下曾经犯过罪，当时就想偷偷逃到燕国去。但是臣的门客蔺相如劝阻臣，他说，‘您怎么知道燕王会接纳您呢?’臣就告诉他，臣曾经跟随大王和燕王在国境上会面，燕王曾私下里握着臣的手说，‘我愿意结交你这个朋友。’所以臣相信燕王会收留臣的。蔺相如听了以后，对臣说，‘那个时候赵国强大，燕国弱小，而您过去一直深受赵王宠幸，所以燕王才会讨好您。如今您负罪逃往燕国，燕国本来就惧怕赵国，以现在的情势判断，燕王一定不敢收留庇护您的。不但如此，他可能还要活捉了您，再把您遣送回来。所以依我看，您不如袒露上身，伏在铡刀上，前去向君王请罪，侥幸会被赦罪的。’臣听了他的劝告，就去见您，果然陛下就赦免了臣的罪行。臣想，他确实是个勇士，足智多谋，因此他应当是个很合适的出使秦国的人选。”

于是，赵王就召见蔺相如，问他道：“秦王提出用十五座城换取我的和氏璧，您看，是给他还是不给他呢？”

相如回答说：“秦国强而赵国弱，所以我们只好把和氏璧送给他了。”

赵王又说：“假如他拿去了我的璧，又不给我城邑，怎么办？”相如说：“秦国要求用城换璧，如果赵国不答应，那么错在赵国；而赵国交出了玉璧，但秦国不给赵国城邑的话，那么错就在秦国了。衡量一下这两种情形。倒不如答应秦国，让他担负不交出城邑的罪名。”

赵王说：“那派谁出使秦国呢？”

相如说：“陛下如果没有找到合适的人选，臣愿意带着和氏璧出使秦国。秦国的十五座城邑划归赵国，就把玉璧留在秦国；如果赵国得不到那十五座城邑，臣就负责把和氏璧完整地带回来。”赵王一听大喜过望，就派相如带着和氏璧出使秦国。

蔺相如到了秦国，秦王坐在章台接见相如，相如双手捧着和氏璧献给秦王。秦王拿到玉璧，十分高兴，马上把璧传递给陪侍在左右的美人以及臣子们观赏，他们同声欢呼万岁。

相如看出秦王并没有交出十五座城的意思，就走上前去，对秦王说：“这块璧虽好，但上面却有瑕疵，请让我指点给大王看。”秦王不知道他的本意，就把玉璧交给蔺相如。相如抓紧和氏璧，退后几步，靠着一根柱子，怒发冲冠，声色俱厉地对秦王说：“大王为了得到这块璧，派人送信给赵王，赵王为此还特别召集群臣商议，文武百官都认为秦王既贪婪，又自恃强盛，想用空话来骗取和氏璧，所谓的十五座城是根本拿不到的。所以决定不给您送璧。但臣以为，一般平民百姓，尚且讲究诚实

◎陶瓿 战国◎

不互相欺骗，何况是大国呢?因此，赵王就斋戒了五天，派我带着玉璧来到秦国，献给大王。赵王所以要斋戒五天再送玉璧无非是尊重你们大国的尊严，可是我今天来到贵国，大王您却在一般的宫殿里接见我，并且态度相当倨傲。拿到了玉璧，又传给美人、臣下欣赏，这是有意在戏弄我!我也看出来，大王您并没有割地的诚意，所以我才要回了和氏璧。大王您要是逼急了我，我的头就和这玉璧一同撞碎在柱子上!”

◎双剑铜鞘 战国◎

说完就双手高举玉璧，眼睛望着柱，做出要撞的样子。秦王见相如这样，怕他真的撞碎了玉璧，连忙对他进行劝阻。秦王还让左右把秦国地图拿来，在图上把十五座城指给相如。相如仍然怀疑秦王的诚意，就对秦王说：“和氏璧是天下闻名的瑰宝，赵王送我启程送玉之时，先斋戒了五天，然后又上祭。那么大王您要接受这块和氏璧是不是也应该斋戒五天，在大殿上设九宾大礼接见我，我才能献上和氏璧呢?”

秦王答应了相如，像接待贵宾一样，安顿相如在广成传舍住下。

相如明白，秦王虽然答应了斋戒五天，但他一定不会答应割十五座城给赵国的。于是，他就让随从化了装，穿着破旧的衣裳，怀里揣着和氏璧，从小路逃回赵国，真的实现“完璧归赵”了。相如自己还留在秦国。

秦王真的斋戒了五天，又兴高采烈地在朝廷上举办了九宾大礼仪式，并派人把相如请来会面。相如到庭上之后，对秦王说：“秦国自穆公以来的二十多个国君，从不曾有过信守诺言的君主。我实在是怕您再欺骗我，而辜负了赵王的重托，因此我早已派人将和氏璧送归赵国了。不过，秦强赵弱，先前大王您只是派一个使者给赵国送一封信，赵王马上就派我把和氏璧送到秦国来。现在，凭着您秦国的强盛，如果真的能割让十五座城池给赵国，赵国难道还敢为保留一块玉璧而得罪大王您吗?

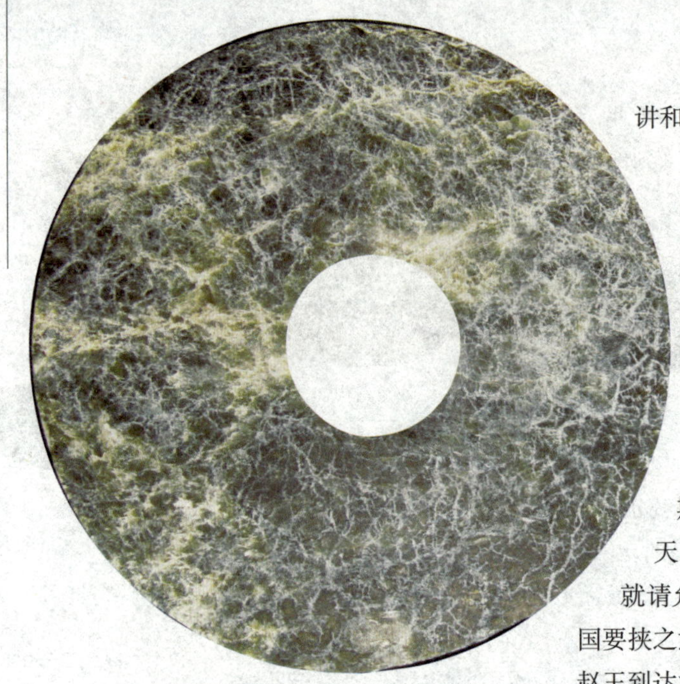

“我也知道欺骗您的话当杀，我准备接受烹刑，就请用大刑吧！”

秦王和他的左右臣子们面面相觑，目瞪口呆。左右随从想把相如拉下去用大刑，秦王阻止道：“如今我们即使杀了他，也得不到那块和氏璧了，反而破坏了秦、赵两国的友好关系。不如优厚地款待他，然后放他回国。想那赵王，怎能为了一块和氏璧而欺骗秦国呢?”秦王还是按礼接见了相如，待典礼结束，让相如回到赵国。

相如回到赵国后，赵王看相如是一个不辱使命的贤大夫，就拜他为上大夫。秦国后来并没有割十五座城给赵国，赵国也就没送和氏璧给秦国。

渑池会盟

不久以后，秦国攻打赵国，攻占了石城。第二年又发兵攻赵，杀死了两万人。

秦国派遣使者告诉赵王，希望和赵国讲和，并在西河之南渑池会盟。

赵王害怕秦国，不想去。廉颇、蔺相如两人商议说：“君王如果不去赴约，就显得赵国国势衰弱，国君胆怯了。”于是赵王就答应了赴约，由相如相陪。廉颇送赵王一行人到国境上，拜别赵王时说：“大王一去，估计会期与行程总共不会超过三十天，如果满三十天您还不回来，就请允许我立太子为王，以断绝秦国要挟之意。”赵王答应了。

赵王到达渑池和秦王见面。酒过三巡，秦王喝到酣畅之处，就说：“寡人曾听说赵王喜好音乐，请弹奏瑟来助助兴吧！”赵王就弹了瑟。秦国史官走上前来，记录说：“某年某月某日，秦王和赵王饮酒，命赵王弹瑟。”蔺相如走上前去，说道：“赵王曾听说秦王擅长秦国的音乐，现在我给大王您捧上瓦缶，请大王击一下缶，以互相娱乐。”秦王很生气，不肯表演。于是相如走上前来，捧着瓦缶，跪下去相请，秦王仍然不肯击缶。相如说：“您不击缶，在这不到五步远的地方，我就用我的颈血溅到大王您的身上。”秦王的左右随从听他这样说，都弓上弦，刀出鞘，要杀相如，相如瞪眼怒喝一声，惊得他们个个闪避退后。

秦王心中害怕，不得不敲了一下缶。相如马上回头召赵国的史官，让他记录：“某年某月某日，秦王为赵王击缶。”

秦国的群臣说：“请赵国用十五座城作为向秦王祝寿的寿礼。”蔺相如也说：“请秦国献上咸阳城，作为对赵王祝寿的寿礼。”

双方展开唇枪舌战，直到酒会结束，秦王也没有占上风。再加上赵国戒备森严，秦国不敢轻举妄动。

渑池之会结束，赵王回到国中。因为相如在这次会盟中的出色表现，就拜他为上卿，官职在廉颇之上。

廉颇知道这件事后，不服气，他说："我廉颇身为赵国将军，有攻城掠地、护土保疆的大功勋。而蔺相如算什么?他只不过是动动口舌，就位居我之上。他本来出身微贱，让我感到羞辱。"

因此，廉颇就公然扬言说："一旦我碰到蔺相如，一定要与他当面对质，好好羞辱他一顿!"相如听说后，从此称病不上朝，不肯与廉颇争位，避免发生冲突。

有一次，相如外出，远远地望见了廉颇的车队，相如赶紧调头回避。这样几次三番之后，他的门客都看不过去了，就联合起来对他说："我们之所以来投奔您，只因为都很仰慕您高尚的道义啊!如今您和廉颇同朝为官，廉先生公开对您恶言相讥，但您竟吓得这样躲躲藏藏，不敢露面，未免太胆小怕事了。这样的事连寻常人也觉得耻辱，何况位居相位的您呢?请让我们告辞吧!"

相如再三挽留他们，并且说："你们认为，廉将军与秦王谁厉害?"

"当然是秦王厉害!"大家异口同声地说。

"以秦王那样的权威，我尚且敢在大庭广众之下呵斥他，羞辱他的臣下，我蔺相如难道就怕廉将军吗?你们应该知道，强秦所以不敢对赵国发动进攻，就是因为有我和廉将军同时在朝为官。如果我们俩只凭意气用事，互相争斗，那就像两只恶虎争斗一般，势必要两败俱伤，对我们国家是不利的。我之所以避着他，无非是把国家的急难放在前头，把个人的恩怨摆在后面罢了。"

◎立牛曲管铜葫芦笙◎
这件铜质笙仿葫芦形

众宾客一听，都觉得相如考虑的周到、长远，纷纷打消了离去的念头。消息传到廉颇那里，他深感内疚，就裸露着上身，背上荆条，由宾客陪着来到相如家门前谢罪。他说："我廉颇是一个武将，自身粗鄙浅陋，没想到先生您的胸襟竟如此宽大。"

从此两人结为至交，成了生死与共的朋友。

廉颇暮年事

赵孝成王去世后，太子悼襄王继位，起用乐乘代替廉颇的职位。廉颇一气之下攻打乐乘，结果乐乘不敌，被廉颇打跑，廉颇也出奔到魏大梁。

◎二骑士猎鹿铜扣饰◎

廉颇在魏国大梁住了很长一段时间，也没有得到魏国的重用。赵国因为多次受到秦兵围困，打算再启用廉颇，廉颇同样也希望能继续为赵国出力。

赵王为召廉颇回国，派遣一个使者到魏国去见廉颇，看他能不能再带兵打仗。廉颇的仇家郭开听说这件事，就花重金买通那个使者，让他说廉颇的坏话。

使者与廉颇见了面，廉颇为显示自己身体尚好，特意在使者面前吃了一斗米的饭，又吃了十斤肉。然后又穿上铠甲，骑上战马，以示自己能承担重任。

使者回到赵国以后，因为他接受了郭开的贿赂，就回复赵王说："廉将军的年纪虽然大了，饭量仍然不减，只是他跟我坐了一会儿工夫，就去了三趟厕所拉屎。"赵王一听，以为廉颇老迈不中用了，决定不召他回国。

楚国听说廉颇在魏国，就暗中派人迎接他。廉颇到了楚国也没什么建树。他说："我想指挥赵国的军队。"最后，廉颇老死在楚国。

蔺相如和廉颇的故事中，包含了很多成语或典故，比如"完璧归赵"、"负荆请罪"、"廉颇老矣，尚能饭否"，都带有一定的积极意义，所以流传至今。

历代名家点评

茅坤：两人为一传，中复附赵奢，已而复缀李牧，合为四人传，须详太史公次四人线索，才知赵之兴亡矣。

凌稚隆：相如渑池之会，如请秦王击缶，如召赵御史书，如请咸阳为寿，一与之相匹，无纤毫挫于秦，一时勇敢之气，真足以褫秦人之魄者，太史公每于此等处，更著精神。

李晚芳：人徒以完璧归赵，渑池抗秦二事，艳称相如，不知此一才辩之士所能耳，未足以尽相如；惟观其引避廉颇一段议论，只知有国，不知有己，深得古人公尔国尔之意，非大学问人，见不到，亦道不出，宜廉将军闻而降心请罪也。

李炳海：蔺相如完璧归赵故事在后代广为流传，其壮烈场面与荆轲刺秦王相似，怒发冲冠的形象，显得威武不可屈，使人一睹战国壮士的风采。廉颇是司马迁充分肯定的人物，对于他所遭遇的世态炎凉，司马迁予以深切的同情，至于那些附炎趋势的门客，司马迁虽然鄙视他们，却又流露出无可奈何之情。

成语典故

胶柱鼓瑟　鼓瑟时胶住瑟上的弦柱，就不能调节音的高低。比喻固执拘泥，不知变通。语出《史记·廉颇蔺相如列传》：“王以名使括，若胶柱而鼓瑟耳。括徒能读其父书传，不知合变也。”

怒发冲冠　头发直竖，顶起帽子。形容盛怒。语本《史记·廉颇蔺相如列传》：“相如因持璧却立，倚柱，怒发上冲冠。”

完璧归赵　战国时，赵惠文王得楚和氏璧。秦昭王遗赵王书，愿以十五城换璧。蔺相如自愿奉璧出使秦国，并表示：“城入赵而璧留秦；城不入，臣请完璧归赵。”相如入秦献璧后，见秦王无意偿赵城，乃设法复取璧，派从者送回赵国。见《史记·廉颇蔺相如列传》。后遂用“完璧归赵”比喻将原物完好无损地归还原主。

负荆请罪　出自《史记·廉颇蔺相如列传》：”廉颇闻之，肉袒负荆，因宾客至蔺相如门谢罪。”负：背着；荆：荆条。背着荆条向对方请罪，表示向人认错赔罪。

◎立兽铜戚　战国◎

玉璧

玉璧，指肉径大于中间的扁圆形环状玉器。所谓“肉”是指璧体，“好”是指中间的圆孔，《尔雅》记述：“肉倍好，谓之璧；好倍肉，谓之瑗；肉好若一，谓之环。”玉璧是六器之一，也是礼器，存在时间很长，从石器时代到清朝，都有玉璧出现。“和氏璧”和“完璧归赵”的故事几乎家喻户晓，可见玉璧对现世仍有影响。

有人认为玉璧是由研磨谷物的石环状石器演变而来，也有人认为玉璧可能源于原形石斧等原始工具。《周礼》记载，苍璧以礼天，据推测璧的造型来自古代天圆地方的宇宙概念，用以象征太阳和天宇。实际上玉璧的应用范围非常广泛。璧可以作为权力等级的标志，既可以佩带，也可以随葬，同时又是社会交往中的馈赠品，信物，也是财富和地位的象征。

按类型划分，玉璧可分为拱璧，系璧两类：

拱璧：拱璧为持握，供奉的礼器，包括大璧，谷璧，蒲璧。

大璧：为天子礼天之用，诸侯献天子也要用大璧。

谷璧：璧面满雕纵横排列有序的饱满谷纹，寄托风调雨顺，五谷丰收的愿望。

蒲璧：璧面蒲纹为瑞草，象征草木繁茂，欣欣向荣。拱璧的形制、色泽与纹饰都与礼天的礼仪有一定关系。

系璧形制较小，一般直径为10cm以内，用于配饰，系于腰部。

鲁仲连义不帝秦

◎鲁仲连邹阳列传 赵孝成王时

背景

公元前257年，秦兵围攻赵国的都城邯郸，此时，齐国策士鲁仲连恰巧在赵国游历。他为了削弱强秦的实力，也为自己的国家将来免受战火之灾，努力使赵国、魏国、燕国等诸侯国联合起来，解除了邯郸之围。

原文

臣闻明月之珠，夜光之璧，以暗投人于道路，人无不按剑相眄者。何则？无因而至前也。蟠木根柢，轮囷离诡[①]，而为万乘器者。何则？以左右先为之容[②]也。故无因至前，虽出随侯之珠，夜光之璧，犹结怨而不见德。故有人先谈，则以枯木朽株树功而不忘。今夫天下布衣穷居之士，身在贫贱，虽包尧、舜之术，挟伊、管之辩，怀龙逢、比干之意，欲尽忠当世之君，而素无根柢之容，虽竭精思，欲开忠信，辅人主之治，则人主必有按剑相眄之迹，是使布衣不得为枯木朽株之资也。

注释 <<<

①轮囷离诡：轮囷：屈曲的样子；离诡：离奇。

②容：雕刻，容饰。

史纪风云

春秋战国时代，有一个齐国人叫鲁仲连，他平生好筹划奇异的计谋。可等事成之后，却又不肯居官任职。

有一次，鲁仲连游历到赵国。

在此之前，秦昭王曾经命白起为将，率军大破赵国长平的军队，先后坑杀了赵国士卒四十多万人，又乘机攻打赵国国都邯郸，将其团团包围。被困在城里的赵王十分恐惧，派人到处求救兵，但各诸侯国没有敢与秦军较量的。

魏安釐王虽然也派大将晋鄙去救赵，但迫于秦的强势，也只好下令叫晋鄙驻军荡阴，不敢叫军队接近秦军。与此同时，魏王又派另一位说客——将军新垣衍，走小路进入邯郸城，见到平原君，希望平原君转告赵王说："秦王所以要急着包围赵都，是因为从前他曾和齐湣王争强称帝，后来齐湣王又取消称帝，秦昭王也跟着除去帝号。现在齐国的国势已大不如前，比起湣王的时代，那要衰弱多了。而今，惟独剩下一个秦国独霸天下，秦国发兵攻伐赵国，未必就是贪图你们这座邯郸城，他的本意是想恢复往日的帝号。倘若赵王真能派遣使者前赴秦国，拥戴秦昭王称帝，秦王定然感到高兴，那么他就会下令撤围而去。"平原君听他这样说，也在迟疑，未作决定。

这时，游历到赵国的鲁仲连听说魏王派来一位说客，在怂恿赵王拥戴秦王为帝，就去求见平原君，说："对这件事，您打算怎么决定？"平原君紧锁眉头，连连摇头叹气，说："现在哪还敢再谈论国事！前一段时间，我们赵国的四十万大军全都阵亡了。现在秦军又包围邯郸城这么久，眼看赵国就要败亡。魏王派来一位说客名叫新垣衍，他劝赵王尊秦王为帝，那么秦兵便会撤围而去。现在他还在城里，我哪敢再谈论国事啊！"

鲁仲连听他这么讲，便说："原先我还以为您是天下的贤公子呢，现在看来，您并不是。那位大梁来的新垣衍在哪？我替您去责备他，打发他回魏国去。"

平原君一听，眼前一亮，就说："好！我愿为您介绍，让他和您相见。"

平原君于是去见新垣衍，向他道明来意，说："齐国有位鲁仲连先生，现在他还在我那儿，我把他介绍给您，让他和将军结识。"

新垣衍说："没那个必要吧。我听说鲁仲连先生是齐国的高士，我作为臣子奉使来此，做差事是我主要的任务，我不愿见鲁仲连先生。"

平原君就说："可是我已经说您要和他见面了。"新垣衍无奈，只有答应见面。

于是，两方约定好了见面时间。见面时，鲁仲连并不出声，新垣

◎矛头铜狼牙棒◎
这件兵器为矛头与狼牙棒合铸一体，棒作八棱形，表面铸有排列整齐的锥刺，棒前端另铸矛头，矛下有鼓形座。这类狼牙棒是多功能的，除可以击打外，还可以向前刺。

◎陶人头 战国◎

衍无奈，便先开口说：“我看外来的居留这围城中的人，都是有求于平原君的。您却不像是有求于平原君的，可是为何久留这围城之中而不离去呢？”

鲁仲连就回答他说：“秦国是个抛弃礼义、崇尚战功的国家。他们又惯于使用权诈的手段来对待士人，惯用对待俘虏的方式来奴役他们的百姓，这是我鲁仲连坚决反对的。要是秦王凭借暴力，毫无忌惮地称帝，甚至统一诸侯，并且施政于天下，迫使各国臣民都受他指使和奴役的话，那我鲁仲连宁可跳东海而死，也不愿去做他的子民。所以，我来拜见将军的原因，不是为我自己，而是为了帮助赵国，共同抗秦。”

新垣衍就问他：“那你打算用什么办法来帮助赵国抵抗秦国呢？”

鲁仲连就接着说：“我将让魏国和燕国先来帮助赵国，那么齐国和楚国也就会随之而来。”

新垣衍说：“您让燕国来帮助赵国，这我相信；至于说魏国，那就有问题了，因为我就是魏王派来要劝赵王拥戴秦王称帝的使臣，先生怎么能让魏国去助赵抗秦呢？”

鲁仲连说：“这是因为魏王还没有看清楚秦王称帝的危害，要是让魏王看清这些，那么他必然会反过头来助赵抗秦的。”

新垣衍听他这么说，不以为然，就问他：“秦王称帝的害处何在呢？”

鲁仲连见他对这一问题很感兴趣，就对他说：“从前齐威王曾经倡导仁义，率领天下诸侯去朝拜天子。那时候，周朝既贫穷，国势又极衰微，天下强国，都没有肯去朝拜的，惟独齐威王肯去朝拜。又隔了一年多，周烈王去世，各地诸侯都去吊丧，齐王也去了，只是去的较晚，那新登基的周天子就发怒了，派使者对齐国说‘天子驾崩，犹如天塌地裂，继位的皇帝都寝苫枕块在守丧。而东方的齐国竟然到得最后，应当处以斩刑。’齐威王看到后，非常生气，不禁破口大骂：‘呸！呸！你娘只是一个贱婢，算得什么东西！’这样一来的结果是，齐威王惹来天下人的讥笑。周烈王活着的时候，去朝拜他；到他死了，就去骂他。那实在是齐威王不能忍受新皇帝的苛求啊！实际上那些做天子的，本来就是这样，也没什么值得奇怪的，要是让秦王为帝，恐怕他的威风更是有过之而无不及呀。”

新垣衍不以为然地反驳他说：“您没见过那些当仆役的吗？十个人跟随着一个主人。难道是仆人的力量敌不过主人吗？或者是智力上比主人差吗？其实那只不过是畏惧主人的威势啊！”

鲁仲连就直接问："那么魏王跟秦王相比，就像是仆人跟主人一样吗？"新垣衍回答："是的。"

鲁仲连就说："那样的话，我就让秦王烹煮魏王并剁成肉酱。"新垣衍听他这样说，当下十分生气，就说："唉！先生这样说未免太过分了点！先生又怎能让秦王把魏王剁成肉酱呢？"

鲁仲连回答说："那还不简单！我慢慢说给您听吧。从前九侯、鄂侯和文王是纣王的三公。九侯有个女儿长得很美丽，所以就把女儿进献给纣王。可是纣王认为她长得并不美，就怪罪到她父亲身上，于是就把九侯剁成了肉酱。鄂侯为了那件事，跟纣王相争，辩论得十分激烈。后来纣王恼羞成怒，以至于连鄂侯也一起给杀了，把他的尸体晒成肉干。文王听说了这件事，忍不住长叹一声，结果纣王就把他抓起来，关在羑里牢狱一百天，还想将他置于死地。魏王和秦王都是称王的平等国君，现在魏王何以如此下贱，情愿被秦王宰割呢？从前齐湣王到鲁国去，夷维子替他驾车，跟随他同去。到了鲁国，夷维子就向接待的鲁国官员说：'你们将要用什么礼节来接待我们的国君呢？'鲁国官员说：'我们预备用十倍于太守的礼节来款待你们的国君。'夷维子却很不屑地说：'你这是根据什么礼节来接待我们的国君？你们可要知道，我们的国君是天子啊！天子巡行到诸侯的地方，诸侯就得搬出正寝，避出在外，并且交出府库的钥匙。每天早晨，还得侍候天子吃饭，待天子吃完，才能下去听闻朝政。'鲁国的官员听了这样不合理的要求，立刻闭关落锁，拒绝接待。齐湣王去不了鲁国，就打算到薛地去。路经邹国时，正赶上邹国国君刚去世。齐湣王想去吊丧。夷维子就对邹王的家人说：'天子吊丧，主人一定要将灵柩由坐北向南改为坐南向北，这样好让天子朝南吊丧。'邹国群臣一听，当下十分气愤，就慷慨激昂地说：'我们情愿伏剑而死，也不能接受这样不合理的条件。'结果齐湣王也没能进入邹国。

◎五牛铜线盒 战国◎

"事实上，那鲁、邹两国的臣子们，在国君活着的时候，就无力尽礼奉养他们的国君；而国君死后，又无力安葬。然而在那样弱小的国家，别人想施行天子之礼时，他们尚且懂得反抗而不肯接受。现在，秦国拥有万乘兵车，而魏国也有万乘兵车，都是同样强盛的大国，各自都有称王的名号，为什么看到秦国在长平打了一次胜仗，就想顺从他而称他为帝呢？如此看来，堂堂三晋的大臣，简直比邹、鲁两国的奴仆婢妾都还不如了。如果秦王能够顺利称帝，他一定会调动诸侯大臣的职位，把他认为不肖的拿下，而换上他认为贤能的人；再把他仇视的除掉，而安插上他所喜爱的人。除此之外，他还会差遣他的女儿和精于进谗言的婢妾做各国君的姬妾。要是她们进了魏王的宫殿，到那个时候，魏王还能安安稳稳吗?而将军您还能像原来一样得到魏王的宠幸吗?”

新垣衍听完鲁仲连的一番宏论后，站起身来，向他拜了拜，道谢说：“开始我还以为先生是一个平凡的人，现在我才知道先生真是天下的贤士。我将请求离开赵国，从今以后再也不敢倡导拥护秦王称帝的事了。”

围攻邯郸的秦将听到这件事，当即退兵五十里。恰巧此时，魏国公子无忌夺得了晋鄙的兵符，率领大军赶来援救赵国，向秦军发动攻击，秦军因此解除了对邯郸的围困。鲁仲连助赵抗秦的计谋成功，平原君便想加封他，可是鲁仲连辞让了三次，始终不肯接受。于是，平原君就摆酒设宴款待他，喝到酣畅的时候，平原君起身走到他跟前，送上千金，作为对他的谢礼。鲁仲连笑笑说：“一个被天下人所看重的高士，他之所以可贵，就是因为他能为人解去纷乱，却又不索取任何报酬。如果要索取报酬，那是生意人的行径，我鲁仲连是不愿做那种事的。”

宴罢，他就告别平原君，他们终生没有再见面。

历代名家点评

李炳海：齐国多奇士，鲁仲连就是杰出的一位。他擅长辞令的才能是战国策士普遍具备的，他的可贵之处在于施恩不图报，这种品质是他同时代人所缺少的。

成语典故

明珠暗投　语出《史记·鲁仲连邹阳列传》：“臣闻明月之珠，夜光之璧，以闇投人於道路，人无不按剑相眄者。何则？无因而至前也。”后多用“明珠暗投”比喻有才能的人得不到赏识和重用，或好人误入歧途。亦比喻贵重的东西落到不识货的人手里。

排难解纷　战国时，秦围赵邯郸急，魏使辛垣衍劝赵尊秦为帝。鲁仲连以大义责衍。秦将闻之，为之退兵五十里。适魏兵救赵，邯郸围解。赵欲封仲连，仲连辞曰：“所贵於天下士者，为人排患释难解纷乱而无所取也。”见《史记·鲁仲连邹阳列传》。后因以“排难解纷”指为人排除危难或调解纠纷。

屈原的悲剧

◎屈原贾生列传　楚怀王时

背景

战国后期，形成了七国（燕、赵、魏、韩、齐、楚、秦）争雄的局面，其中秦国实力最强。而楚怀王却昏聩至极，听信谗言，致使屈原的政治理想无法实现。公元前278年，秦兵攻破楚国郢都。屈原悲愤难挨，自沉汨罗江，以身殉国。

原文

令尹子兰闻之大怒，卒使上官大夫短[1]屈原于顷襄王，顷襄王怒而迁之。

屈原至于江滨，被发行吟泽畔。颜色憔悴，形容枯槁。渔父见而问之曰：“子非三闾大夫欤？何故而至此？”屈原曰：“举世混浊而我独清，众人皆醉而我独醒，是以见放。”渔父曰：“夫圣人者，不凝滞于物而能与世推移。举世混浊，何不随其流而扬其波？众人皆醉，何不餔[2]其糟[3]而啜[4]其醨[5]？何故怀瑾握瑜而自令见放为？”屈原曰：“吾闻之，新沐者必弹冠，新浴者必振衣，人又谁能以身之察察，受物之汶汶者乎！宁赴常流而葬乎江鱼腹中耳，又安能以皓皓之白而蒙世俗之温蠖乎！”

注释 <<<

①短：说坏话。
②餔：吃。
③糟：酒糟。
④啜：喝。
⑤醨：淡酒。

史纪风云

屈原悲愤写《离骚》

◎屈原画像◎

春秋战国时代，也是百家争鸣的时代。战争虽然频繁，但学术和思想的发展也掀起了一个高潮，出现了诸子百家及各种学派。而在众多的文人中，有一个人大家一定不会陌生，他就是屈原。

屈原名平，和楚王同姓熊。(因屈原祖先封地在屈，因此以后改姓为屈。)楚怀王时，他担任左徒官。由于他学识渊博，记忆力特别强，所知道的事情也多，通晓国家治政的道理，并且擅长辞令。对内，在朝中，他和楚王共同商议国家大事，制定政令；对外，他接待各国使节，应酬各国君王，深得楚王赏识。

上官大夫和屈原爵位相同，心中就想和他争楚王的宠幸，并且他十分嫉妒屈原的才能。有一回，楚王指派屈原制定国家的法令，屈原刚刚拟完草稿，还没有定稿，上官大夫看见了，就想把草稿夺过来看，屈原当然没有给他。上官大夫恼羞成怒，就在楚王面前毁谤屈原，说："大王指派屈原制定法令，没有一个人不知道，每当一条法令制定出来，颁布下去，屈原就夸耀自己的才能，好像除了他以外，没有人能做得出来。"楚王听了生气不已，从此就疏远了屈原。

屈原认为楚王被小人所迷惑，耳朵不能辨是非，眼睛不能看黑白，以至于邪害伤到公道，为此屈原感到非常痛心。所以他忧愁苦闷，写出了《离骚》。所谓的"离骚"，是指"罹忧"，就是遭遇忧愁的意思。

《离骚》共有三百七十二句，二千四百六十一个字，是一篇政治长诗。当初屈原作《离骚》的时候是为了抒发内心的怨愤。他本人心性耿直，行为方正，对楚王尽忠尽职，结果却受小人陷害。楚王也不分黑白，竟然和他疏远。屈原的处境可以说是十分艰难了。这样一个人，因为诚信谋国而被君王猜疑，忠心事主而遭小人毁谤，他怎能没有怨愤之气呢？

从《离骚》的内容上来看，它叙述了远古帝喾的事迹，称颂近世齐桓的伟业，同时论及中古的商汤、周武，用来讥刺当时的政治。《离骚》还阐明了道德的重要性，以及国家所以治乱的因果关系。屈原所用的词虽然烦琐细腻，但内中的旨意却十分博大。他举例子都从自己身边举，但其内涵却十分深远。因为他心志高洁，所以喜欢用香草自比。而且由于他品行端正，所以一直到死，也为小人所不容。

张仪戏楚王

屈原被废黜以后，秦国想发兵攻打齐国。但是齐、楚两国有盟约，秦惠王很忌讳，不知道怎么办才好。于是派出张仪带着厚礼到楚国，假装表示愿意做楚国人质，并游说楚王说："秦国和齐国有仇，想要攻打它，但是齐、楚合约，这叫秦王很为难，就想把商、於六百里的土地割给楚国，来换取您和齐国的断交。"

楚王贪图那六百里土地，就相信了张仪的话，派使者与齐断交，又到秦地去接纳封地。这时张仪见齐、楚已断交了，事情已经办成功，就对楚国使者说："我们约定的是六里，而不是六百里。"张仪欺骗了楚国，使楚国使者大为恼火，回去禀报楚王。怀王听了怒不可遏，就发动军队攻打秦国。

秦国也发兵迎战楚军，两军在丹、淅二水之地激战，楚军大败，被杀八万多人，将领屈匄被俘。秦国于是又乘胜攻占了楚国汉中一带。楚怀王于是动用全国兵力，大肆攻击秦国，发生蓝田大战。魏国听说这个消息，就发兵偷袭楚国，军队已经达到邓地。楚兵害怕，急忙从秦国撤回。这时齐国因为楚怀王背弃盟约，不肯派军救楚，楚国的处境非常困窘。

◎玉镜 战国◎

第二年，秦兵表示愿意割让汉中一带地方和楚国议和，楚王说："不要汉地，只要张仪一人。"张仪到楚国后，托人找关系，结果找到楚王夫人郑袖帮忙。郑袖在楚怀王面前一个劲替张仪说情，结果就把昏庸的楚怀王说动了，于是放了张仪。

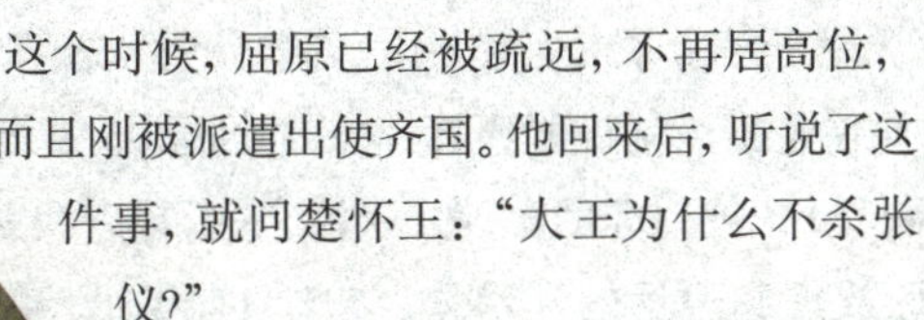

这个时候，屈原已经被疏远，不再居高位，而且刚被派遣出使齐国。他回来后，听说了这件事，就问楚怀王：“大王为什么不杀张仪？”

楚怀王仔细一想，感到非常后悔，就派人追赶张仪，可是已经来不及了。

后来，各国因为楚国背信弃义，就联合攻打楚国，大败楚军，杀死了楚国的大将唐眛。

屈原投江

后来，由于张仪从中穿线，秦、楚两国想结为姻亲，秦王就想和楚王会晤。怀王想去，屈原劝阻道：“秦是一个像豺狼虎豹一样的国家，而秦王也是不守信用的，还是不要去的好。”可是怀王的幼子子兰劝怀王去，他说：“秦王是一片好意，我们怎么能够拒绝呢？”怀王到最后还是出发了。等他一进武关，秦国伏兵就断绝了他的归路，把怀王扣留起来，胁迫他割让土地。怀王暴跳如雷，说什么也不肯答应，就逃到赵国，但赵国也不肯接纳他。没办法，他只好再折回秦国，结果他死在了秦国，最后归葬楚国。

◎玉跪人 战国◎

后来，怀王的长子顷襄王继位，任用其弟子兰为令尹。子兰早先曾经力劝怀王入秦，使得怀王不能返回楚国，楚国人都因此事怪罪子兰。

屈原对子兰贻误国事感到非常痛恨。他虽然遭到放逐，但还是十分眷恋楚国，心里惦念着怀王。希望能再回到朝中，希望怀王能够醒悟，与怀王共同振兴国家，挽救楚国的颓势。他曾在一部作品之中多次表达了这种意思。但是这些愿望都无济于事，屈原仍不能回到朝中，怀王到最后也没有理解屈原的忠诚。

当屈原听说子兰担任了令尹之后，心中很不以为然。这件

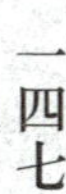

事传到令尹子兰耳朵里，他就非常生气，就叫上官大夫不断地在楚王面前说屈原坏话。楚顷襄王同样是一个不明是非的人，他听信谗言，就把屈原放逐到边远的江南去了。

楚王昏庸，国势衰败，小人当道，报国无望，屈原已心力交瘁。一天，屈原跌跌撞撞地来到江边，披头散发，形容枯槁。

一位在河边打鱼的渔夫见他这个样子，就问他说："您不是三闾大夫吗?为什么到这个地方来了呢?"

屈原说："当今世上的人都陷入污浊泥淖之中，只有我是干净的；众人都已经昏醉了，只有我还醒着，于是我就遭到了放逐。"

渔夫就问他："一个人的修养如果达到了至高境界，他对于事物的看法也不是一成不变的，而是能够圆通地随着世俗的风气而变化。假如世上的人都是污浊的，那您为何不随波逐流?假如世上的人都醉了，那您为何不吃点酒糟和薄酒，也跟那些人同醉呢?您为什么要守身如玉，遭致被放逐的命运呢?"

屈原说："一个刚刚洗过头的人，一定要把帽子上的灰尘掸去；一个刚刚洗过澡的人，一定要拂去衣服上的尘土；一个人怎么能用自己清白的身体，去接受外界污浊的东西呢?我宁愿跃入江中，葬身鱼腹，也不愿让自己的高洁的情操受到世俗的污染!"

说完，屈原作了一首《怀沙赋》，把他的忧愤与悲痛全写了进去。之后，他就抱着一块石头，投进汨罗江自杀了。

历代名家点评

鲁迅：史家之绝唱，无韵之《离骚》。

毛泽东：屈原不仅是古代的天才歌手，而且是一位伟大的爱国者；无私无畏，勇敢高尚，他的形象保留在每个中国人的脑海里。无论在国内国外，屈原都是一个不朽的形象。

陈秀中：屈原在文学艺术上是伟大的，具有杰出成就的，但在思想人格上却是有局限的、有缺憾的。他那种忠君存君的思想不能等同于爱国主义，作为教师在这点上是应该剖析给学生看，不能再误导学生了，我们的教育是培养具有人文精神、独立人格和思想的真人，不是培养封建士大夫。

李炳海：屈原的生平事迹在司马迁笔下是断断续续道出的，但其中仍有线索可寻。屈原的被贬斥，也在两处予以交代。

成语典故

随波逐流　见《史记·屈原贾生列传》："夫圣人者，不凝滞於物而能与世推移。举世混浊，何不随其流而扬其波?"后因以"随波逐流"比喻无原则、无立场地与世相浮沉。

荆轲刺秦王

◎ 刺客列传　公元前220余年

背景

战国末期，秦统一六国的大势已定。燕王为了与秦国结好，将太子丹交给秦国作人质。太子丹于公元前232年逃回燕国。为抵抗强秦的大举进攻，他试图设计刺杀秦王嬴政，使秦国内部大乱，导演了一幕“荆轲刺秦王”的历史悲剧。

原文

荆轲尝游过榆次[①]，与盖聂论剑，盖聂怒而目之。荆轲出，人或言复召荆卿。盖聂曰：“曩者吾与论剑有不称者，吾目之，试往，是宜去，不敢留。”使使往之主人，荆卿则已驾而去榆次矣。使者还报，盖聂曰：“固去也，吾曩者目摄[②]之。”

荆轲游于邯郸，鲁句践与荆轲博，争道，鲁句践怒而叱之，荆轲嘿而逃去，遂不复会。

荆轲既至燕，爱燕之狗屠及善击筑[③]者高渐离。荆轲嗜酒，日与狗屠及高渐离饮于燕市，酒酣以往，高渐离击筑，荆轲和而歌于市中，相乐也，已而相泣，旁若无人者。荆轲虽游于酒人[④]乎，然其为人沉深好书；其所游诸侯，尽与其贤豪长者相结。其之燕，燕之处士田光先生亦善待之，知其非庸人也。

注释 <<<

①榆次：并州县。

②摄：通“慑”。威慑，震慑。

③筑：古代弦乐器，像琴，有十三根弦，用竹尺敲打。

④酒人：饮酒之人。

史纪风云

荆轲怀才不遇

荆轲是卫国人，他的祖先是齐国人，后来移居到卫国。卫国人称他庆卿，以后他又到了燕国，燕国人又称他荆卿。

荆轲很喜爱读书、击剑，但都不被人了解，因此一直不为人所用。他曾经用剑术来游说卫元君，但是卫元君不识才，根本不重用他。后来，秦国征伐魏国，把占领的地方设置为东郡，卫元君无奈就迁到野王去了。因为得不到卫王的重用，荆轲就到处游历，寻找自己的知音。

有一次，荆轲游历到榆次，碰到盖聂，两个人谈论起剑术。盖聂自视才高，一旦话不投机就发脾气，并且对荆轲怒目而视，荆轲一气之下就走了。有人提议说，应该再把荆轲叫回来，盖聂说："刚才我们谈论剑术，有不同意见，我用眼睛瞪了他，恐怕他已经走了。不过，去看看也好。"于是，盖聂就派人到荆轲的住处去寻找，果然荆轲已经乘车离开榆次了。使者连忙回来报告，盖聂就说："他当然要走，刚才我用眼睛恐吓了他。"

◎铜戈 战国◎

荆轲又游历到邯郸。鲁句践和他下棋赌博，因为他抢先，鲁句贱就十分恼火，呵叱他。荆轲就默默地走了，以后再也没有见面。

荆轲又到了燕国，碰到燕国一个杀狗的屠夫，这个人很善于击筑，叫高渐离，他们两个相处十分融洽。荆轲十分爱喝酒，天天同杀狗的屠夫高渐离在燕国市场上喝酒。喝到半醉，高渐离就击着筑，荆轲就在街市上一边拍手一边唱歌，可是一会儿又相对哭了起来，悲痛异常，旁若无人。

荆轲虽然天天和酒徒们厮混，但是他的为人却沉着稳重，他无论游历到哪些国家，都跟一些贤豪长者结交。他到了燕国，燕国的处士田光先生也很客气地接待了他，田光知道他不是一个平凡的人。

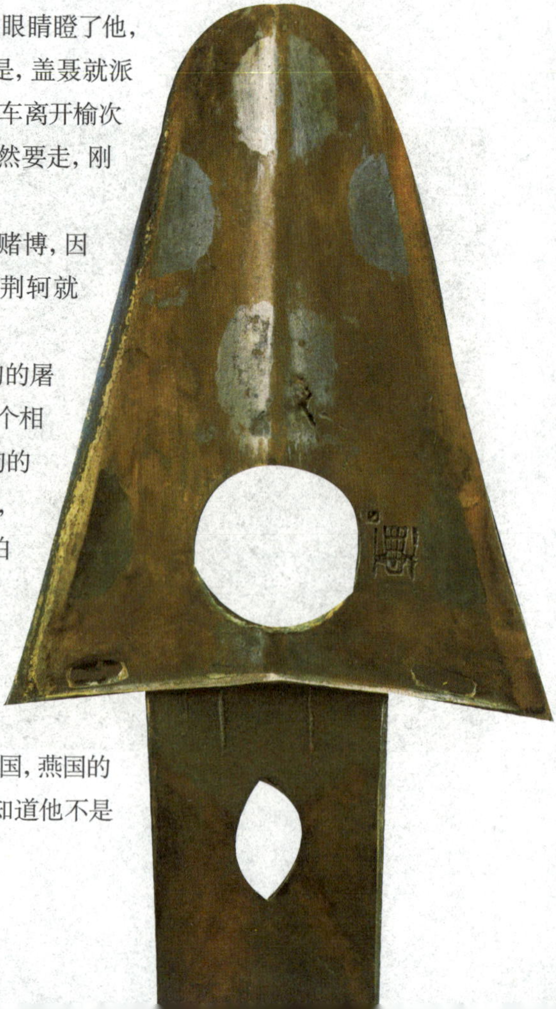

又过了一些时候，在秦国做人质的燕太子丹逃回来了。燕太子丹从前曾经押在赵国做人质，秦王嬴政是在赵国出生的，小时候他们很要好。到了嬴政即位做了秦王，正好太子丹质押在秦国。秦王对燕太子丹变得很苛刻，一点也不顾念旧情，太子丹就对他十分嫉恨，就偷偷逃了出来。

太子丹回到燕国以后，就下决心报复秦王。这时秦国又经常出兵太行山以东的地方，攻伐齐国、楚国和三晋，把它们一点一点蚕食了。秦不断地侵占诸侯的土地，眼看快要到燕国了。燕国的君臣都很害怕，但又束手无策。太子丹更加忧虑，就请教他的太傅鞠武。

鞠武回答说："现在秦国的土地已经遍及天下，威胁着韩、魏、赵三国。而且它的北面有甘泉、谷口的坚固要塞；南边又有泾、渭的肥沃原野，占据巴、汉一带的富饶地区；右边是陇、蜀的高山峻岭；左边又是关、殽的天险。加上人口众多，士卒勇猛，兵器甲胄更是精良。如果它想向外扩张，那么长城以南、易水以北的燕国的土地恐怕也保不住了。太子怎么可以因为受了欺侮，就想报复秦王呢？"太子丹愁眉不展，问他："那怎么办？"鞠武就回答说："这件事我们得从长计议。"

荆轲为燕效劳

又过了一些时候，秦国的将军樊於期得罪了秦王，逃亡到燕国来。太子丹将他收容，并且给他安排好馆舍。鞠武就劝谏说："不能这样优待樊於期，太子还是先送樊将军到匈奴去，以消除秦国侵略燕国的借口。我们应该先和西方的三晋缔交，再和南方的齐、楚两国联合，再和北方的匈奴单于联络，然后想办法对付秦国。"

太子说："太傅的计划，旷费时日，我怕是等不及啊！再说樊将军是在走投无路时才来投奔我的，我总不能因为强秦的威胁，就去牺牲朋友，把他驱逐到匈奴去。现在正是需要人办事的时候，太傅还是替我重新考虑一

◎曲柄铜匕 战国◎

下吧!”

鞠武说：“为了一个新结交的朋友，情愿不顾国家安危，那后果可想而知。燕国有一位田光先生，他为人智慧深远，而且勇敢沉着，可以再和他商量。”太子就说：“那还请太傅从中介绍，我要结交田光先生。”太傅就去见田光，把太子的意思对他讲了，田光立即去拜访公子。

太子听说田光前来，就连忙迎了出来，倒退着在前面引路，又跪下来拂拭了座席。田光坐定，太子见左右没人，离开座席走到田光跟前请教道：“现在燕、秦两国势不两立，该怎么办呢?”田光说：“我听说良马强壮时日行千里，等它年老，就是劣马也能跑到它的前头。太子听到的是田光壮年时的事迹，可现在我已经年老体衰了。不过我有一个好友荆轲，他可以参与国家大事。”

太子恳请田光为他引见，并郑重其事地嘱咐田光说：“我们所谈的，都是国家大事，希望先生不要泄露出去。”

田光就去见荆轲，说：“我和您交情深厚，燕国无人不知。如今太子听说了我壮年时的事迹，却没有想到我的身体已经大不如前。我觉得您不是外人，就把您介绍给太子。希望您能入宫拜访太子。”

田光又说：“我听说，忠厚的人做事，别人是不会怀疑他的。但是现在太子叫我知道了国家机密，却又嘱咐我不能泄露，这是太子不信任我。你见太子，就说田光已经死了，我是不会泄露秘密的。”说完，田光自杀身亡。

荆轲就去拜见太子，告诉他田光已经死了。并且转达了田光的话。太子拜了两拜又跪下来，双膝行走，痛哭流涕地说：“我嘱咐田先生不要泄露国家秘密，可田先生竟然以自杀来满足我的要求，这并非我的本意呀!”

荆轲坐定后，说明来意，太子离席叩头对他说：“秦国有贪婪之心，不把天下所有的土地完全吞并，是不会罢休的。现在秦王又俘虏了韩王，占领了韩国的全部土地；之后又兴兵向南伐楚，向北威逼赵国。秦将王翦已经率几十万大军到达了漳邺。李信的军队也从太原、云中两郡出兵攻赵。如果赵国抵抗不住必定投降，赵国一降，祸患就会轮到燕国。燕国又小又弱，就是调出全国的兵力，也不能抵挡秦国。各诸侯

◎巴蜀式铜剑 战国◎

◎荆轲刺秦王◎

国又都畏惧秦国，不敢再联合抗秦。我个人之见是物色一个勇士，派他到秦国去，用重利诱惑秦王，秦王贪得无厌，如果真能挟持秦王，叫他归还诸侯土地，像曹沫挟持齐桓公那样，就太好了；万一不行，也可以趁机刺死他。他们秦国大将领兵在外，国内又出了乱事，群臣必然猜忌。趁此机会，诸侯就可以联合起来，打败秦国。这是我最大的愿望，但不知委托哪一个人去做才好，请荆卿在意!”

隔了很久，荆轲才说：“这是国家大事啊!臣下庸劣无能，恐怕不能胜任。”于是太子又上前叩头，再三请求，荆轲才答应。

过了很久，荆轲还没有动身的意思。这时候秦国的大将王翦已经攻破了赵国，俘虏了赵王，大军向北挺进，马上就到燕国边境了。太子丹一看，心中更加恐惧，就忍不住去见荆轲，说：“秦军马上就要渡过易水了，国家危在旦夕啊!”

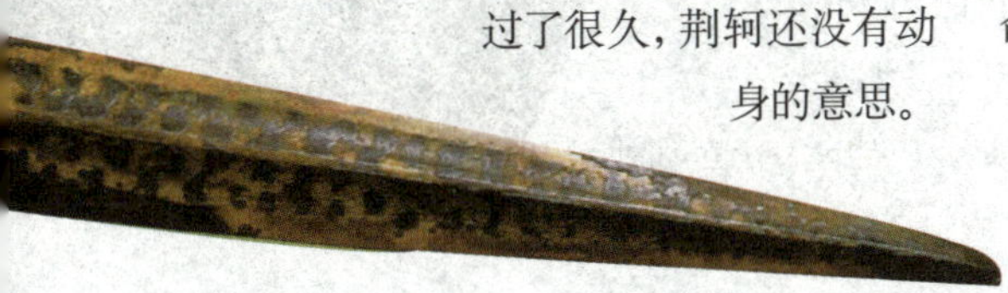

荆柯见太子如此紧张，就安慰他说：“其实太子不来，我也想去拜见太子了。太子请想，如果我现在就去秦国，却没有能够让秦王相信的东西，还是不能接近秦王。您那住着的樊将军，秦国正在悬赏捉拿他，如果我能得到他的头和燕国最肥沃的督亢这个地方的地图，去献给秦王，秦王一定会很高兴地接见我，到那时我才能想办法为您效命。”

太子听说要樊将军的头，又开始发愁，

他对荆轲说："樊将军是在极端困难的情况下来投奔我的，我怎么能为了自己的私利而伤他的心呢?希望您另外想办法吧!"

荆轲知道太子不忍心伤害樊於期，就私自去拜访樊将军。落座之后，荆柯就开始进入正题，他说："秦王对将军真是太残暴了，他不但把您的父母、宗族全部杀害，还悬赏黄金千斤、封邑万户来求得将军的头，不知道将军心中作何感想?"

樊於期被说到痛处，不禁流下泪来说："於期每次想到这件事，心头就疼痛难忍。但是我实在想不出什么办法来报此深仇大恨哪!"

荆轲乘机对樊於期说："我倒是有一个计策，可以替您报仇，也可以解救燕国的危急。"

樊於期一听喜出望外，擦干眼泪追问荆轲说："於期愿意听听，您有什么高见?"

荆轲说："如果我能够把您的头献给秦王，秦王一定会很高兴。那时，我就左手抓住他的衣袖，右手拿剑刺中他的胸膛，这样不就可以报将军的仇了吗?不知将军意下如何?"

樊於期一听，就用右手握住自己左手手腕，上前一步，对荆轲说："这正是我朝思暮想的好主意，只是我始终未碰到一位勇士能替我报仇。现在，假如您愿到秦国去助我，就太好了，於期祝您成功!"说完，他就拔剑自刎了。

太子丹听到了这个不幸的消息，伏在樊於期尸体上，忍不住放声大哭。没办法，他只好命人把樊於期盛敛，埋在后花园内；又把樊於期的头用一个木匣装着，准备让荆轲带着献给秦王。

为了行刺秦王，荆轲必须有一把短剑。太子丹就派人到处找短小而锋利的匕首，最后，他们终于从赵国的一位徐夫人那里找到了一把匕首。这把匕首锐利无比，只一尺半长，很方便携带，也便于隐藏。

太子丹就命人给徐夫人百两黄金，买下了那把匕首，然后又命工匠把毒药涂在上面，这样，一旦中剑，中剑的人会立刻死

◎嵌错宴乐功战纹铜壶◎
圆口，斜肩，鼓腹，圈足，侧附双且。

去。

待一切都准备停当，太子丹又为荆轲准备行装，还派手下一个名叫秦舞阳的勇士陪同前去，做他助手。太子预备好一张督亢的地图，又修书一封给了荆轲，信中说荆轲是燕王派到秦国去献地图、献人头的特使，请秦王接见，并善加款待。

到了出发那天，知道这件事的官员和宾客们，包括太子丹在内，一律都穿着素白衣帽到易水河边送行。荆轲的酒友高渐离听说荆轲要被派到秦国，也赶来相送。宴会到了高潮，高渐离就又击起筑来，荆轲非常激动，就唱了起来：

风萧萧兮易水寒，壮士一去兮不复还！

那一天正是初冬，乌云蔽日，天气阴冷，寒风吹在身上，让人发抖。本来送行就是让人悲伤的事，何况众人都知道荆轲此去很难回来，加之听到荆轲那两句悲壮歌词，人们更是泪如雨下。

荆轲心中也十分悲伤，但他不愿哭泣，就仰面向空中长嘘了一口气，谁知他呼出的气竟然像一道长虹，直上云霄。送行的人见到这种景象，无不啧啧称奇！荆轲自己看到了，也十分惊奇，他就又唱了两句：

入龙潭兮斩蛟龙，壮志凌云兮化长虹！

唱完他就站起来，向众人告别，然后就头也不回地向西而去，到秦国去完成他所肩负的重大使命。

荆轲行刺

荆轲到了咸阳，打听到蒙嘉很得秦王宠信，于是就用千金贿赂蒙嘉，请他帮忙引见。蒙嘉就在上朝时对秦王奏道："燕王惧怕大王的威武，情愿把国家献给大王，向大王称臣。他不求太多，只求大王能给他一个郡县，叫他能供奉先王宗庙，他就对大王感恩戴德了。燕王自己不敢前来，就派了一名特使带了樊於期的头和督亢之地的地图前来拜见，请大王能屈尊接见他。"

秦王听说樊於期已死，燕国又献上督亢，当下非常高兴。他就下令举行大礼，自己也换上朝服，在咸阳宫中召见燕使。荆轲双手捧着樊於期的头，副使秦舞阳手中捧着督亢地图，地图中藏着从徐夫人那里买来的那把匕首，一步一步走进了咸阳宫。

◎木柄铜锯 战国◎

荆轲非常镇定，但秦舞阳从没见过这样庄严肃穆的场面，快到宫门的时候，他的脸色已经白得像纸一样了。秦国众大臣见他那样，都十分惊讶。荆轲怕他因为胆小而泄露秘密，就笑着对秦王说："他是北国蛮夷的粗人，从没见过天子，现在见到天子就吓成这样了，请大王不要怪他。"群臣则纷纷讥笑秦舞阳。

荆轲走到秦王座位前，双手捧上樊於期的首级给秦王。秦王一看果然是樊於期首级，就命令侍卫将首级拿下，然后又命令荆轲把地图献上。荆轲就从秦舞阳手中拿过地图，慢慢地走到秦王跟前，再慢慢地把地图打开。地图在一点点地打开，气氛也渐渐紧张起来。等到地图完全打开后，里面藏着的匕首露了出来。说时迟，那时快，荆轲一把揪住秦王的衣袖，右手拿起匕首向秦王的胸膛刺去。秦王大惊，他没有料到荆轲竟然是一个刺客。可是，秦王年纪很轻，又练过武功，所以动作也相当敏捷，他一见匕首向自己刺过来，立刻站起身，向旁边一闪，荆轲匕首刺空。秦王又赶紧把衣袖往外抽，撕坏了衣袖也不顾，拔起腿就跑，荆轲见一剑没有刺中，就在后面紧追不舍。

宫中的大臣们见到此情此景都惊恐万状，可是秦国规定大臣上朝是不能带剑的，甚至连侍卫也不准带武器。大家站在那里面面相觑，不知所措。殿下的侍卫们虽然带着武器，可是没有秦王命令，他们不敢上殿。

秦王在前面跑，荆轲就在后面追，两个人在殿上跑来跑去，情势十分紧张。眼看就要追上了，秦王的御医夏无且忽然想起他身边带着药袋，慌忙之中就拿着药袋向荆轲扔去，荆轲往旁边一躲，秦王乘机就跑到了柱子后面。荆轲不肯放松，就到柱子那边去追秦王，两个人围着殿柱又跑了好几圈。

忽然间，殿上一个侍卫看到秦王背后背着一把宝剑，秦王因为着急害怕，早把身后的宝剑忘到爪哇国去了。大家一定会疑问：秦王怎么会背上背着一把剑而不像别人那样把剑系在腰上呢？这是因为古代的剑比较长，带在腰间就不容易拔出来，现在经侍卫一提醒，秦王恍然大悟。剑背在背上，剑柄在上，很容易拔出来，秦王伸手把佩剑从背上拔出来，奋力向荆轲砍去。

荆轲一时没有防备，当时就被砍断左腿，他看自己不能再跑，就把手中的匕首向秦王投去，秦王往旁边一躲，匕首撞在柱上又落了下去。秦王看到荆轲手无寸铁坐在地上，哈哈大笑，十分得意，举剑向荆轲刺去，连刺了八下，荆轲身负重伤。他知道自己是不可能成功了，倚柱大笑，指着秦王大骂道："你这昏王命不该死，我要不是想活捉你，好让你退还诸侯土地，早就把你杀了，我没能实现太子的愿望，感到遗憾！"说完撞柱而死。

左右的人这才敢上前抬出荆轲的尸体，放在殿外。秦王一个人坐在殿上，半天说不出话来。

秦王知道荆轲是太子丹派来的，非常生气。他就下令让王翦领兵伐燕。十月，攻陷了燕都蓟城。燕王喜、太子丹等人就带着精锐部队逃到辽东固守。

后来，王翦因为年老多病，向秦王请求告老还乡，秦王念他卫国有功，就重重褒奖他，允许他解甲归田，他的领兵之任交给大将军李信接替。秦王对太子丹恨之入骨，就下令让李信带领大军继续追击燕王父子。

燕王喜见李信的大兵在后面仍然穷追不舍，心中非常害怕，就向代王嘉求助。代王嘉写了一封信给燕王，说："秦兵之所以追赶燕王，是因为太子丹得罪了秦王，如果燕王把太子丹处死，向秦王谢罪，秦国就可以罢兵，燕国的社稷也可以保住了。"

燕王很矛盾，一边是自己的儿子，不忍杀害；一边又是国家社稷，他左右为难。而太子丹听说此事后，害怕被杀，就偷偷逃跑了。可是，李信的大军仍然紧逼不放。燕王无奈，就设计召太子回来赴宴，在宴席上把太子杀死了。然后又把太子的首级献给李信，又亲自写信向秦王谢罪。

太子被杀这一天，忽然天降大雪，雪深有二尺五寸，人们都非常惊讶，当时是夏初的五月，按常理是不会下雪的，可是竟然降下这么厚的大雪。人们都说这是因为太子被冤屈了，老天才下大雪的。

李信就把书信和太子丹的头送到咸阳，并报告说："五月降雪，气温骤降，冷如冬天，军士一时受不了寒冷，很多人病倒。"请

求先回国，以后再讨伐燕国。

秦王见到了燕太子丹的头，又看了燕王的信，同意了李信的请求。几年之后，秦仍派兵攻燕。五年后，秦国灭燕，活捉了燕王喜。

好友遇难

秦王做皇帝后下令追缉太子丹和荆轲的门客党徒，结果他们就四散逃亡了。

高渐离改名换姓，到宋子家做佣工。时间久了，有一次觉得做工累了，想休息一下，听见主人厅堂上有人击筑，就徘徊着舍不得离开，还出口评论说："那个人击筑，这些地方击得好，那些地方击得不对。"

那家主人就把高渐离叫到堂上，吩咐他击筑，所有在座的宾客都称赞他击得好，并赐给他酒喝。高渐离想，自己长久以来隐姓埋名，贫困潦倒，根本没有尽头。他就告辞下去，拿出自己行装匣中的筑，换上他的好衣服，恢复了自己本来面目，再一次走回到堂上时，所有在座的人都感到十分惊讶，纷纷走下座位来和他相见，把他尊为上宾。

众人请他击筑唱歌，听后没有不流泪的。后来，此事被秦始皇知道了，就下令召见高渐离。

大臣中有认识高渐离的，就说："他就是高渐离，荆轲的好友。"但秦始皇爱惜他擅长击筑的才能，就赦免了他的死罪，只是弄瞎了他的眼睛。

一天，高渐离偷偷地把一块铅塞进筑里，等到进宫时，他就举起筑来扑打秦始皇。但是他眼睛看不见，又辨不清方向，根本没打中秦始皇，秦始皇一怒之下就杀死了他。

历代名家点评

陶渊明：燕丹善养士，志在报强嬴。招集百夫良，岁暮得荆卿。君子死知己，提剑出燕京……惜哉剑术疏，奇功遂不成。其人虽已没，千载有馀情。

李炳海：荆轲的举动有奇异之处，他虽是一名刺客，平时却有舒缓之性。他一躲盖聂，二让鲁句践，并不是畏惧这两个人，而是感到没有必要和他们计较，所以受辱而能忍让，一走了之。当然，最后以勇气扬名天下的还是荆轲。

成语典故

榆次之辱 《史记·刺客列传》："荆轲尝游过榆次，与盖聂论剑，盖聂怒而目之。"后因以"榆次之辱"为无故受辱之典。

燕市悲歌 《史记·刺客列传》："荆轲既至燕，爱燕之狗屠及善击筑者高渐离。荆轲嗜酒，日与狗屠及高渐离饮於燕市，酒酣以往，高渐离击筑，荆轲和而歌於市中，相乐也，已而相泣，旁若无人者。"后以"燕市悲歌"表现朋友间的情谊以及惜别的情怀。

淮阴侯韩信

◎ 淮阴侯列传 西汉初期

背景

公元前209年，陈胜、吴广起义后，韩信佩剑从军，投身项梁的西楚军。项梁战死后，韩信继续追随项羽，并多次向项羽献策，可是均不被采纳。于是他愤然逃出楚营，投奔汉王刘邦。刘邦任他为大将，他屡建奇功，为西汉政权的建立，立下了汗马功劳。

原文

信知汉王畏恶其能，常称病不朝从。信由此日夜怨望，居常鞅鞅，羞与绛、灌等列。信常过樊将军哙，哙跪拜送迎，言称臣，曰："大王乃肯临臣！"信出门，笑曰："生乃与哙等为伍！"

上常从容与信言诸将能不，各有差。上问曰："如我能将几何？"信曰："陛下不过能将十万。"上曰："于君何如？"曰："臣多多而益善耳。"上笑曰："多多益善，何为为我禽？"信曰："陛下不能将兵，而善将将，此乃信之所以为陛下禽也。且陛下所谓天授，非人力也。"

史纪风云

淮阴侯韩信是淮阴人。年轻时，韩信贫困潦倒、放荡不羁，因此没人推举他做官，他自己也不会做生意谋生。韩信经常到别人家混饭吃，时间一长，别人就都讨厌他。韩信混吃喝去得最多的是下乡南昌亭长的家，有时一去就连着几个月。亭长的妻子讨厌韩信，就早早把饭做好，在床上就把饭吃光了。到了吃饭的时候，韩信又去了，亭长的妻子也不给他准备饭食。韩信明白了她的意思，很生气，从此再也没到亭长家去过。

韩信饿得实在没办法，只好去城边的河中钓鱼，想用鱼换点钱来买吃的。有一个漂母(靠洗衣为生的大娘)看见韩信饿得可怜，就给韩信饭吃。这样，韩信才吃了数十天的饱饭。韩信十分高兴，他对漂母说："我将来一定会重重地报答你。"漂母听后很生气地说："一个大丈夫不能自己养活自己，我是可怜你才给你饭吃，谁稀罕你的报答!"

一天，淮阴城中一个年轻的屠户欺负韩信，他说："你虽然长得高高大大，又带着刀剑，其实是个胆小鬼!"并当众羞辱韩信说："你要真的不怕死，就用刀刺我；要是怕死，就从我的胯下爬过去吧!"韩信听他说完，死死地盯着他看了一会，然后才俯下身来，从他的胯下爬过去了。满街的人都嘲笑韩信，认为他真是一个胆小鬼。

等到项梁的军队渡过淮河，韩信就参加了项梁的队伍。项梁兵败，韩信又投靠了项羽，项羽封给他一个小官。韩信曾多次向项羽献计，可项羽都没有采用。汉王刘邦入蜀后，韩信就离开了项羽，归附了刘邦。在刘邦的手下，韩信仍没出人头地的机会，只是当了一名管理粮仓的小官。后来，韩信犯了杀头之罪，和他同案的其他十三个人都被杀了，下一个要杀的就是韩信。韩信昂首望天，恰好看见了滕公夏侯婴，韩信无望地说："汉王难道不想成就一统天下的大业吗?他为何要杀掉壮士我呀!"夏侯婴听了此言心中不由一惊，又见韩信相貌非凡，就下令放了韩信。夏侯婴又和韩信进行了一次交谈，对韩信更是十分欣赏，就把韩信推荐给了刘邦。刘邦封韩信为治粟都尉(掌管粮饷的官)，却并不重视他。

◎古玉鹅一对 汉代◎

韩信多次和萧何交谈过，萧何认为韩信是个不可多得的奇才。到了南郑这个地方，刘邦手下的将领逃跑了好几十个。韩信估计萧何已多次向刘邦推荐过自己，可刘邦对自己并未重用，就也逃跑了。萧何听说韩信也跑了，来不及向刘邦报告，就亲自去追。有人报告刘邦说：“丞相萧何也跑了！”刘邦听后十分生气，就像失掉了左右手。过了二天，萧何来晋见刘邦，刘邦又急又气地问：“你为什么要逃跑啊？”萧何说：“臣下怎敢离开您啊，臣下是追逃跑的人去了。”

“你去追的是何人呀？”刘邦问。

“臣下追的是韩信。”

刘邦生气地骂道：“逃走了那么多将领，你都不去追，追韩信？你莫非是在骗我吧！”

萧何说：“将领并不难得到，要说韩信，可是天下无双啊！大王如果只想在汉中称王，用不用韩信还无所谓；可如果您想夺取天下，除了韩信可就无人能为您出谋划策了。”刘邦说：“我也想挥师东进，谁愿意闷闷不乐地长久滞留此地呢？”萧何说：“您如想挥师东进，重用韩信，韩信就会留下来；如果不能重用他，他迟早还是要走的。”刘邦说：“我任用他为将，你看怎么样？”萧何说：“您只让他当个一般的将领，他是不会留下来的。”刘邦说：“那我就任命他为大将。”萧何说：“那可就太好了！”

刘邦想召韩信来拜他为大将，萧何劝道：“您一贯傲慢不讲礼仪，任命一个大将如果就像顺口叫小孩的名字一样不严肃，那韩信一定还要离开。您如果真想拜他为大将，就选一个良辰吉日，斋戒后再举行隆重的典礼，那才说得过去啊。”刘邦答应了萧何。

◎陶俑座灯 东汉◎

其他的将领们听说要任命大将这件事也都十分高兴，都觉得自己有望成为大将的人选。可等到任命的那一天，他们才知道要任命的大将原来是韩信，全军上下无不为之感到震惊。

刘邦虽然听从了萧何的建议，拜韩信为大将，可心里对韩信的才干还是半信半疑。

一天，刘邦用试探的语气问韩信：“萧何几次向我推荐你，不知你有何高见啊？”韩信没正面回答刘邦的问话，而是反问道：“如今向东争夺天下的，不就是你和项羽吗？”

“是的。”汉王说。

“您自己估量与项羽相比，谁的力量更

强一些?"

"我不如项羽。"刘邦思考片刻后,如实回答。

韩信见刘邦态度诚恳,就说:"论军队实力,您不如项羽,但项羽不过是匹夫之勇,您不必过分担心。

"项羽这个人虽然勇敢善战,但不善于驾驭良将;项羽关心部下,但对有功的将士却不封赏,只知行小仁;项羽自封为西楚霸王,却违背了楚怀王'先入关中者为王'的诺言,大封亲信,引起了大家的不满;项羽为人残暴,所过之处烧杀抢掠,引起百姓的不满。"韩信的这番话让刘邦面露喜色。

"那么,依将军之见,下一步棋我该如何走呢?"刘邦问。

"先取关中,平定三秦,然后再与项羽争夺天下。臣以为,应马上出兵东征,可以毫不费力地占领关中地区。"

"何以见得?"

"项羽在关中分封的三个王(章邯、司马欣、董翳)都是秦的降将,投降项羽后,他们的部下二十万降卒却在新安被项羽全部活埋。他们靠出卖部下而封王,关中的父老对他们三个人无不恨之入骨。相比之下,进入关中后,您的军队却纪律严明,不骚扰百姓,还废除了秦的严刑峻法,与民约法三章,所以得到了关中百姓的拥护。本来关中王是您的,这是人所共知的事实,项羽却让您做了汉中王,关中百姓对此很不满意。您若是向东进军,三秦之地指日可待!"

"将军雄才大略,我真是相见恨晚啊!"刘邦听后感叹地说。

刘邦采纳了韩信的建议,积极准备东征。

正在此时,传来关东地区诸侯叛乱的消息。刘邦趁项羽忙于镇压叛乱之机,派韩信率军出征,明修栈道,暗度陈仓,出其不意地平定了三秦地区,为以后一统天下夺得了一块稳固的根据地。

韩信做齐王的时候,有一个叫蒯通的齐国人对他说:"在下曾跟别人学过相人之法。"

"您怎么相人呢?"韩信问。

"在下通过骨相看贵贱,通过脸色看喜忧,从遇事的决断能力预测一个人的成败。用这个方法相人,真可谓是万无一失啊!"

"那您就给我相一相吧!"韩信说。

"从面容上看,您最多只能封侯,而且难免有忧患。但从您的背相看,可真是贵不可言哪!"

"此话怎讲?"韩信急切地问。

◎博山炉◎

博山炉又叫博山香炉、博山香薰、博山薰炉等名,是中国汉、晋时期常见的焚香所用的器具。

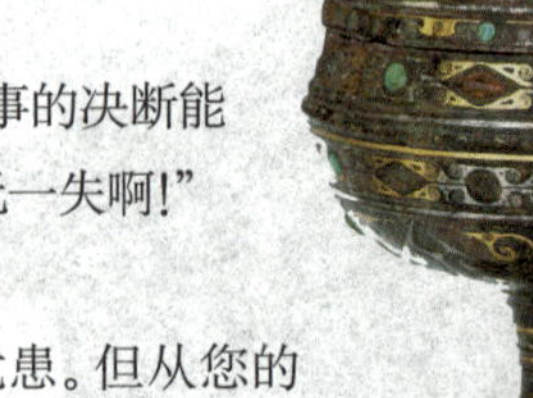

“天下最初开始反秦的时候，英杰云集，揭竿而起，那时人们担忧的是能否灭亡秦国。现在秦国已灭，楚汉分争，可刘邦、项羽却一时难分胜负。其实，刘邦、项羽的命运都掌握在您的手里啊！您支持谁，谁就能取胜。依我看，您不如谁也不支持，而是保持中立，那样的话天下三分您可据其一，鼎足之势就形成了。况且您拥有的齐地土地肥沃、兵多将广，您还担心不能最终强大吗？请您深思！”

韩信说：“刘邦待我不薄啊，有车同坐，有衣同穿，有饭同食。我听说坐人家的车就要分担人家的忧患，穿人家的衣服也要分担人家的忧愁，吃人家的饭就要敢为人家去赴死，我哪能做违背道义的事情呢！”

接下来蒯通又多次劝说韩信另起炉灶，韩信却不忍心背弃刘邦，又自认为劳苦功高，刘邦也不会把他怎么样。蒯通见无法劝说韩信，怕遭受不测，无奈之下，就假装疯癫做巫者去了。

刘邦打败项羽后，改封韩信为楚王。

韩信到了楚地后，请来当年给他饭吃的漂母，用一千两黄金酬谢她。

又叫人找来那个下乡南昌亭长，赏给他一万个铜钱，并讽刺他说：“你是一个目光短浅之人，又怎能把好事做到底呢？”

韩信也把那个曾经羞辱过他的屠户召来了，任命他为中尉(管理治安的小官)。并对部下们说：“这是一个壮士啊！他污辱我时，我是不敢杀他吗？不是，我只不过因没有名分才没有杀他罢了。”

项羽手下有个大将叫钟离昧，是楚国人，跟韩信交情很深。项羽兵败后，钟离昧就投靠了韩信，韩信把他藏在了家里。钟离昧是刘邦的死对头，听说他在韩信家里，就下诏要韩信逮捕他，押往京师。

韩信到楚国后，每逢外出巡行，都带上许多卫士，前呼后拥，好不排场。刘邦听说后心里十分不满。

后来，有人报告说韩信要谋反，刘邦听后大怒。刘邦手下的将领们都请求刘邦发兵去攻打韩信。刘邦去征求陈平的意见，陈平就对刘邦说：“韩信兵精将强，贸然攻打他必有危险。陛下不如假称到云梦泽

◎彩绘女陶俑 西汉◎

出游，在陈地会见诸侯。韩信听说您出游，一定不会怀疑有事，必然前来迎接，在他晋见您的时候逮捕他岂不是更好？”

其实韩信并无谋反的举动，对刘邦要逮捕他的事也一点没有觉察。可听说刘邦要到云梦泽巡行，他还是起了疑心。韩信要发兵谋反，又不敢冒险；想要去晋见刘邦，又怕被抓。真是左右为难。韩信手下的一个人对韩信说：“皇上憎恨的只是钟离昧，如果斩了钟离昧去晋见皇上，您就没事了。”韩信觉得有道理，就去和钟离昧商议。钟离昧说：“汉王之所以不派大兵来攻打楚国，就是因为有我在这里。如果你逮捕我去取媚他，那么我今天死了，你也活不了多久！”说完就拔剑自杀了。

◎汉铜镜 汉代◎

韩信带着钟离昧的人头去晋见刘邦，韩信一露面就被武士捆绑起来，扔在了侍从们乘坐的车子上。韩信仰天长叹道：“人们说的真不假啊！‘狡兔死，良狗烹；高鸟尽，良弓藏；敌国破，谋臣亡。’现在天下已定，看来我是逃脱不了被烹的命运了！”

韩信被带到洛阳，经过多次审讯，并没发现他谋反的证据，于是被贬为淮阴侯。

韩信知道刘邦嫉妒他的才能，就从此称病不去上朝，并颇有怨恨之意，日子过得闷闷不乐。一天，刘邦和韩信在一起评价诸将领的才能和不足，结果被评价的人都各有长短。

刘邦问：“如果我带兵，能带多少人”

“陛下带兵最多不能超过十万。”

“那你能带多少兵呢？”刘邦又问。

“我带兵可就越多越好了。”

刘邦笑着说：“越多越好？那你怎么还被我给抓住了呢？”韩信说：“陛下您虽然不善于带兵，可您却善于统帅将领，这正是我被您捉住的原因啊！”

汉十年，陈豨在巨鹿谋反，刘邦亲率大军前去镇压，韩信与陈豨密谋，想共同推翻朝廷，无奈事情败露，被吕后杀死在长安的长乐宫中。被杀之前，韩信说：“我后悔没有采用蒯通的计策，才死在你们这妇人、小子之手，这是天意啊！”

历代名家点评

包彬《淮阴侯庙》诗云："鸟尽良弓势必藏，千秋青史费评章。区区一饭犹图报，争肯为臣负汉王？

徐业龙：韩信是个知恩图报的人，受人滴水之恩，当以涌泉相报。

李炳海：韩信是一代名将，传记展示了他的辉煌战功，但感人至深的是其中的恩怨相报事件。韩信被杀并不是他真的谋反，而是因为他的功劳太大。

◎持伞铜男俑◎

男俑跪坐于素铜鼓上，头顶挽高髻，面略向左侧，颈戴串珠项链，衣袖及肘，右肩挎宽带佩剑于左胯，背披毯，后腰突出，外扎腰带，前佩扣饰，小臂佩钏，跣足。双手执伞，伞已脱落。

成语典故

一饭千金 汉韩信少贫，在淮阴城钓鱼，有漂母见其饥，饭之。后信为楚王，召所从食漂母，赐千金。见《史记·淮阴侯列传》。后称受恩重报为"一饭千金"。

不赏之功 《史记·淮阴侯列传》："臣闻勇略震主者身危，而功盖天下者不赏。"后以"不赏之功"极言功大。

中原逐鹿 喻群雄并起，争夺天下。语本《史记·淮阴侯列传》："秦失其鹿，天下共逐之。"

兵贵先声 语本《史记·淮阴侯列传》："兵固有先声而後实者，此之谓也。"后因以"兵贵先声"谓用兵贵在先以自己的声威慑服敌人。

多多益善 亦作"多多益办"。越多越好。语本《史记·淮阴侯列传》："上问曰：'如我能将几何？'信曰：'陛下不过能将十万。'上曰：'於君何如？'曰：'臣多多而益善耳。'上笑曰：'多多益善，何为为我禽？'"

推食解衣 《史记·淮阴侯列传》："汉王授我上将军印，予我数万众，解衣衣我，推食食我，言听计用，故吾得以至於此。"后因以"推食解衣"极言恩惠之深。

羞与为伍 《史记·淮阴侯列传》："信尝过樊将军哙，哙跪拜送迎，言称臣，曰：'大王乃肯临臣。'信出门，笑曰：'生乃与哙等为伍。'"后以"羞与为伍"指耻于同自己所轻视的人在一起。

谋士郦生

◎郦生陆贾列传　西汉初年

背景

秦末农民起义时期，战乱频繁，社会动荡不安。在刘邦久攻陈留（今河南开封市开封县）不下时，谋士郦生能择主而事，积极地为刘邦建言献策。他以自己不凡的政治才能，轻而易举地夺取了久攻不下的陈留，也因此得到了刘邦的重用。谋士郦生就这样开始跟随着刘邦登上了历史舞台。

原文

初，沛公引兵过陈留，郦生踵军门上谒[①]曰："高阳贱民郦食其，窃[②]闻沛公暴露，将兵助楚讨不义，敬劳从者，愿得望见，口画天下便事。"使者入通，沛公方洗，问使者曰："何如人也？"使者对曰："状貌类大儒，衣儒衣，冠侧注。"沛公曰："为我谢之，言我方以天下为事，未暇见儒人也。"使者出谢曰："沛公敬谢[③]先生，方以天下为事，未暇见儒人也。"郦生瞋目案剑叱使者曰："走！复入言沛公，吾高阳酒徒也，非儒人也。"使者惧而失谒，跪拾谒，还走，复入报曰："客，天下壮士也，叱臣，臣恐，至失谒。曰'走！复入言，而公高阳酒徒也'。"沛公遽雪足杖矛曰："延客入！"

注释 <<<

①谒：名帖。

②窃：私下。

③谢：谢绝，推辞。

史纪风云

计取陈留

郦生食其的故事，发生在秦末农民起义的时候。

生，是我国古代对儒家学者的尊称。郦生食其，就是郦食其。他是陈留县高阳人，从小就十分喜欢读书，阅读了历史、地理、军事等方面的各种书籍。然而他家很穷，没有一点可以依靠过活的产业，于是他做了一个看管里门的小官。由于郦生十分有学问，又喜欢对当时的局势发表自己独特的见解，县中的贤士豪吏等都不敢差遣他，称他为狂生。

郦生抱有远大的志向，一心想为天下的百姓做出自己的努力，使他们能够过上和平幸福的生活。但是他一直都没有遇到能为民效力的机会。当陈胜、项梁等人起义经过高阳时，英勇善战的将领有几十人，郦生本想去投奔他们。但是他又听说这些将领器量都很狭小，喜欢摆架子、自以为是，很难接受别人的意见。于是便隐居不出，等待更好的机会。后来，刘邦带起义军队打到陈留郊外。刘邦手下的一个骑士是郦食其的同乡，在他回乡探亲时，向郦生说起刘邦。他说刘邦是一个礼贤下士、安邦济民的大英雄，并且广纳天下的英才，时常向他询问高阳有哪些贤士豪杰。听了这些，郦生便有归顺刘邦之意。在同乡要回部队时，郦生就去对他说："我听说刘邦很傲慢，看不起人，但足智多谋有大略，我想和这样的人一起共事，可是没有人替我引见。你见了刘邦，请帮我对他说：'高阳有个郦生，六十多岁，身高八尺，人们都叫他狂生，但他自认为不是狂生。愿意为您效命。'"

◎郦食其为刘邦献计◎

同乡知道郦生是一个有才能的人，也想帮助他实现理想，于是对郦生说："刘邦不喜欢儒家学说，那些戴着儒生帽子来的客人，他总是先取下他们的帽子，往里面撒尿，然后才和他们说话。他跟别人谈话时，还常常痛骂儒生。所以，你去见刘邦时，最好不要以儒生的身份去游说他。"

郦生说："多谢！我记下你的话了。还请兄弟为我引见。"

骑士归队后，找个机会向刘邦说起了郦生，把郦生对他说的话向刘邦如实叙述了一遍，并称赞郦生是一个有雄才大略的人。

刘邦围攻陈留。在高阳住下后，就派人去找郦生来见。刘邦作为一名农民起义领袖，讨厌繁琐的礼仪。当郦生来时，他正叉开腿坐在床边，让两位女仆替他洗脚。于是一边洗脚，一边接见郦生。本来儒家是十分注重礼仪的，郦生看到刘邦这个样子，心里十分生气，但是想到同乡的话，只好暂时忍一忍。郦生屈身向刘邦行了一个拱手礼说："您是想支持秦国攻打诸侯呢？还是想率领诸侯推翻秦王朝呢？"

大家都知道，秦王朝实行暴政，弄得民不聊生，天下人恨不得早日推翻它。所以刘邦听了郦生的话，骂道："混蛋儒生！天下人受秦国的压榨很久了，吃尽了苦头，各地的诸侯才相继起来攻打秦国。你怎么能说我想帮助秦国来攻打诸侯呢？"郦生不慌不忙地回答道："您如果想聚集群众，招徕义兵去讨伐无道的秦王，就应该尊重群众、安抚民心，不该用这种傲慢无礼的态度对待一位长者。"刘邦一听言之有理，觉得此人确实不简单。于是马上让女仆停下来，起身整理好衣帽，并请郦生上坐，站在地下向郦生道歉。郦生见刘邦能够听取别人的意见，知错能改，是做大事的人，便抛弃前嫌，和刘邦谈论六国合纵连横的事。刘邦从言谈中看出郦生是一个有谋略的人，能够帮助自己成就一番事业，便招待郦生一起吃饭，并问郦生怎样才能最终打败秦国。郦生向刘邦娓娓道来："您就是把那些乌合之众和散乱之兵全部集中到一起，也不足一万人，想靠这点人去推翻强大的秦国，无异于去老虎口中拔牙、用鸡蛋去碰石头。您如想成就功业，不如先驻守在陈留。因为陈留是天下的要冲、军事的枢纽。城里储粮有千万石，城防也很坚固。我和陈留县令的交情不错，愿替您去劝说他归降于您，如果他不听从，我就替您杀了他。然后您统率陈留的军队，占据陈留的城池，依靠陈留贮藏的粮食，招募天下抗秦的勇士。等招来的兵员足够多了，您就可以横扫天下了。"刘邦听了郦生的话，非常高兴，当场就说："好，一切听从先生安排。"

于是，郦生连夜去见陈留县令，劝他说："秦国实行无道苛政，不得民心，天下的人都反叛它。你如果跟着天下的大势走，不但可以让陈留的人民少受战乱之苦，而且你自己也能成就一番事业。如今你却偏偏替摇摇欲坠的秦王朝坚守城池，我在为你担忧啊！"陈留县令说："秦国法令严明，不要随便乱讲，否则会被满门抄斩的。你所说的，不是我所想的，我不能答应你，希望你以后不要再讲了。"当晚郦生留下来住宿，半夜时乘人不备斩了县令，爬墙而出报告刘邦。刘邦带兵攻城，把县令的头悬挂在长竹竿上让城上的

◎祭祀铜贮贝器　东汉◎

此贮贝器的器身作铜鼓形，盖上共雕铸35人，中央立柱，表现的是一次与农业有关的祭祀活动，坐肩舆的鎏金贵妇人很明显是此次祭祀仪式的主祭人。

守兵看，并说："县令已经被我们杀了，快投降吧！凡是拒绝投降的，一定格杀勿论！"城里的士兵见县令已死，失去了主帅，便相继投降。结果刘邦不费一兵一卒就攻占了陈留城。

由于郦生在夺取陈留中立了首功，所以被刘邦封为广野君。刘邦则把军队驻扎在陈留南城门，利用陈留库存的兵器和粮食，逗留了三个月，招募抗秦的士兵数以万计，为后来入武关攻破秦国做好了准备。

◎玉镂雕双凤璧◎

献计兴汉

秦王朝被推翻后，发生了刘邦和西楚霸王项羽为争夺天下而进行的四年楚汉战争。战争的初期，汉王刘邦的军队一直处于劣势，没打过几次胜仗。到了汉王三年秋天，项羽率领轻骑兵进攻汉军，一举攻下荥阳，迫使汉王军队退守到巩县、洛阳一带以求自保。此时汉王属下的淮阴侯韩信打败了赵国，同时彭越多次在梁地反叛，项羽就分兵去援助赵国和弹压梁地。

汉王刘邦因多次被围困在荥阳、成皋，战事毫无进展，就打算放弃成皋以东的地方，在巩县、洛阳一带驻兵抵抗项羽的楚军。而成皋是一个十分险要的地方，在战略上具有重要意义。郦生因此劝说刘邦："我听说这样的道理，懂得重大事物中最重大事物的人，才可以成就帝王的事业；反之，不会抓住最重要事物的人，就不能成就事业。因为治理天下的国君总是把人民看做是最重要的，而人民因为要吃饭就把粮食看做他们最重大的事情。敖仓一直以来都是天下粮食的转运站，那儿储备有很多的粮食。楚军虽然攻下了荥阳，却不坚守荥阳城边的敖仓，而是带兵向东，让一些受过惩罚的士兵来把守成皋、荥阳。这其实是老天在帮助汉军啊！现在楚军轻易地便可被攻破，您反而要自行撤退，放弃这么好的机会，我认为这是错误的，将不利于汉王您成就帝业。况且一山不能容二虎，楚汉两军势必会长期相斗下去，那么百姓不得安宁，全国动荡起来，农夫不能下地耕种，妇女们不能上机织布，天下的人心就无法安宁了。所以汉王您就应该立刻发兵，攻取荥阳，占据敖仓的米粮，守住险要的成皋，断绝太行山的道路，扼制飞狐口，坚守白马渡口，让诸侯看清实际的形势，这样一来，天下人就知道该投奔谁了。另外现在燕国、赵国都已经平定，只剩下齐国没有攻下，而田广占据着幅员千里、面积广大的齐国；同时田间统率二十万军队，驻扎在历城。各支田氏宗族的势力都很强大，北靠大海，又依仗黄河、济水为阻隔，南边靠近楚国。齐国人又十分的狡猾善变，您即使派几十万大军去攻打，也不可能在短时间内打败它。但我现在有一计可以使齐王归顺您，而无需费一兵一卒。只要您让我出使齐国即可。”

刘邦听从郦生的计策，夺取荥阳，把守住敖仓，并派郦生去游说齐王。

郦生到达齐国，与齐王寒暄了几句，就开门见山地问道：“齐王知道天下的百姓都归向谁吗？”

齐王回答说：“我不知道。”

郦生一本正经地对齐王说：“您如果知道天下人心的归向，那么齐国还可以保得住；您如果不知道天下人心的归向，那么齐国可就难保了。”

◎彩绘方壶　西汉◎

齐王自然要问，天下人心归于谁，郦生当然告诉他归于汉王刘邦，齐王半信半疑，琢磨不清其中的道理。

郦生见齐王已被吸引到自己的思路上来，便滔滔不绝地向齐王游说：“当初汉王和项王一起合力攻打秦王朝时，约定谁要是先进关破秦，谁就做天下的君王。汉王先进入咸阳，天下理应归汉王。可是项王却违背誓言，只让汉王做了一个汉中王。不但这样，项王还把义帝给流放到蛮夷之地，后来又把义帝给杀了。汉王听到这个消息，便发动蜀汉军队攻打三秦，出函谷关责问项王为什么要谋害义帝；同时收容天下的军队，拥立诸侯的后代；重用归降的将领；取得了财物则马上分给士兵，与天下人共享胜利。因此天下的英雄豪杰、贤能才俊都乐意为汉王效劳，诸侯的军队从四面八方前来投奔，同时蜀汉的粮食整船整船地沿江而下送往各地。而项王却有背弃盟约的恶名，又有杀死义帝的大罪。对于有功之人老是不记得，但对犯过错的人却不能原谅；打了胜仗得不到赏赐，攻下城池得不到封

◎汉代玉带钩◎

地；不是项家的人，就得不到信任；攻城得到的财物，宁可堆在仓库里也不愿赏赐给有功之人。天下人背叛他，贤能才俊怨恨他，没有谁愿意为他出力。所以天下人心归向汉王。汉王从蜀汉发兵，平定了三秦；渡过西河、援救上党的军队；攻下井陉，诛灭了成安君；打败北魏，夺取了三十二座城池。这些就像蚩尤的军队得到老天的保佑和帮助一样。现在汉王已拥有敖仓的粮食，据有成皋的险要，守住了白马渡口，断绝了太行山的道路，扼守住了飞狐隘口。在这种形势下，天下诸侯谁要是归顺晚了，就会被消灭掉。所以，齐王您要是尽快归顺汉王的话，还可以保住齐国的江山。要不然，齐国灭亡只是迟早的事。”齐王田广被郦生这番话深深地震住了，考虑到齐国的生死存亡，便听从郦生的建议，撤退历城的守兵，准备归顺汉王。

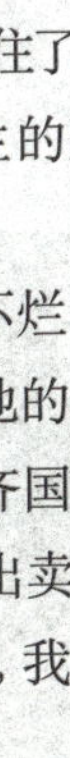

淮阴侯韩信听说郦生仅凭三寸不烂之舌便降服齐国七十余城，认为这是对他的侮辱，便趁夜色带兵从平原津过河袭击齐国。齐王田广得知汉军来袭，就认为郦生出卖了自己，威胁郦生道：“你如能阻止汉军，我就饶你一死，不然我就杀了你。”

郦生明知自己难逃一死，便正色对齐王说：“能干大事的人不拘于小节，大德之人不怕别人责难，要杀就杀吧！”齐王杀了郦生，带兵向东逃去。

◎玉鹰纹兽面纹圭◎

玉质呈黄褐色。圭角残缺，似经修整。一面阴线刻展翅立鹰，一面阴线刻兽面纹，中部阴线刻两组直线纹，下部对穿一孔，孔内有台痕。

历代名家点评

李炳海：郦食其游说刘邦、齐王，对形式分析得很透彻，并且得到对方的认可，也因此获得事业上的成功。作为一名策士，不但要见识过人，而且还要有胆量，敢于冒险。传记对郦食其突出其狂放，他面见刘邦的场面尤为典型。

成语典故

高阳酒徒　《史记·郦生陆贾列传》：“初，沛公引兵过陈留，郦生踵军门上谒……使者出谢曰：‘沛公敬谢先生，方以天下为事，未暇见儒人也。’郦生目案剑叱使者曰：‘走！复入言沛公，吾高阳酒徒也，非儒人也。’”后用以指嗜酒而放荡不羁的人。

能屈能伸的季布

◎ 季布栾布列传 汉孝文帝时

背景

楚汉战争后，刘邦建立了西汉政权。身为项羽帐下五猛将之一的季布，自然成为刘邦捉拿的要犯。最终刘邦还是赦免了季布，让他成为自己的臣子。

原文

楚人曹丘生，辩士，数招权顾金钱。事贵人赵同等，与窦长君善。季布闻之，寄书谏窦长君曰："吾闻曹丘生非长者，勿与通。"及曹丘生归，欲得书请季布。窦长君曰："季将军不说足下，足下无往。"固请书，遂行。使人先发书，季布果大怒，待曹丘。曹丘至，即揖季布曰："楚人谚曰'得黄金百(斤)，不如得季布一诺'，足下何以得此声于梁、楚间哉？且仆楚人，足下亦楚人也。仆游扬足下之名于天下，顾不重邪？何足下距仆之深也！"季布乃大说[1]，引入，留数月，为上客，厚送之。季布名所以益[2]闻者，曹丘扬之也。

注释 <<<

①说：通"悦"，高兴。

②益：更多。

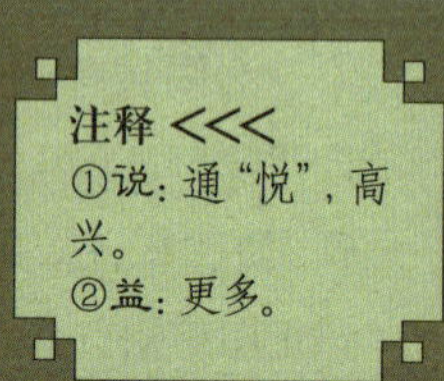

史纪风云

季布是楚国人，此人重义气，爱打抱不平，很有侠士的风度，在楚国是非常有名望的。项羽派他领兵跟刘邦作战，多次打得刘邦十分困窘和难堪。因而到项羽灭亡后，刘邦特别憎恨季布。便通令天下，悬赏千金捉拿季布。谁要是敢藏匿季布，罪灭三族。

而此时季布正躲藏在濮阳的一周姓人家里，整天都有一队队的军士在城里一家一户地搜查，形势十分危急。周氏就对季布说："皇上悬赏捉拿你，看样子很快就要搜到我家了。我现在有一个计策可以使先生摆脱危机，但是您一切得听我的安排。要是不能，我就只有自杀，以表我对先生的敬意。"季布见此只好答应了他。周氏让人剃光了季布的头发，给他戴上颈箍，穿上粗布衣服，打扮成奴隶的样子，把他藏在运货的大车里，连同周家的其他几十个奴仆，一起卖给了鲁国的朱家。周氏告诉朱家，季布在这些人里。朱家也知道季布是一位英勇善战的将军，就买下来安置到田庄里干活。并且告诫他的儿子说："田庄的所有事，都要听这个佣人的吩咐，吃饭要让他和你同吃。"朱家把季布安排好了，便乘坐马车到洛阳，拜见汝阴侯滕公。滕公留朱家小住几日，畅饮几杯。找了一个机会，朱家问滕公："我听说皇上正在捉拿一个叫季布的人，弄得满城都是军队，他到底犯了什么罪呀，要如此兴师动众？"

◎镶嵌神兽纹牛灯◎
照明用具，灯体作张口低首，起步欲斗的黄牛，背负灯盏，灯盏外周有两扇瓦形门扉。

滕公说："季布为项羽多次围困皇上，皇上很恨他，所以，一定要捉到他才甘心。"

朱家又问："你看季布是怎样的一个人呢？"

滕公说："他是一个有才能的人。"

朱家说："季布替项羽作战，只是各为其主，尽自己做臣子的责任罢了。做臣子都要受自己主人的差遣。难道项羽的臣子全部都要杀掉吗？现在皇上刚刚得到天下，就为了自己的一己私仇去追捕这样一个有才的人，只能让天下人耻笑皇上的器量是何等的狭小！况且，以季布的贤能，汉朝又捉拿他如此急迫，这样，他不向北投奔匈奴，就会向南投靠南越。这种忌恨壮士而使他去帮助敌国的举动，正是伍子胥所以要鞭打楚平王尸体的原因，你怎么不趁机对皇上说明这其中的利害关系呢?"

汝阴侯滕公知道朱家非常侠义，猜到季布一定藏在他那里，就答应了朱家。得闲时，滕公就按朱家所说的对刘邦说明了同样的道理。刘邦信服其言，便赦免了季布。当时社会上很多人都称赞季布能适应形势，变刚为柔，而朱家也因这事而扬名于当代。后来季布向皇上表示服罪，被任做郎中。

汉惠帝的时候，季布做中郎将。当时匈奴的单于有一次写信侮辱吕后，吕后大怒，便召众将来商议对策。会上，上将军樊哙说："我愿带领十万大军，横扫匈奴。"各位将领为了奉承吕后，都说："很好。"

季布出人意料地站出来，说："樊哙这人真该死。从前高祖率领四十万大军，尚且被困平城七日。现在樊哙用十万士兵怎么能横扫匈奴?这明明是犯了欺君之罪，你们还说好！当初秦朝就是因为征伐匈奴，使得陈胜等人乘机起兵反秦。现在战争的创伤还未痊愈，樊哙又当面阿谀讨好要出兵匈奴。这是想使天下动乱不安呀！"殿上的众人听季布这样说都害怕得不得了，可是吕后没说什么便退了朝，从此再没有人提起出击匈奴的事了。

季布后来做河东郡守的时候，有人向汉文帝举荐说季布是一个很有才能的人。于是，文帝便把季布召到京城，打算任命他做御史大夫。可是过了不久，又有人对文帝说季布虽然很有才学，但喜欢酗酒而且十分任性，与大家的关系不好。最后文帝还是没让他做御史大夫，就下旨让他回河东郡。季布不甘心被人如此摆布，求见皇上说："我没有什么功劳却受到皇上的恩宠，在河东郡任职。这一次陛下无缘无故召见我，我猜一定是有人在您面前夸奖我。可是我到京城后，没有做任何事情，就又被打发了回去，我想这一定是有人在诋毁我。陛下因为一个人称誉我就召见我，又因为一个人诽谤我而要我回去，我恐怕天下有识之士知道这事，都会认为陛下做事很草率简单啊。"文帝觉得很难为情，过了一会儿才讪讪地说："河东郡是我最倚重的郡邑，所以我才特意召见你啊！"季布见皇上如此说，也只好辞别了皇上，回到了河东郡。

◎玉四灵纹瑗 东汉◎
白玉质膏药沁

历代名家点评

李炳海：季布是遇赦之后在西汉朝廷任职，他以兑现承诺闻名遐迩，因此，他对那些难以或根本不兑现承诺的人，都毫不留情的予以揭露。季布作为罪犯遇赦之人，在进入仕途之后依然刚直不阿，确实很难得。

董乃斌：季布侠性的又一表现是非常豪爽，辩士曹丘生向来为他所讨厌，但此人竟不怕他的威权，敢于前来捋虎须，与他对话。一谈之下，季布转嗔为喜，待为上宾。这种源于侠气的单纯大度，恰与某些人的小肚鸡肠形成鲜明对比。

成语典故

一诺千金 形容说话极有信用。见《史记·季布栾布列传》："楚人谚曰：'得黄金百斤，不如得季布一诺。'"

神医扁鹊

◎ 扁鹊仓公列传 晋昭公时

背景

战国时期，巫术在医学方面具有着垄断性地位，是当时医学发展的绊脚石。被世人称颂的神医扁鹊，就生活在这样的时代。他对巫术深恶痛绝，认为医学与巫术是势不两立的，由此，开始了自己的医学探索和实践。

原文

扁鹊者，勃海郡郑人也，姓秦氏，名越人，少时为人舍长[①]。舍客长桑君过，扁鹊独奇之，常谨遇之。长桑君亦知扁鹊非常人也。出入十余年，乃呼扁鹊私坐，闲与语曰："我有禁方，年老，欲传与公，公毋泄！"扁鹊曰："敬诺。"乃出其怀中药予扁鹊："饮是以上池之水，三十日当知物矣。"乃悉取其禁方书尽与扁鹊。忽然不见，殆非人也。

扁鹊以其言饮药三十日，视见垣一方人。以此视病，尽见五藏[②]症结，特以诊脉为名耳。

为医，或在齐，或在赵。在赵者名扁鹊。

注释 <<<

①舍长：招待宾客之所的管理人。

②藏：音zàng，通"脏"，脏器。

史纪风云

扁鹊学医

据传说，远古的时候我们炎黄子孙的始祖黄帝有一只神鸟——扁鹊。扁鹊的嘴又尖又长，别看这嘴长得不好看，但是它能够治病。无论病情多么严重的人，只要经它一啄便会病除康复。其实这种鸟谁也没有见过，但它的名字却成了两千多年前我国一位名医的称号，而这位名医的真实姓名，却反倒很少有人知道。伟大的史学家司马迁以扁鹊这个名字为这位名医立了传。

扁鹊，本姓秦，名越人，战国时期渤海郡鄚(今河北任丘)人。那里有个名闻遐迩的药王庄，就是他的故乡。

秦越人大约在周安王元年(公元前401年)前后，出生在一个比较清贫的家庭。年轻时，做过一家客店的掌柜。由于他为人忠厚，态度和蔼，对人又十分体贴热情，店里的生意一直不错。

当时的鄚县，是一个水陆交通的要道，过往行人很多。这里又盛产各种药材，是祖国医学的发祥地之一。有一位叫做长桑君的民间老医生，每次到鄚县行医采药、访求民间治病良方时，都住在秦越人的客店里。长桑君不但医术精湛，而且乐善好施，在民间有很好的名望。因此，每当这位年过花甲的老医生来住店时，秦越人总是像对待自己的父母一样接待他。有时店里的客人住满了，他就把自己的房间让给长桑君住，自己则睡在客店的过道里。他看到身体瘦小的长桑君长年累月地背着沉重的药箱，爬山涉水四处为人行医治病，心中十分佩服。

年复一年，一晃十年过去了。通过十年的交往，长桑君觉得秦越人是个心地善良、热心助人的人，可以继承自己的衣钵，就有心想把自己的医术传给秦越人。一天，长桑君把秦越人叫到自己的房间里，对他说："通过这些年我对你的观察，我认为你是一个诚实可靠、乐于助人的人。而我呢，岁数已经大了，腿脚也不方便了，不能再四处行医治病，打算收你做我的徒弟，把我毕生的医术都传给你，你看怎么样？"秦越人本来就对长桑君济世为怀的精神敬佩不已，一听长桑君要收自己为徒，就欣然答应了。长桑君从药箱拿出一包药来，递给秦越人，并对他说："这是我几十年研究出的一个秘方，我只传给你一个人，你千万不要传给别人。"

◎四连鼎◎

四鼎腹部相连，均为圆拱形盖，盖中心置钮，腹部有六附耳，盖面饰弦纹和三牺钮。足上端饰兽面纹，中部活页内折，撑起鼎身。

秦越人慌忙向师父行礼，忙不迭地说：“徒儿一定听师父的，发誓绝不泄露秘方给别人。”

“好！”，长桑君说，“你把这包药用半空中正在落下的雨水煮好，吃下去三十天后，你就可以看见一般人所看不到的东西了。”然后，又把他的各种医书全都送给了秦越人。

秦越人遵照师父的嘱咐，服药三十天后，突然觉得眼睛有点痒，往远处一看，居然看见了墙后边的人！他高兴地又跳又唱，知道师父没有骗他，赶紧学习各种医书，很快就能够替人治病了。他可以透过身体，看清人身五脏六腑的各种病症。秦越人先在鄚县所在的齐国行医，不断地从医疗实践中总结经验，又不断吸收民间医学知识来丰富自己。这样，他不仅完全掌握了长桑君教给的医术，而且青出于蓝，渐渐超过了他的老师。后来他又到赵国行医，治好不少疑难杂症。从那时，人们就开始用“扁鹊”这个名字称呼秦越人了。

◎人骑骆驼灯座◎

医术传神

晋昭公的时候，朝中士大夫的势力很大，而国君宗室的势力却很小。当时赵简子是晋国的执政大夫，他的势力最大，掌握了国家大权。有一天，赵简子得了急症，昏迷了五天五夜，满朝文武大臣急得就像热锅上的蚂蚁一样。他们请来扁鹊，央求扁鹊治好赵简子的病。扁鹊到赵简子的房中，把完脉，就走出来。大夫董安于急切地询问病情如何。

扁鹊说：“只是血脉不通而已，没有什么好大惊小怪的。从前秦穆公也得过这种病，七天之后就醒过来了。醒来的当天，他告诉公孙支和子舆两位大夫说，‘我去了天宫，过得非常愉快。我之所以去那么久，是因为要接受天帝的教导。天帝告诉我，晋国将要大乱，五代不得安宁，但大乱后就会称霸天下，不久晋国国王就会死去。'公孙支把这些话都记载下来，并加以收藏。后来晋献公时，晋国发生内乱；到了文公，晋国称霸诸侯；晋襄公把秦国打败，不幸的是，他纵情淫乐，这些事情你都是知道的。现在赵简子的病和秦穆公的病一样，不出三天，他就会醒过来，他也会说些奇怪的话。"

董安于对扁鹊的话将信将疑，但没有其他的办法，只有耐心等待。两天半之后，赵简子果然醒过来了。他望着在床边看护他的董安于和其他大夫说："我到了天宫，那儿很快乐。我与百神在天上游玩，听各种乐器齐奏美妙的音乐，观看各种舞蹈，那些舞蹈和音乐与三代的不同，乐声动人心弦。忽然有一只熊向我扑来，天帝命令我用箭把熊射死，我一下子就射中了。又有一只更大的熊向我扑来，我又把它射死了。天帝很高兴，就赏赐我两只装有食物的竹筒。我还看见我的儿子站在天帝的身边，天帝交给我一只小狗，嘱咐我说，'等你儿子长大，就把这条狗送给他。'天帝还告诉我，'晋国的国势将一代一代地衰落下来，七代以后就将灭亡。秦国将把周朝推翻，但不会存在多久。'"董安于把赵简子的话记下收藏起来，等到他康复以后又送给他看，并将扁鹊的预言讲给他听。赵简子更加佩服扁鹊，下令赐给扁鹊许多亩土地作为奖赏。

从此，扁鹊的声望更高了。

◎提链匜鼎水器◎
椭圆体，前有封顶流，封盖镂空，下接细长蹄形足，器两侧有提链。

医活虢国太子

扁鹊的名字家喻户晓，各国的君臣百姓都盼望他去解病除灾。

有一年，扁鹊带领弟子子阳、子豹到虢国去。他们刚进入虢国的京城，就听见人们嚷嚷："太子死了！太子死了！"扁鹊恰巧走过虢宫门口，碰到一个担任中庶子官职的小官，就问他："大人，听说贵国太子病故，可是真的？他得的是什么病？"

中庶子告诉他说："太子是突然间暴死的。医生说太子的病是血气不顺，阴阳错乱，郁结不通，突然发作，使得内脏受害，邪气积聚在体内，不能排泄出来，结果阳缓而阴急，太子就暴死了。"

“那么太子是什么时候死的?”扁鹊又问。

“早晨，鸡叫的时候。”

“尸体入殓了吗?”

“没有，才死了半日怎么能入殓呢?”

扁鹊听说太子还没有入殓，松了一口气，微笑着对中庶子说：“我是四处云游行医的秦越人。不敢说包治百病，但是听说太子暴死，还没有入殓，我可不可以看看他?或许我可以让太子起死回生。”

“什么?你能让太子起死回生?你不是和我开玩笑吧!你又不是神仙!这些话只能骗骗小孩而已。”中庶子没好气地斥责扁鹊。

扁鹊仰天长叹一声，然后说道：“从竹管中看天只能看到一点儿，从缝隙里看画只能看到一条儿，这些都不全面。我治病跟别人不一样，不必非要给别人切脉不可。我一看病人的气色神情，二听病人的声音，三察看病人的体态，就能断定病症所在。我诊病能够从外表知道五脏，你如果认为我说的是假话，就让我去看看太子，看我说的是真是假。如果我没猜错的话，太子此时耳有鸣声，鼻子还张着，大腿根儿还是温热的。”

中庶子听完扁鹊的话，惊得目瞪口呆，伸出的舌头半天缩不回去。他猛地转身跑回王宫，把扁鹊的话报告给虢君。虢君一听，也觉得十分惊异，但想到如果真能让太子复活，那不太好了吗?于是亲自到宫门口迎接扁鹊师徒。一见扁鹊真的是气度不凡，就上前对扁鹊深施一礼，说道：“久仰先生大名，没有机会拜见。先生这次途经小国，实在是敝国的荣幸。不幸的是，今晨太子暴死。我就这么一个儿子，先生若能救活太子，也是救了我一命啊……”他话还没有说完，就泣不成声，泪流满面了。

扁鹊就劝慰他说：“国王尽请宽心，我看太子只是一时昏迷，静如死状，其实并没有死。我和弟子给他针灸、服药，他很快就会醒过来的。”

虢君就请扁鹊入宫给太子治病。扁鹊吩咐弟子子阳准备针石，自己选择三阳五会的穴位，一处处下针。过了不久，太子就苏醒了。扁鹊又吩咐子豹用药为太子热敷，子豹将热药敷在太子的两肋之下，时间不长太子便坐了起

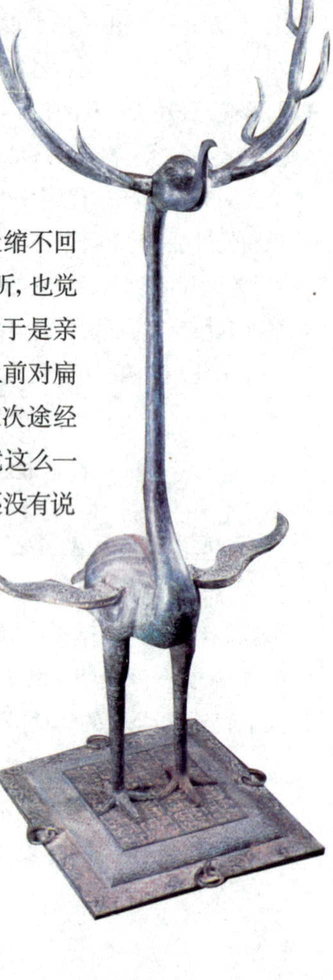

◎铜鹿角立鹤◎

立鹤引颈昂首伫立，双翅作轻拍状，两腿粗壮有力，形态健美。鹿角与鹤的头、颈部有错金云纹。

来。虢国君臣亲眼见太子死而复生，高兴地手舞足蹈，连称扁鹊是神医再世。

扁鹊又为太子开了调理的药方，然后非常谦虚地对众人说："我并不能起死回生，因为太子并没有死。我只不过让他早点醒过来罢了。"从此以后，神医扁鹊起死回生的事迹更是很快传遍了天下。

◎鄂君启节◎

照明用具，灯体作张口低首，起步欲斗的黄牛，背负灯盏，灯盏外周有两扇瓦形门扉。

齐桓公讳疾忌医

有一年，扁鹊带领弟子到齐国去行医。因为扁鹊的名声很大，齐国的君主齐桓公盛情地接待了他，并召他到宫中相见。

扁鹊见到齐桓公，发现他的脸色苍白，神态呆滞，断定他有病在身，便关切地说："大王近日患病了！臣看大王的病在皮肤里，赶紧医治吧，如果不治，就会越来越厉害。"

"不，我很健康，什么病也没有！"齐桓公傲慢地说。

扁鹊见齐桓公已经不高兴了，寒暄几句便告辞了。齐桓公望着扁鹊的背影，冷笑几声："哼！当医生的就是喜欢炫耀，硬要把没病的人说成有病，好证明自己的医术高明，真无聊呀！"

扁鹊回到住处，对齐桓公的病放心不下，五天后主动进宫去问候。拜见齐桓公后，扁鹊诚恳地说："大王，您的病比五天前又重了些，已经进入血脉了，假如再拖几日，恐怕还要加重啊！"

"我从来没有生过病！"齐桓公很不高兴。他讨厌扁鹊多事，故意来打扰他。扁鹊只好退了出去。

又过五天，扁鹊第三次进宫探望，一见齐桓公，立刻说道："大王的病现在已经到了肠胃，不能不治啦！"可是齐桓公装作听不见，不理睬他。

又过了五天。扁鹊再次进宫打听齐桓公的消息。齐桓公十分讨厌扁鹊的多事，想躲开他，可是想不到扁鹊瞥了他一眼，转身便走，这反倒令他感到十分奇怪。于是齐桓公派人去找扁鹊问个究竟。扁鹊伤心地说："唉！如今大王的病已经到了骨髓，即使是神仙也救不了他了。当初他的病只在皮肤里，用药热敷即可治愈；后来病到血脉，用针灸可以治好；再后来病入肠胃，还可用药酒、汤剂来治疗。然而，大王不听忠告，一再拖延，变成现在的不治之症，我已经束手无策了，真叫人惋惜啊！”

齐桓公对扁鹊的这番话还是将信将疑。然而五天后，他真的病倒了，卧床不起，茶饭不进。这才后悔当初没有听扁鹊的话，于是派人去请扁鹊。可是扁鹊已走得无影无踪了，谁也不知道他的去向。

齐桓公讳疾忌医，最终一命呜呼。

扁鹊被害

扁鹊经过邯郸，听说当地人尊敬妇女，就专门为妇女治病。之后，扁鹊渡过黄河到洛阳，看到耳聋、肢体麻木等病折磨着许多老年人，就专为老年人治病。经过咸阳，听说秦国人怜爱小孩，就专门医治小孩的疾病。总之，扁鹊不辞辛苦，周游列国为广大的患者巡回治病；同时，他又能“随俗为变”，根据病人的需要解决各种疑难杂症。但不幸的是，扁鹊的医术太精湛了，遭到秦国太医的嫉妒。因为太医的医术远远不如扁鹊，扁鹊在秦国行医，对他是一个大大的威胁，就暗中派人杀害了扁鹊。

扁鹊虽然死了，但直到今天，天下谈论脉道的医生，都还在运用扁鹊的医疗理论和方法。

成语典故

讳疾忌医 指隐瞒疾病，不愿医治。比喻怕人批评而掩盖自己的缺点和错误。见宋·周敦颐《周子通书·过》：“今人有过，不喜人规，如讳疾忌医，宁灭其身而无悟也。”

◎跽坐人漆绘铜灯◎

此灯由跽坐人、灯架和灯盘三部分分铸铆接而成。跽坐人偏髻、束冠、身着长袍，腰系宽带，以带钩扣合，两臂平伸，手握丫形灯架，架上托环形灯盘，盘内设烛座三个，整体髹漆尽脱。

飞将军李广

◎李将军列传 孝文帝十四年

背景

公元前166年，匈奴大举入侵边关，年少的李广从军，抗击匈奴。他作战英勇，使汉文帝大为赞赏。九年后，汉景帝即位，李广成为景帝身边的禁卫骑兵将军。吴王、楚王叛乱时，李广跟随太尉周亚夫出征平叛，立下显赫战功。诸王叛乱平定后，李广调往西北边陲，抗击匈奴的入侵。他的勇敢、忠信、正直，使他成为保家卫国的一代名将。

原文

太史公曰：传曰"其身正，不令而行；其身不正，虽令不从。"其李将军之谓也？余睹李将军悛悛如鄙人，口不能道辞。及死之日，天下知与不知，皆为尽哀。彼其忠实心诚信于士大夫也？谚曰"桃李不言，下自成蹊"。此言虽小，可以谕大也。

史纪风云

为文景二帝冲锋陷阵

大家都知道，在中国历史上，秦始皇修长城主要是为了防止北方凶悍的匈奴对中原地区的侵扰，可是秦始皇对内实行残酷的统治政策，强迫成千上万的人去修长城，结果有许多人死在了修长城的工地上。因此，人们都把秦始皇叫做无道的暴君。

长城是修起来了，但它并没有解决匈奴和中原地区的矛盾和冲突。到了汉代，匈奴的势力比以前更加强大了，他们不断越过长城来侵犯中原。而此时，汉朝的统治者也只有通过使用武力来抵抗匈奴人的侵略。在抗击匈奴的过程中，涌现了许多的英雄人物，李广就是他们中间一位杰出的代表。

李广是陇西郡成纪县人。他的先祖李信是秦国一名武将。当年燕国太子丹就是被李信抓获的。

李广家世世代代都精习武艺，擅于骑马射箭。汉文帝十四年，匈奴大举出兵侵入萧关，抢掠百姓的财物。李广不忍心看着手无寸铁的百姓被匈奴人欺凌，就主动报名参军，抵抗匈奴的进犯。由于他英勇善战，杀死俘虏了许多敌人，立下赫赫战功，被封为中郎。同李广一起参军的堂弟李蔡，也被封为中郎。后来他们两人都担任武骑常侍。李广作为文帝的侍卫，经常冲锋陷阵，使文帝多次化险为夷，因此深得文帝的赞赏。有一次，文帝对他说："你是没遇到好时候。要是你生在高祖时代，就是当个万户侯也不奇怪啊!"

到汉景帝即位的时候，李广已经是以擅长骑射而闻名天下的一员勇将了，被升为陇西都尉，不久又升为骑郎将。

吴楚等七国叛乱时，李广担任骁骑都尉，跟随太尉周亚夫平定叛军。战斗中，李广勇猛无敌，在昌邑城夺取叛军的帅旗，立下大功。因此，梁王就把将军印赠给李广。回朝后，因为他私自接受梁王的军印，所以没有得到朝廷的封赏。

后来，李广被任命为上谷太守。上谷与匈奴毗邻，经常发生战事。李广三天两头带兵和匈奴厮杀，随时都有受伤甚至牺牲的危险。

当时朝廷中专管边疆事务的公孙昆邪，对李广既器重又爱护，很担心李广有一天会战死沙场，就上书给汉景帝说："李广智勇非凡，举世无双，是我朝的一块瑰宝啊!但他自恃武艺高强，与匈奴交锋时，总是死命相搏。臣担心万一出现闪失，国家就失去了一位难得的虎将啊!"

汉景帝接受了公孙昆邪的意见，就把李广调任为上郡太守。此后，李广历任各边郡太守。无论在哪里，都免不了要和匈奴打仗，因为他杀敌勇猛，他的名字在边疆被人们广为传诵。

在他任上郡太守时，虽然上郡距离京城近些，但是匈奴也经常来侵扰。有一年，几千匈奴兵又来攻打上郡。李广奉命出击，出

◎李广抗击匈奴入侵◎

◎西汉龙虎纹玉带勾◎
青色，勾体由七节玉块组合，每节的中心穿孔，由一根铁芯贯穿连接，首端一节为龙头，尾端一节为虎头，其余五节饰龙虎并体纹。

发前汉景帝派了一名心腹宦官随从李广一起出征。这名宦官对行军布阵一窍不通，却想露一手，出出风头。一天，他带领几十名骑兵去巡逻，在半路上发现了三个匈奴兵。他自以为人多势众，就一定能抓获这三个人，便指挥骑兵向他们进攻。没想到那三个匈奴兵早有准备，突然间回身向宦官和骑兵开弓射箭。他们出手奇准，不一会儿，几十名骑兵纷纷中箭落马，非死即伤。宦官也中了一箭，带着箭伤仓皇逃跑回来向李广报告。李广一听，大吃一惊：“这三个匈奴兵必定是射雕的能手，他们素来百发百中，箭无虚发，不可小看！”于是率领百名骑兵去追赶这三名匈奴兵。

李广一口气追了几十里，追上了那三个匈奴人。他们连马都没有骑，趾高气扬，散步一样地走着。李广一面命令骑兵从左右两翼包抄，一面立马弯弓，连发数箭。其中两个匈奴人应箭而倒，另一个被汉兵活捉。经过审问，这三个人果然是神射手。汉兵将俘虏绑在马背上，正准备回营，忽然发现前面山路上尘土飞扬，有几千匈奴骑兵奔驰而来。李广手下的一百多名骑兵看到匈奴援兵这么多，都不禁害怕起来，调过马头就企图逃跑。李广拦住大家，斩钉截铁地说：“大家千万不要惊慌。我们现在离营地有几十里远，如果害怕往回跑，不等赶回营地，就会被匈奴兵追上，那么我们大家必死无疑。如果我们原地不动，装作若无其事的样子，匈奴兵就一定会认为我们可能是来引诱他们的，所以他们就绝不敢贸然进攻我们。”

李广沉着镇定地率领这百名骑兵继续向匈奴骑兵靠近，一直到离匈奴骑兵两里远的地方，才停下来。匈奴骑兵看这一百多名骑兵不但不跑，反而向他们靠近，料定这必是诱兵，汉朝大军肯定就埋伏在附近，于是将军队部署在附近的山坡上，摆开阵势，观察汉军的动静。

◎汉代和田籽料挂件◎

李广见敌人中了他的疑兵之计，又下令骑兵，要求大家一律下马解鞍，原地休息。

他手下的士兵一听，不知道李广葫芦里卖的什么药，都担心地问：“敌人那么多，离我们又这么近，万一他们杀过来，我们该怎么办呢？”

“不，不会的。”李广神情自若地说，“他们以为我们一定会逃走，可我们偏偏把马鞍解下来休息，我们就是要让他们明白我们是决意不走了。这样他们就会坚信我们是诱敌之兵，当然就更不会冒险来攻击我们啦。”

这样一来，匈奴骑兵真的不敢来进攻他们。过了一会儿，匈奴骑兵中走出一个骑白马的将领，到阵前观察李广他们的情况。李广见此情景，翻身上马，飞奔过去，一箭将那骑白马的人射落在地。然后从容地回到驻地，下马休息。汉军横七竖八地躺在地上，有的还发出呼呼的鼾声。这一切更使匈奴骑兵狐疑，始终不敢出击汉军。

天很快就黑了下来。到了半夜，匈奴骑兵害怕汉朝大军趁黑夜来袭击他们，就全部撤离了。第二天天亮后，汉军发现山坡上一个匈奴兵都没有了，乐得手舞足蹈，都赞叹李广有谋略。李广带领这百名骑兵，安然无恙地回到了汉军大营。

忠主返汉

汉武帝刘彻即位时，李广已经是四十开外的老将了。皇帝身边的亲信、大臣们都向武帝推荐李广：“李将军是我朝的名将呀，箭法超群，智勇过人，陛下应该重用他啊！”汉武帝被说服了，任命李广为未央宫卫尉。未央宫是皇帝居住的地方，未央卫尉就是统领未央宫卫队的高级武官。于是，李广从上郡来到京城长安。

后来，汉朝用马邑城引诱匈奴单于，先派大军埋伏在马邑附近的山谷里，任命李广为“骁骑将军”，计划把匈奴兵一举歼灭。然而匈奴单于发觉了汉军的意图，中途撤回去

◎鎏金双人盘舞扣饰◎

西汉，云南少数民族贵族服装扣饰。鎏金。透空浮雕。

了，汉军的计划没有成功。从此，汉朝与匈奴之间长期处于战争状态。四年以后，匈奴又大举向上谷进攻，汉武帝派卫青、公孙敖、李广等将军出兵抗敌。李广率领一万骑兵，从雁门关出塞迎击匈奴。

◎汉代青铜罗盘◎

李广是威震天下的名将，匈奴人一听他的名字都吓得魂飞魄散。匈奴单于对李广是又怕又恨，于是他号令全军："集中兵力对付李广，一定要活捉他！"

李广的骑兵出了雁门关以后，果然遇上了匈奴的主力，经过一番厮杀，汉军战败，李广受伤被俘。匈奴骑兵活捉了李广，觉得喜从天降，一心想去单于那里报功请赏。他们用绳子结成一个网，系在两匹战马之间，让受伤的李广躺在绳网上面，好像担架一样，驮着李广匆匆向单于的帅营奔去。走了十几里之后，李广躺在网里一动不动，假装死了。两旁的骑兵本来就陶醉在活捉李广的喜悦之中，此时对李广更是毫无防备之心。李广趁机偷偷观察周围的情况，发现右边骑着好马的匈奴兵是一个少年，于是突然间从网上跳起来，飞身跨上马背，抢下少年的弓箭，把他推下马，然后调转马头，向南飞奔而去。

匈奴骑兵被这惊险的场面惊呆了，半晌才回过神来，拍马直追。李广一面快马加鞭，一面搭弓放箭射杀追赶他的匈奴骑兵，终于甩掉敌兵，死里逃生。匈奴几百名骑兵望着李广远去的背影，叹服地说："李广像是长了翅膀飞了出去，真是飞将军啊！"从此，飞将军李广的大名响彻长城内外、塞北中原。

李广虽然大难不死，可是他出师不利，兵败被俘，按照当时的军法应该斩首。汉武帝知道李广立过不少战功，不忍把他处死，就让他用金钱赎罪免死。削去官职，降为平民。

李广回到家中，转眼就过了几年。他家和颍阴侯灌婴的孙子都住在蓝田的山中，经常一同打猎。有一天晚上，李广带着一名随从外出，和别人到山里喝酒。回到霸陵亭时，霸陵县尉也喝醉了，大声喝叱，命令李广下马。随从对县尉说："他是从前的李广将军。"县尉大声说："就是现任将军也不准夜间骑马，何况还是个过去的将军呢！"说着，命令李广下马，并把他扣留在霸陵亭。

不久，匈奴又进攻汉朝，杀死辽西太守，打败驻守渔阳的韩安国，无人能够抵挡。汉武帝于是又启用李广，任命他为右北平太守。李广随即请求允许霸陵县尉随行。到了军中，就借故把霸陵县尉杀了。

李广到了右北平之后，匈奴人慑于他的威猛，称他为“汉朝的飞将军”，好几年都不敢入侵犯右北平。

重被启用

李广身材高大，手臂像猿猴的上肢一样又长又灵活，天生擅长射箭，且百发百中。他的儿孙和别人都跟他学习射箭，但没有一个人能比得上他。

有一次，李广和几个随从到深山中去打猎。当他爬上一个山岗时，忽然发现草丛中有个影子，若隐若现像只猛虎。他急忙弯弓搭箭，嗖地一声向猛虎射去。随从们提刀捉棒，小心翼翼地去抓老虎。可是走近一瞧，“咦！原来是一块大青石！”再看那枝箭，箭头已经射进石头里，拔也拔不出来，大家都禁不住啧啧称奇。

◎西汉驭马俑◎

随葬品。马由头、躯干、尾和四肢分九段套合而成。马作走势，昂首嘶鸣，前右蹄起，其余三腿落地，尾巴翘起，作驭辕奔走状。驭者戴冠，跽坐，双手弯曲向前作控缰姿势。

李广作为将军，能骑善射、武艺超群、顽强无畏、机智勇敢，没人不佩服。在战场上他身先士卒、视死如归，敌人不走到几十步之内，没有射中的把握时，他决不轻易放箭。只要开弓放箭，必是百发百中，敌人应声倒地。他几次身陷重围而能死里逃生。他与猛虎搏斗，即使受伤也要把它擒住，因而受到士卒的崇拜。李广的人品也是为人称道的。他为人清廉自守，凡是皇上赏赐他的东西，总是全部分给士卒。他担任俸禄二千石以上的官职四十几年，家中却没有多余的钱财，也没有留下什么稀罕之物。他待人诚恳宽厚，对士兵体贴入微。行军作战遇到粮尽水竭的时候，一旦发现水源，士兵不喝够他就滴水不沾；有了食物，士兵不吃饱他就一口也不尝。他对待部下宽大仁慈，从不过于苛求，所以士卒都乐于听从他的指挥，为他去破敌攻阵。

后来，郎中令石建死了，汉武帝又把李广召回京城，让他接替石建做郎中令。元朔六年，李广又被任命为后将军，跟随大将军卫青，从定襄出兵征讨匈奴。

和李广一起出征的将领，大多数因为杀敌有功而被封了侯，但李广没有军功，没有得到封赏。

又过了三年，李广受命与博望侯张骞共同率军出击匈奴。李广率领四千骑兵先行，张骞率领一万骑兵随后。走了几天后，前后两军相距数百里，失去了联系。匈奴左贤王得到情报，率领四万匈奴骑兵火速赶到，将李广围住。汉朝士兵看匈奴兵比自己多十倍，都害怕起来。李广发觉士兵们的畏惧心理，便叫自己的儿子李敢只带几十名骑兵，去敌阵中侦察军情。李敢趁匈奴阵脚未稳，出其不意地冲入敌阵，左冲右突，穿过重围，平安返回，报告李广说："匈奴骑兵没什么可怕的，很容易对付。"士兵们见此情景，也就放下包袱，准备与匈奴放手一搏。

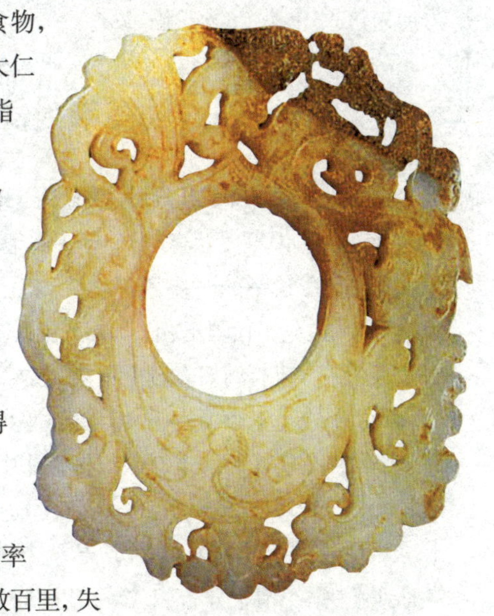

◎玉镂雕螭纹韘◎

局部有浅赭色及深褐色沁斑，体扁平，两面镂雕略同的纹饰，中间作心形，上有阴线刻云纹并一大圆孔。四周镂雕螭纹和夔龙纹。这类佩饰又称鸡心佩。战国至西汉流行螭纹、凤纹和夔纹。线条潇洒遒劲，造型双目俊逸有神。又，此佩所施网纹，云纹、细毛道纹亦是西汉的典型纹饰。

李广下令汉军摆成圆阵，背向里，脸朝外，严阵以待。匈奴骑兵发动攻势，箭如雨点般射来，汉军兵少势单，且四面受敌，很快死伤过半，情况十分危急。这时李广沉着地发布命令："全体将士看准目标，箭上弦，拉满弓，听我的命令！"李广自己拼力拉满大黄弩弓，嗖嗖地射出几箭，接连射倒匈奴的几名副将。汉朝士兵大受鼓舞，大声呐喊，一齐放箭，逼得匈奴只得退兵，危急的局面暂时缓和下来。到了晚上，士兵们都累得面无人色，而李广精神依然十分饱满。将士们对李广无不佩服，越发听从他的指挥。

第二天早上，匈奴左贤王又率兵前来逼战，正巧这时张骞率领的一万骑兵赶到，汉军士气大振。左贤王估计不可能取胜，便下令撤军。汉军也疲惫不堪，无力追击，只好收兵回营。

在这次交战中，博望侯张骞没有按时率军队赶到，误了军机，应当处死，可是因为他以前立过功，汉武帝赦免了他，只把他降为平民。李广虽然以相差悬殊的极少兵力沉重地打击了匈奴骑兵，但因为损失过大，也没有被朝廷封赏。

功高难封侯

李广历仕汉文帝、汉景帝、汉武帝三代皇帝，一生身经百战、出生入死、功勋卓著，但没有一个皇帝封他侯位。而和他同朝为官的堂弟李蔡，在景帝的时候累积功劳，就已经做了二千石的官了；武帝的时候，做到了代国丞相。元朔五年，李蔡被任命为轻车将军，跟随大将军卫青攻打匈奴右贤王有功，被封为乐安侯。

元狩二年，李蔡代替公孙弘当了丞相。李广的人品在李蔡之上，名声也比李蔡大得多，但从未得到爵位和封地，官职也从未超过九卿。而李蔡却被封为乐安侯，官职达到三公。连李广手下的将士，被封侯的也有几十人，可李广却从未有过这样的殊荣，所以他始终感到不快，心情十分苦闷。有一次，李广就问一个相面的人，他为什么功高但得不到封赏。相面的人反问他："将军自己回想一下，平生有没有什么悔恨的事？"

李广想了一想说："当年我做陇西太守时，羌族反叛朝廷，我设计引诱他们投降。投降后，我又把他们八百个人全部杀了。现在想起来，觉得非常后悔。"

相面人一听，点头说道："没有比杀死已经投降的人更大的罪过了，这就是将军得不到封侯的原因。"

李广自刎

◎汉陶楼河北阜城◎

元狩四年，汉武帝派大将军卫青、骠骑将军霍去病率军征讨匈奴。李广得到消息，便多次向汉武帝请战。武帝认为他年纪已大，就没有答应他。可李广执意不肯，汉武帝最后只好应允，任命他为前将军，随同大将军出征。

出了边塞，卫青捉到一个匈奴人，得知单于住的地方，就想带领精锐部队直捣匈奴大营，捉拿单于。他命令李广的部队和右将军赵食其的部队合并，从东路出击。李广求功心切，一心想打头阵，就请求卫青说："我是前将军，应该做前锋。现在大将军却让

我从东路进军，那我这个前将军还有什么用?想我李广一生都在与匈奴作战，直到今天才有机会同单于对阵，所以请求大将军让我与他决一死战，以慰平生。”大将军卫青出征前曾得到过皇上嘱咐，认为李广年龄太大，命运又不好，不要让他同单于对阵。否则，恐怕达不到目的。所以卫青没有答应李广的要求，而是下了一道军令让他从东路策应。李广无法反驳，只得愤愤不平地服从军令，领兵沿东路进发。不料李广的部队因为没有向导而迷失了方向，耽误了与卫青会师的时间，没能参加交战。卫青虽然在交战中大败匈奴，但由于兵力太少未能捉到单于。大将军派长史查问李广迷路的情况，并准备呈报皇上。长史催促李广的部下去卫青军帐内报告情况，听候质问。李广气急败坏地大叫道：“我手下的人没有过错，是我自己迷了路，我去大将军那里受审。”

李广到了军帐，对部下们说道：“我从年轻时起就与匈奴打仗，大小打了七十场仗。这回跟随大将军出征，难得有同单于交锋建立战功的机会，可是大将军又把我调到东路，偏偏我又迷了路，这难道不是天意吗?我已经是六十开外的人了，总不能再受刀笔之吏的审问吧?”说完，当着部下的面，拔剑自刎而死。可怜一代名将，竟以此而终。

◎长信宫灯◎

宫灯灯体为一通体鎏金、双手执灯跽坐的宫女，神态恬静优雅。宫灯长信宫灯设计十分巧妙，宫女一手执灯，另一手袖似在挡风，实为虹管，用以吸收油烟，既防止了空气污染，又有审美价值。

李广身后事

李广有三个儿子—李当户、李椒和李敢。李当户很早就死了，李椒作为代郡太守，也比李广早死。李当户有个遗腹子，叫李陵。

李广在军中自杀时，李敢正跟从骠骑将军霍去病同匈奴作战，后来在同匈奴左贤王的战斗中，夺得左贤王的战鼓和军旗，并斩杀了许多敌人，被封为关内侯，后来又代替李广做了郎中令。

李敢怨恨大将军卫青逼得父亲自杀，有一次借机将卫青打伤。后来，李敢随从武帝到雍县的甘泉宫打猎。霍去病因和卫青有亲戚关系，于是乘机将李敢射死。当时，霍去病正是位高权重最受武帝宠幸的时候，武帝也替他隐瞒真相，说李敢是被鹿撞死的。

过了一年多，霍去病也死了。李敢有个女儿，深受太子的宠幸，李敢的儿子李禹也受太子的喜爱，但李禹十分地贪财，李氏家族的声望从此就慢慢地衰落了。

李陵长大后，被提拔为建章监，统领骑兵部队。他擅长射箭，而且十分爱护手下的士兵，汉武帝念他是李广之后，就让他率领八百骑兵防守边关。李陵曾经带兵深入匈奴二千多里，过居延去察看地形，无人可挡。后来，他又被任命为骑都尉，带领丹阳境内五千楚兵，驻扎在酒泉、张掖一带，以防匈奴。

几年以后，到了汉武帝天汉二年秋天，贰师将军李广利带领三万骑兵，攻打匈奴右贤王，两军在祁连山会战。李广利命令李陵率领步兵射手五千人出居延一千多里，想以此来分散匈奴的兵力，不让匈奴集中兵力攻击贰师将军。李陵完成任务，按期返回时，途中被八万匈奴兵包围。李陵的部队只有五千人，哪里抵得八万匈奴兵，结果箭全部射光了，士兵也战死了大半。但是李陵率领士兵边打边撤，连续奋战了八天，最后在离居延一百多里的地方，被匈奴堵在一个狭谷里，断了后路。这时粮食吃完了，又没有援兵赶到。敌人一面加紧攻击，一面劝李陵投降。李陵不想让全体将士都丧生于此，便率部投降。其余部分汉军逃散，回到汉营的不足四百人。

单于得到李陵，知道他是飞将军李广的孙子，又看到他作战非常勇敢，十分喜欢，就把自己的女儿嫁给他，待他十分尊贵。

汉武帝听说李陵投降了匈奴，非常生气，就把李陵的母亲和妻子全都杀了，李氏的威名从此完全沉落。

历代名家点评

李炳海：李广是将门之子，文帝时就勇猛善射闻名，天子对他也甚为欣赏。李广善射，临危不惧，在战场上有许多出色的表现。可是，多次出征总是运气不济，杰出的军事才能和他遭遇的不利形势，二者形成了鲜明的对比。他怀才不遇，力战武功，突出了他的悲剧命运。

王立群：李广有带兵简易之才，但有些恃才傲物。

成语典故

桃李不言，下自成蹊　用生动的比喻——桃树李树不会说话，但其花艳丽动人，其实甘美，所以众人争着到它们树下，天长日久，树下自然会被趟出道路来。以此来比喻李广为人真诚，虽然不善言辞，但自然能感动他人。

大将军卫青

◎卫将军骠骑列传　汉武帝时

背景

汉武帝时期，刘彻一改西汉初期与匈奴和亲的政策，凭借“文景之治”积累下的财富和兵力，对匈奴展开了大规模的反击。俗话说，时势造英雄，卫青正是在这样的历史时期，开始了他的戎马生涯。

原文

大将军卫青者，平阳人也。其父郑季，为吏，给事平阳侯家，与侯妾卫媪通，生青。

青同母兄卫长子，而姊卫子夫自平阳公主家得幸天子，故冒姓为卫氏。字仲卿。长子更字长君。长君母号为卫媪。媪长女卫孺，次女少儿，次女即子夫。后子夫男弟步、广皆冒卫氏。

青为侯家人，少时归其父，其父使牧羊。先母之子皆奴畜之，不以为兄弟数。青尝从入至甘泉居室，有一钳徒[1]相青曰：“贵人也，官至封侯。”青笑曰：“人奴之生，得毋笞骂即足矣，安得封侯事乎！”

注释 <<<

①钳徒：被施钳刑而为徒众的人。

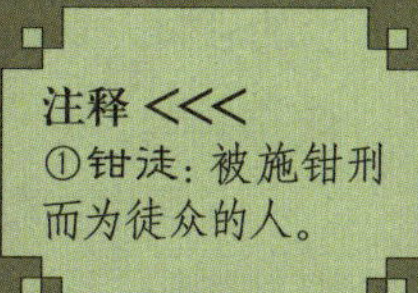

史纪风云

平步青云入汉廷

在飞将军李广的故事中，我们提到过一个名叫卫青的将军。其

◎汉代三出行灯◎

实他也是一位抗击匈奴的英雄，是汉代著名的大将军，当时权倾朝野，声名显赫，是汉武帝朝廷中举足轻重的人物。然而卫青年少的时候，却吃过不少的苦头，甚至差一点丧了性命。

卫青出身低微，身份卑贱。他原籍平阳，父亲郑季在平阳侯曹襄家当差时，和平阳侯的侍妾卫媪私通，生下了卫青。因为卫青的同母姐姐卫子夫后来当了汉武帝的皇后，姓氏亦跟着尊贵起来，所以母亲就让他姓卫。

卫青年幼时跟母亲一起，在平阳公主府里长大，稍大以后他被送回生父郑季家里。郑季的妻子瞧不起卫青这个私生子，她的儿女也欺负这个外来的弟弟，把他当奴仆使唤。他每日上山放羊，受尽了折磨和虐待。

有一次，卫青跟着别人到甘泉宫去当差，那里有一个项上戴着枷锁的犯人见他一表人材、气度不凡，就给他相面，说："这位小兄弟气宇轩昂，是个贵人相，将来准会封侯、做高官的。"卫青苦笑着说："我做梦也没想过当官，一个奴仆的儿子，能够不挨打受骂就够了，哪敢妄想封侯！"

过了几年，卫青长成了彪形大汉，而且喜欢骑马射箭。平阳公主就找他回来做自己的侍从骑奴。卫青很满意这个差使，总是尽力做事。

建元二年的春天，卫青的姐姐卫子夫被汉武帝看中，选入宫中。卫青也被召到建章宫当差。汉武帝的陈皇后没生下儿子，这使她既苦恼又担心。因为自己没有嫡长子，就会失去皇上的宠幸。她看到卫子夫入宫后极得皇上欢心，不久又听说卫子夫怀了身孕，更感到自己的地位受到威胁，害怕万一卫子夫生个男孩，母以子贵，就会把自己排挤掉而成为皇后。陈皇后便去找母亲大长公主想办法。大长公主是汉武帝的姑母，她惟

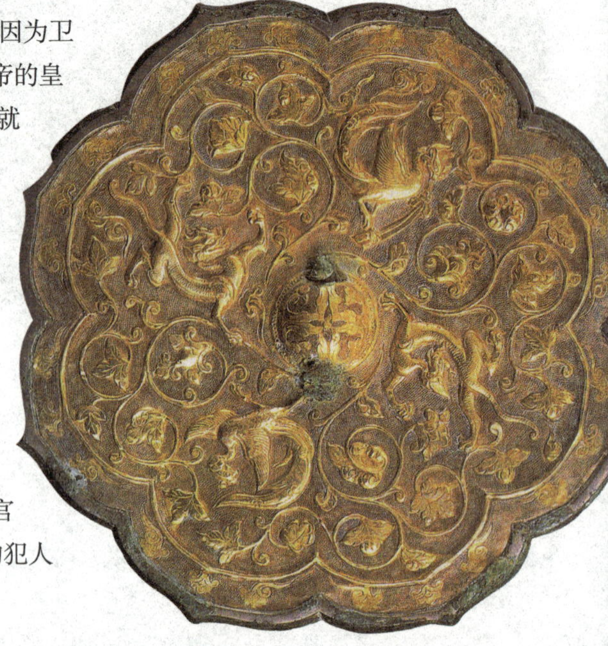

恐女儿失宠，便寻个借口捉拿卫青下狱，想处死卫青以后再问罪卫子夫，一举将姐弟俩除掉。

卫青有一个朋友叫公孙敖，是宫中的卫兵，在同事中间颇有点威信，暗中联络几名信得过的壮士，偷偷摸进牢房，把卫青救了出来。

后来汉武帝知道卫青是宠姬的弟弟，就任命他为建章监，统领建章宫的卫兵。不久又提升他为太中大夫，做了皇上的顾问。公孙敖从此也得到汉武帝的信任和重用。

因功受重封

卫青入宫做了皇帝的侍从以后，逐渐显露出了他的才干。在校猎场上，他的勇猛机智给汉武帝留下了极深的印象。汉武帝不住地对旁边的人说："卫青真是一个堪当重任的将才啊！"

不久，匈奴大举入侵汉朝边境，朝廷诸将无可奈何。汉武帝立刻想到了卫青。当时卫子夫已经生下一个男孩，汉武帝把她立为皇后。作为卫皇后的弟弟，卫青更加受到皇帝的宠信，他被任命为车骑将军，率兵出征。

卫青率兵突出长城，深入匈奴，直驱龙城，杀敌七百多人，首战告捷。不久，他又奉命率领三万精锐骑兵，挥师北上。他一马当先，不怕危险，将领、士兵们也拼死冲杀，斩敌数千，再建战功。

卫青两次出击匈奴，捷报频传，坚定了汉武帝抵御匈奴的信心和决心。元朔二年，匈奴又大举进犯，杀死辽西太守，打败韩安国将军，掳走渔阳百姓两千多人。汉武帝命令将军李息从代郡出关攻击匈奴；命令车骑将军卫青从云中向西进兵，直捣高阙。卫青出击获胜，不但夺取了黄河以南的大片土地，而且俘获敌人几千名、牲口几十万头，朝廷当时就把河南地区置为朔方郡。汉武帝为了奖赏卫青，以三千八百户封卫青为长平侯。

元朔三年，匈奴又入关侵扰，杀死代

◎珠被 西汉◎

郡太守，并在雁门掠走一千多人。

第二年，匈奴再次大举侵入代郡、定襄、上郡，杀掠汉朝军民数千人。

元朔五年，汉武帝命卫青统帅三万人马出击匈奴。卫青指挥汉军从朔方城一齐北上，对匈奴的右贤王实行围剿。

当时，匈奴右贤王的大营设在距离朔方城高阙很远的地方。虽有探马报告汉军出塞的消息，但右贤王不以为然。他平素骄傲自大，从不将汉军放在眼里。他的左右提醒他说："大王，汉军的统帅是车骑将军卫青，这个人胆大心细，骑射高超，勇武过人，不可不防呀！"

◎汉代玉蝉◎

"怕死鬼！"右贤王喝斥道："卫青离我们还远着哩，不等他们到这儿，就全累垮了。"

匈奴众将劝说不成，只好回营睡觉。右贤王与心爱的侍妾对饮狂欢，大醉方寝……

卫青素知右贤王傲慢轻敌，便给他来了个"出其不意，攻其不备"。他亲率一支精锐骑兵，趁夜疾行，一口气疾驰七百里，包围了右贤王的大营。

右贤王此时正在睡梦之中，突然被喊杀声惊醒，睁眼往帐外一瞧："啊！汉兵从天而降！"吓得他连滚带爬，落荒而逃。汉军随后追赶，但是没有追上。

汉军以迅雷不及掩耳之势冲杀过来，匈奴的十几个小部落王被擒，一万五千士卒当了俘虏，战马、牲畜几十万头成了汉军的战利品。

汉武帝得到卫青胜利的消息，乐不可支，立即派使臣手捧印绶赶赴边塞，在军中封卫青为大将军，各路汉军全归卫青指挥。卫青还朝后，汉武帝当着文武大臣的面夸奖和封赏卫青，说："大将军卫青此次征讨匈奴，功绩卓著，捕获匈奴王十多人，骑兵一万五千，牲畜不计其数，加封卫青食邑六千户……"

卫青急忙谢恩，汉武帝满脸堆笑地接着说："还有，封卫青长子卫伉为宜春侯，次子卫不疑为阴安侯，三子卫登为发干侯……"

卫青面对满朝文武投来的惊异、羡慕的目光，有点举足无措，伏身下拜，谢恩不已：“臣诚惶诚恐。仰仗陛下神佑，靠诸将扶持，才有出师大捷。今日之功皆为各将军、校尉之力战所得。臣的三个小儿尚在襁褓之中，未有丝毫功劳，陛下封他们为侯，臣不敢接受……”

汉武帝开怀大笑：“你不必担心，诸位校尉的功劳我怎么能忘记？公孙敖食邑一千五百户，封合骑侯；公孙贺食邑一千三百户，封南窌侯；李蔡食邑一千六百户，封乐安侯……”随后，对其他校尉也论功行赏，封地赐金。

从此，卫青成为朝廷的支柱。

卫青治军

元朔六年春，大将军卫青率军从定襄出击匈奴，赵信为前将军，苏建为右将军。苏建是卫青的老部下，多次跟随卫青征战，因战功从校尉升到游击将军，被封为平陵侯。赵信原来是匈奴的相国，投降汉朝后被封为翕侯。

卫青亲自率领队伍去寻找匈奴单于，但没有找到，杀获一万多敌兵后回师定襄。苏建和赵信的队伍却与单于的主力不期而遇。当时汉兵只有三千，匈奴兵数万人，相差悬殊。汉军将士与匈奴浴血奋战一天一夜，伤亡大半。右将军苏建虽然左冲右突，往来击杀，还是不能摆脱强敌，汉军处在全军覆没的危险关头。前将军赵信见局势不妙，内心异常恐慌。他本来就是一个胆小鬼，因为贪生怕死才投降汉朝的。此时便想趁混乱之机背叛汉军，再回匈奴。这时匈奴将领有认得赵信的，就劝他反叛，朝他大喊：“喂，回老家来吧，单于赦你无罪……”赵信觉得汉军已经没有了希望，于是下了决心，带领剩下的八百多骑兵，降归匈奴。右将军苏建的队伍，本来就所剩无几，见到赵信投降，顿时溃不成军。匈奴骑兵从四面冲杀过来，汉军将士几乎全部战死，只有苏建带着几个卫士逃回了定襄，到大将军帐前听候处置。

大将军卫青听过苏建的报告，思忖良久，缓缓地问身边的军正、长史：“苏将军的报告你们都听见了，你们说应该如何处理？”

军正和长史沉默不语，他俩很替苏建担忧，但又想不出办法帮他。这时议郎周霸却抢先发表意见：“哦，依以我看……大将军您自出征以来，还没有斩过副将，全军将士还没有领略过您的威严。现在苏建大败而归，损失惨重，可将他斩首，以显将军之威……”

军正和长史听了周霸的意见，大吃一惊，忙不迭地请求卫青：“大将军，千万不能

◎汉代陶猪◎

斩苏将军哪！苏建以几千兵力抵挡匈奴的几万大军，舍命拼杀，死战一天一夜，一直到全军阵亡仍然忠于朝廷，不肯投降敌人。假如对苏建这样的将军还要处斩，那么以后再有这样的情况，谁还敢回来见您呢？决不能干这样的蠢事呀……"

卫青点点头，深有感触地说："我对大将军的威严并无兴趣，周霸劝我用斩苏建来显示我的威风，更是我反对的事情。苏将军出师不利，损兵折将，应按军法处置。我虽然有斩杀将领的权力，但是我不能任意使用这种权力，而应该奏请天子裁决，作为臣子的我不敢专权，你们看这样可以吗？"

军正、长史心里明白大将军这是想救苏建一命，于是高兴地说："大将军所言极是！"

议郎周霸自知出言唐突，羞愧地退出了军帐。

后来汉武帝赦免了苏建的罪过，将他贬为庶人。几年之后，又起用他为代郡太守。

◎东汉独角兽◎

为臣之道

卫青身为大将军，又是皇亲国戚，位极人臣，功高盖世，攀附他、巴结他的人来来往往，络绎不绝。可他很有自知之明，办事从不专权，一切皆以皇帝的旨意为准则。

有一次，游击将军苏建劝告卫青："大将军，您目前虽然名列三公，权倾朝野，可是士大夫并不称颂您啊！我看您应该仿效古时候的名将，结交宾客，招徕士人，扩大自己的声望，增强自己的势力，那您就会更加显赫！"

"你快别说啦！"卫青满脸怒色道："接待士人，选拔贤能，罢黜不肖，这乃是圣上的权柄，做臣子的只能奉公守法，尽责尽职，为什么要养士呢？"他见苏建沉默不语，又心平气和地解释说："你想一想，我朝初立那时，裂土受封的侯王、功高震主的将领，几乎都养贤纳士，培植自家势力，结果一个都没有好下场。这是我的前车之鉴哪……就近说吧，魏其侯窦婴和武安侯田蚡，大养宾客，闹得朝廷不得安宁，天子恨得咬牙切齿，我能不吸取教训吗？”

“大将军居安思危，我信服了。”苏建从此更加敬重卫青。

还有一次，卫青作战有功，汉武帝赏赐他一千两黄金。卫青高高兴兴地走出宫门，准备回府报喜。忽然一个素不相识的士大夫拦住了他。卫青客气地问：“先生有什么事吗？”

这个士大夫名叫宁乘，极有韬略，对宫廷中的亲疏远近很有见识。他悄声对卫青说：“大将军您现在身食万户，三个儿子全被封侯，难道只是因为您的战功多吗？我看不是。这是因为您是卫皇后的弟弟呀！最近后宫的王夫人正得圣上宠爱，但王夫人娘家很穷，假如您能将赏金拿出来送给王夫人娘家，那么……”

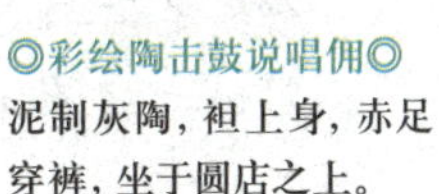

◎彩绘陶击鼓说唱俑◎
泥制灰陶，袒上身，赤足穿裤，坐于圆店之上。

卫青闻言频频点头，再三感谢宁乘的提醒。回到家后，马上派人拿五百金送到王夫人家。汉武帝得知后极为高兴，不仅视卫青为知己，而且提拔宁乘为东海都尉。

卫青当上大将军几年以后，汉武帝的姐姐平阳公主的丈夫死了，她想找一个伴侣，就问亲朋说：“你们看长安的列侯中，谁可以做我的丈夫？”

“再没有比大将军卫青更合适的啦！”亲戚们异口同声地说。

“当年卫青可是我府上的骑奴哟，你们不是开玩笑吧？”平阳公主不禁笑起来。

大家诚心诚意地解释道：“现在不同了，大将军威震天下，三个儿子全封了列侯，又是皇家至亲，您嫁过去岂不是天作良缘、亲上加亲吗？”

“那好吧！”平阳公主拿定了主意，就让汉武帝通知卫青。卫青知道皇上已经同意，便欣然允诺。于是卫青这个当年的骑奴，又出乎意料地做了当年主人的丈夫。

成语典故

钳徒论相 语出《史记·卫将军骠骑列传》：“有一钳徒相青曰：‘贵人也，官至封侯。’”

辞赋家司马相如

◎ 司马相如列传 孝景帝时

背景

司马相如（约公元前179年—公元前117年），是西汉时著名的辞赋家。三十岁以前他一直落魄，自从遇到卓文君后，命运才出现转机。这桩千古流传的风流韵事，使司马相如的人生变得更加风光、华美。

原文

会梁孝王卒，相如归，而家贫，无以自业。素与临邛令王吉相善，吉曰："长卿久宦游不遂[①]，而[②]来过我。"于是相如往，舍都亭。临邛令缪为恭敬，日往朝相如。相如初尚见之，后称病，使从者谢吉，吉愈益谨肃。临邛中多富人，而卓王孙家僮[③]八百人，程郑亦数百人，二人乃相谓曰："令有贵客，为具[④]召之。"并召令。令既至，卓氏客以百数。至日中，谒[⑤]司马长卿，长卿谢病[⑥]不能往，临邛令不敢尝食，自往迎相如。相如不得已，强[⑦]往，一坐尽倾[⑧]。酒酣，临邛令前奏琴曰："窃闻长卿好之，愿以自娱。"相如辞谢，为鼓[⑨]一再行。是时卓王孙有女文君新寡，好音，故相如缪与令相重，而以琴心挑之。相如之临邛，从车骑，雍容闲雅甚都；及饮卓氏，弄琴，文君窃从户窥之，心悦而好之，恐不得当也。既罢，相如乃使人重赐文君侍者通殷勤。文君夜亡奔相如，相如乃与驰归成都。家居徒四壁立。卓王孙大怒曰："女至不材，我不忍

注释 <<<

①遂：达，此处指仕途显贵。
②而：通"尔"，你。
③僮：奴仆。
④为具：备办酒席。
⑤谒：请。
⑥谢病：以病推辞。
⑦强：勉强。
⑧一坐尽倾：在座的客人都惊羡司马相如的风采。
⑨鼓：弹奏。

杀，不分一钱也。”人或谓王孙，王孙终不听。文君久之不乐，曰：“长卿第俱如临邛，从昆弟假贷犹足为生，何至自苦如此！”相如与俱之临邛，尽卖其车骑，买一酒舍酤酒，而令文君当炉。相如身自著犊鼻裈，与保庸杂作，涤器于市中。卓王孙闻而耻之，为杜门不出。昆弟诸公更谓王孙曰：“有一男两女，所不足者非财也。今文君已失身于司马长卿，长卿故倦游，虽贫，其人材足依也。且又令客，独奈何相辱如此！”卓王孙不得已，分予文君僮百人，钱百万，及其嫁时衣被财物。文君乃与相如归成都，买田宅，为富人。

史纪风云

司马相如与卓文君

司马相如是我国西汉时著名的辞赋家。他自幼喜欢读书，诸子百家样样精通。同时，他也学习击剑之术，所以父母就替他取了个小名叫“犬子”。相如这个名字是他读了战国时蔺相如的故事，因为佩服蔺相如的为人才自己改的。

司马相如是蜀郡成都人，他写的文章气韵恢宏，词藻华美，所以极受蜀地人的赞誉。起初，他在汉景帝朝中当了一名武骑常侍，就是皇帝的侍从武官。这原非他的兴趣所在，况且汉景帝不喜欢辞赋，所以司马相如整天闷闷不乐。

后来，梁孝王入京朝见皇上，带了几个文学之士，像齐人邹阳、淮阴人枚乘、吴县人庄忌夫子等。司马相如便因相同的爱好与他们交好，并由这几个人领着去晋见梁孝王。梁孝王本身就十分着迷于文学，因而十分赏识相如。司马相如便托病辞去武骑常侍的职务，到梁国去投奔孝王。这期间他写下了著名的《子虚赋》。

◎东汉青瓷◎

没过多久，梁孝王死了，司马相如只好回到蜀郡成都。但此时他的家道已经衰落，而他自己既不会种田，又不会做生意，日子过得很清苦。一天，司马相如

在街头遇到了从前的好友王吉。王吉此时正在临邛县当县令。他看到司马相如家贫如洗，无以为业，就请他到临邛去住。王吉将朋友安排在客馆住下，并且每天都来问候起居，招待得十分殷勤。临邛的官吏和士绅富豪知道司马相如不但十分有才学，而且做过梁孝王的宾客，都竞相与他交往。可是司马相如嫌这些人市侩，便称病闭门谢客，不与他们接触。可这样一来临邛的人更觉得司马相如不同凡响，因而他的大名很快就在全县传开了。

临邛有很多有钱的人，卓王孙则是其中的首富，他家光仆人就有八百人之多。

卓王孙一向好客，家中的宾客常常数以百计。他听说临邛来了一位卓然不凡的人，而且是县令的朋友，就约王吉到家喝酒，也请王吉一定要把相如带来。司马相如不认识卓王孙，托病不去。王吉不好意思一个人去赴宴，因为卓王孙的本意是宴请司马相如。于是就亲自到客馆去请相如，相如过意不去，只好随王吉到卓家赴宴。

司马相如本是风流才子，虽然家境贫寒，但志向高远、气度不凡。他的堂堂仪表、绰约风姿，使满座的人无不倾倒。酒过三巡，正是大家兴致最高的时候，王吉即兴为大家抚琴一曲。弹完之后，王吉对司马相如说："相如兄是抚琴高手，今日在座的尽是知音，何不奏上一曲，让大家一饱耳福？"

司马相如推辞不过，只好拿过琴来，为大家助兴。

卓王孙有个女儿叫文君，刚结婚不久，就死了丈夫，当时独居在卓家。司马相如来临邛不久，也听说卓文君不但人长得标致，而且琴棋书画样样皆通，是一位十分出众的女才子。因此就想利用这个机会，用琴声挑逗卓文君，看她是不是真的精通琴乐。恰好卓文君也听说司马相如不但风流倜傥，而且才艺超群，是一个难得的才子，也想看看司马相如到底是一个什么样的人物。因此听说今天父亲宴请的是司马相如，便从门缝中偷看相如。没想到，卓文君一见相如，就萌生了爱慕之情。等到一听相如弹琴，更是被那悠扬缠绵的琴声所迷倒，难以压制炽烈的情感。

司马相如在席间弹的是一首叫《凤求凰》的曲子，词的大意是：

凤啊！凤啊！在四处飘荡寻找凰后，回到了自己的家。有一位美丽的姑娘，心里十分地悲伤，没有人陪伴，一个人独自居住在这富丽的房屋中。但是我怎样才能与她见上一面表达我对她的爱慕呢？

◎西汉竹节熏炉◎

焚香熏炉。炉呈半球体。通体鎏金鎏银。炉突出鎏银带一圈，上浮雕四条鎏金顾龙，龙身从波涛中腾出。盘口沿有鎏银宽带纹一周，其下有十组三角纹，三角内饰蟠龙纹，蟠龙为鎏金，

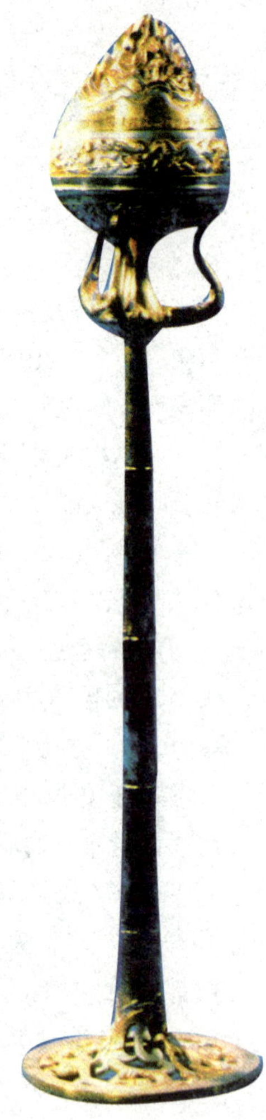

卓文君是一位极熟音律的人，所以一听就明白了曲中的含义。况且她对司马相如已是一见钟情，所以当晚就同司马相如私奔了。

卓王孙发现女儿私奔后，怒不可遏，并且表示从此以后与卓文君断绝父女关系。

司马相如一贫如洗，家徒四壁，而且他只会做赋，没有别的本领。他和文君虽然相亲相爱，但是一日三餐常常没有着落。过了一段日子，文君再也过不下去了，就对相如说："我看我们还是回临邛去吧，留在这里早晚都会饿死。回到临邛，我把首饰变卖了，用作本钱，做点小生意，也能维持生活。如果不够的话，我可以向姐弟们借，他们一定会帮我们的。"

相如没有别的办法，只好依了文君，回到临邛。相如把自己的车马卖掉，买下一个店铺，开起酒馆。卓文君在店堂里卖酒，司马相如则腰系围裙洗刷杯碗，两人就这样维持生计。卓王孙本是临邛首富，听说文君竟然在乡里开了家酒馆，当起卖酒女来，觉得丢尽了卓家的脸面，就闭门在家，怕被别人笑话。

卓家的一些亲戚、长辈见卓王孙如此固执，就都来劝他："文君既然已经嫁给了司马相如，他就是你的亲人啦！难道你能看他们的笑话？再说你女儿、女婿在市场上卖酒，也丢你的面子呀！司马相如虽然穷点，但确是个可以依靠的人，文才又好，有这样一个女婿，就该满足啦！"

卓王孙一想觉得有理，心就软了下来，分给文君一百多个仆人、钱几百万。卓文君有了钱财，与司马相如一道回到成都，购置田宅，再也不用为生计犯愁了。

司马相如受皇恩

汉武帝非常喜欢诗文，每逢见到优秀的篇章，总是爱不释手。一天，他读到题为《子虚》的辞赋，高兴得饭都忘了吃。他边吟诵辞赋中的句子，边感叹说："可惜呀，我生得太晚啦，不能见到这位辞赋家的风采；若是我与他同生一时该多好啊！我俩可以一块讨论辞赋。"

汉武帝的这些话正巧叫杨得意听到了。杨得意是为皇帝管理猎犬的官，他家住蜀郡，与司马相如是同乡，认识司马相如。他听汉武帝如此赞扬司马相如，心里很高兴，便禀报道：

"陛下，臣知道这篇《子虚赋》的作者，叫司马相如，是我的

◎彩绘陶亭◎

粘土烧造。正方形，四墙中部各开一长方形门洞，顶为重檐三层，由下而上逐层收小。

朋友。"

汉武帝一听高兴极了，立刻派人把司马相如召来长安，问他："《子虚赋》可是你写的？"

司马相如回答说："正是臣写的。但这只是一篇叙述诸侯游猎的赋，不值得皇上观看。不如我再为皇上写一篇天子游猎的赋，请陛下欣赏。"

◎汉代和田白玉带板◎

一套共十块，玉质温润凝腻细，呈现玻璃光泽，有红褐色沁。带板雕刻精美，两带铐分别刻有龙凤纹饰，其他八块带板分别刻有青龙、白虎、朱雀、玄武和其他瑞兽。

汉武帝一听大喜，便命人准备笔墨纸张，叫相如作赋。司马相如就虚构了子虚、乌有先生和无是公三个人物，创作了一个故事。故事的内容是这样的：楚国派子虚出使齐国，齐王带他出去打猎，回来以后拜访乌有先生和无是公。乌有先生问子虚打猎的感受，子虚就乘机夸耀楚国的富足。乌有先生听后很不高兴，于是他就说出齐国的伟大。而无是公见两人自吹自擂，便不以为然地对他们说："你们说得都不完全正确，你们没有见过真正的豪华富丽！那我就给你们讲讲天子的上林苑吧？"

无是公就把上林苑的景色、园林、鸟兽、花草说得非常美丽、非常奇异。乌有先生和子虚二人听得目瞪口呆，可是最后无是公说："虽然上林苑这么美丽迷人，但是天子并不经常在那里狩猎，因为天子是一位勤政爱民的明君，他并不只图自己享乐，而是十分关心百姓的疾苦。"

其实，故事里的"子虚"就是空的意思，"乌有先生"就是没有这回事，"无是公"就是没有这个人。司马相如写这篇赋的目的是劝谏汉武帝要施行仁政，勤俭爱民。

汉武帝看完司马相如写的赋，十分喜欢，就任命相如为郎官。

几年以后，西南的巴郡、蜀郡百姓发生了动乱，汉武帝很伤脑筋，派司马相如去处理这件事。司马相如一到两郡，马上搞清了事情的缘由。原来汉朝打算开拓通往夜郎、西南夷的道路，委任唐蒙为中郎将，前往巴蜀。唐蒙调巴蜀两郡士兵一千人，同时又征用运粮民夫一万多人。因唐蒙对当地兵士镇压太过，结果使巴蜀百姓惊恐万状，纷纷逃亡，群盗蜂起，一片混乱。面对这种局面，司马相如写了一份安民告示，告诉两郡的百姓，说唐蒙的所作所为并非皇帝的意思。两郡的局势这才稳定下来。

唐蒙最终把通往夜郎和西南夷的道路打通了，汉朝就在那里设置郡县，进行管理。其他少数民族见西南夷与汉朝交往后得到不少赏赐，于是也想成为汉朝的属国，请求汉朝在他们地区也设置郡县。汉武帝征求司马相如的意见，相如认为这些地区在秦朝时都设过郡县，到汉代建国时才罢除，现在若能重新与他们沟通，带来的好处非常大。武帝大喜，就命司马相如为中郎将，出使西南夷。

司马相如路过蜀郡，郡守带领官员出城迎接，县令身背弓矢走在前边，礼节十分谦恭。卓王孙见到女婿发迹，心中很不是滋味，感叹道："司马相如与我女儿还是相配的，只是相逢恨晚呀……"他同临邛的父老摆设酒宴，奉承司马相如，和当年的情形完全两样了。

果然，相如不辱使命，把西南的好几个少数民族政权都说服归顺了汉朝。

忠心可鉴

司马相如有些口吃，不善与人交往，但是他很会写文章。他和卓文君结婚后，家里十分有钱，不愁吃穿，同时他又不羡慕官爵名位，因此他虽然在朝为官，但常常借口生病，在家闲居。但是，如果他发现皇帝有什么不对的地方，他总是要上疏进谏。有一回，他和皇帝一起外出打猎，皇帝亲自追赶一头熊。回来后，司马相如就写了一篇奏折，说皇帝那样做太危险了，为了天下百姓着想，以后请不要那样做了。皇帝看过后，对相如十分赞许。

又有一次，司马相如见汉武帝爱好仙道，就写了一篇《大人赋》献给皇上。汉武帝非常高兴，读完之后，好像有遨游在天地之间的感觉。

后来，相如真得病了，他就辞官，搬到茂陵居住。

汉武帝怕司马相如死后，他的那些优美的文稿会失传，就派所忠到相如家去取著作，可此时相如已死。所忠到相如家发现相如并没有留下什么著作，就问相如的妻子，卓文君回答说："相如并没有留下什么著作啊!虽然他平时经常写文章，但一写好就被人拿走了，但相如临死之前留下一封信，说如果皇帝来要著作，就把这个给他。"所忠就把这封信拿回去，呈给了汉武帝。汉武帝觉得很奇怪：难道司马相如知道我要向他索要著作?打开一看，原来信里讲的是"封禅"的事。

◎三棱箭头◎

在战国时期，人们认为泰山是天下最高的山，于是帝王们到泰山祭祀，在泰山上设坛祭天，祈求上天的保佑，这就叫"封"；在泰山南面的梁父山上建一座祠，叫做"禅"。秦始皇统一全国后，曾举行过封禅大典，但到了汉代，这种祭祀就再也没有举行过。司马相如认为举行封禅是顺应天道，于是留下这封信劝汉武帝恢复封禅之礼。

汉武帝读了相如的遗书，很受感动，就在天汉三年去泰山封禅，完成了相如的遗愿。

历代名家点评

李炳海：司马相如和卓文君的婚姻，以及他本身的经历遭遇颇有戏剧性。司马迁同情司马相如，并对他为改变自己贫贱地位所做的努力予以充分的肯定。司马相如作赋，经营西南夷，司马迁都用欣赏的笔调加以叙述。而对卓王孙，则嘲笑他的嫌贫爱富，同时又对他先倨后恭的态度给以理解。

王立群：司马相如和卓文君的爱情故事是中华民族二千多年来民间相传最典型的才子配佳人，也是在民间深深认可的。他们爱情故事的梗概是：一个怀才不遇的诗人，在与美貌如花的千金小姐邂逅后，弹一曲“凤求凰”琴曲，让久处深闺的大家闺秀动心，然后私订终身，弃家私奔。来到家徒四壁的诗人的家，生活异常艰辛，而两人始终不弃，一个整日诗词歌赋不离口，一个亲自操劳家务，他们安贫乐道，其乐融融。

方向红：司马相如是汉代著名辞赋家，然而在赢得“辞宗”“赋圣”美称的同时，其道德品行似乎不被人看好，不少人指责他为“无行文人”。文章力图从历史事实出发，本着“知人论世”的原则，从社会历史发展的角度重新评价司马相如的人格。

成语典故

坐上琴心　《史记·司马相如列传》载，汉司马相如宴于临邛富人卓王孙家，时卓王孙有女文君新寡，相如于座上以琴声传意，文君心悦，遂夜奔相如。后以“坐上琴心”指男子对女子的爱慕之情。

家徒四壁　形容家中贫穷，一无所有。《史记·司马相如列传》：“文君夜亡奔相如，相如乃与驰归成都。家居徒四壁立。”司马贞索引孔文祥云：“徒，空也。家空无资储，但有四壁而已。”

曲终奏雅　《史记·司马相如列传论》：“相如虽多虚辞滥说，然其要归引之节俭，此与《诗》之风谏何异。扬雄以为靡丽之赋，劝百风一，犹驰骋郑卫之声，曲终而奏雅，不已亏乎？”意为乐曲到结束时奏出了雅正的乐音。本谓相如的辞赋不够完美，到了结尾才转好，后多以“曲终奏雅”比喻文章或艺术表演到终了时更加精彩。

汲黯的故事

◎汲郑列传 汉武帝时

背景

汉武帝时期，汲黯位列九卿。他任职期间，能够秉公办事，刚正不阿，是西汉时期有名的忠臣，备受后人所敬仰。

原文

黯多病，病且满三月，上常赐告者数，终不愈。最后病，庄助为请告。上曰："汲黯何如人哉？"助曰："使黯任职居官，无以逾人。然至其辅少主，守城深坚，招之不来，麾[①]之不去，虽自谓贲、育[②]亦不能夺之矣。"上曰："然。古有社稷之臣，至于黯，近之矣。"

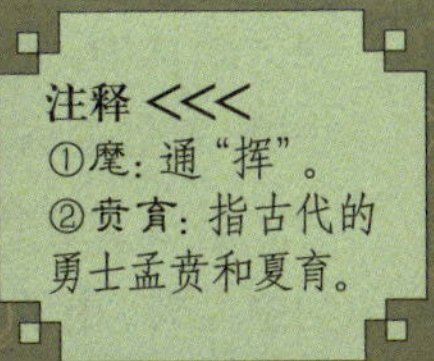

注释 <<<

①麾：通"挥"。

②贲育：指古代的勇士孟贲和夏育。

史纪风云

汲黯字长孺，濮阳县人。他的祖辈世代受卫君的宠爱，不是做卿，就是做大夫。汲黯也由于得到父亲的举荐，在孝景帝的时候就做到了太子洗马的官职。由于他一向秉公办事，而且不苟言笑，所以别人都敬畏他三分。

汉武帝刘彻即位后，任命汲黯为"谒者"，就是负责调查并汇报事情的官吏。有一年，东越地方的部落之间发生了骚乱，互相攻击，皇帝就派汲黯前去调查并且平息事态。但汲黯并没有到东越去，只是走到会稽就回来了。回来后他上书报告皇帝说："东越的人向来勇猛好斗，聚众打架，是他们的习俗，用不着朝廷派人去过问，所以还没有到，我就回来了。”又有一次，河内郡发生了火灾。火势十分的大，烧毁了一千多户人家的房屋，皇帝又派汲黯去视察。他回来报告说：“由于房屋都是连在一起的，一家人的房屋失火后，火势蔓延就把一大片的房子都烧着了。这完全是一次意外，用不着忧虑。倒是经过河南郡的时候，我发现那里的人都十分的穷，由于遭受连年的水旱灾害，有的人缺衣少穿，甚至有的大人把自己的小孩都吃了。我看到这种情形，就自作主张打开河南郡的粮仓救济灾民，现在我请求免去我的官职，让刑部处罚我吧！”皇帝听完以后，不但没有治他的罪，而且由于他的贤良，嘉奖他为荥阳县令。但汲黯认为，让他做一个县令是大材小用，就借生病为由，辞官回家了。

◎汲黯开仓济民◎

皇帝了解到这种情况，就把汲黯提升为中大夫。由于汲黯为人正直、敢于直谏，得罪了很多朝中的大臣，在京城呆不下去了，后来皇帝任命他为东海郡的太守。汲黯崇尚老子、庄子的思想，主张“无为而治”，注重处理大的事情，不太过问琐碎的小事，仅一年多的时间就把东海郡治理得井井有条，赢得了广泛的赞誉，被提升为主爵都尉，位于九卿之列。

汲黯为人性格乖张、高傲，不擅礼数客套，经常当面给人难堪，不能容忍别人的过失。跟自己合得来的就对其十分友好，合不来的见都不见人家，因此士大夫们都不愿意接近他。汲黯十分喜欢古代的游侠之士，所以平日行为处事十分豪爽，不但敢于说实话，甚至多次冒犯皇上。汲黯跟刚直仗义的灌夫、郑当时十分要好。

汲黯在京做官的时候，太后的弟弟武安侯田蚡做丞相，朝廷中二千石以上的官去拜见他时，田蚡理都不理。因此汲黯见到田蚡时就不行拜礼，而只是拱手罢了。

当时天子正征召一些信奉孔子学说的儒生，打算学习尧舜，施行仁政。汲黯却说：“陛下只是在表面上装成仁义的样子，并不是真正实行尧舜的仁政。”皇帝一听被气得愤然退朝，大臣也都被汲黯的直言吓了一跳。皇帝回宫以后对周围的人说：“汲黯就像驴一样蠢！”大臣们责怪汲黯，汲黯理直气壮地说：“天子的助手们，难道只会阿谀奉承，陷皇上于不义吗？我们都是朝中大臣，怎么能让朝政蒙上耻辱呢？”

汲黯经常生病，有时一病就是几个月，皇上就让他在家休养。最后一次发病时，庄助替他向皇帝请假。皇上就要庄助评价一下汲黯是怎样的一个人。庄助回答说：“如果让汲黯领导一个部门，他未必能比别人做得好，但是让他辅助少主，则一定能守住江山。”皇帝也说：“是啊，汲黯的确是与国家同呼吸、共命运的社稷之臣。”

◎汉代花边单龙镜◎

皇帝十分敬重汲黯。大将军卫青去见皇上，皇上经常在厕所里接见他。但汲黯去拜见时，皇帝没有整理好衣冠，甚至不敢出来见汲黯。有一次皇帝坐在武帐中，汲黯前来面奏公事。皇帝没有戴帽子，远远见汲黯来了，赶紧躲到帷帐中，让侍臣接下他的奏折。

张汤是有名的酷吏，被任命为廷尉。汲黯一向对张汤的严刑酷法不满，有一次他当着皇帝的面，质问张汤说：“你是堂堂的国家大臣，对上，你不能发扬先帝的功业；对下，你又不能遏制天下人的邪念。让国家安定、人民富裕，使犯罪率下降是你的职责。现在你既未能扬上抑下，又未能富国安民，却严酷苛刻，任意胡来，陷害人民，只图成就你个人的功业，你这样做会断子绝孙的。”

这时，汉朝大举进攻匈奴，同时平定各方蛮夷之地。汲黯因崇尚黄老哲学，一向主张无为而治，就乘机向汉武帝进言，与匈奴和亲，不要打仗。可是武帝正崇尚儒术，没有听他的。后来发生了许多事情：官吏玩弄权术，百姓常常投机取巧。皇帝只有按法律来分别裁定他们的罪行。酷吏张汤多次把本应自己裁定的案件，让皇帝亲自裁决，因此得到皇帝的欢心。汲黯经常侮辱儒学中人，他当面指责丞相公孙弘说：“张汤一直心怀鬼胎，曲意奉承，博取皇上的欢心。但他片面曲解律法，专用酷刑严法，诬陷别人，以便建立自己的功业。”因而张汤和公孙弘就想借机会把汲黯除去。后来，公孙弘就对皇上说：“右内史所管辖的地方，住的都是些达官贵人，很难治理，不是声望高的大臣不能胜任右内吏之职，最好让汲黯去担任这一职务。”可是汲黯去做了几年，不但未出事，而且还政通人和。

此后，匈奴的浑邪王带领他的部众来投降。汉朝征用车马去接运，但是朝廷中没有钱，只好向老百姓赊借马匹。有的百姓不愿把马匹借给官府，把马藏了起来，这样便凑不齐所需的马匹数。皇帝一听就生气了，要斩汲黯管辖下的长安县令的人头。

汲黯对汉武帝说："长安县令无罪，要杀就杀我好了，是我叫他们不要交出马匹的。匈奴人背叛其主来归顺汉朝，让他们自己来好了，何必劳民伤财地去迎接他们呢？"汉武帝听了此话，很不高兴，几个月后就将汲黯免职了。

淮阳是四通八达的交通要冲，无人能够治理好。皇帝就派人去召回汲黯，任命他为淮阳太守。汲黯在去赴任前，特地去探望大行官李息并对他说："今后我不能在朝中议事了。我放心不下张汤这个人，他的聪明完全可以使他拒绝别人的批评，他的诡计完全可以掩盖他的过错。他为人诡诈，用辞狡辩，专门迎合皇上的心意，不会为百姓主持公道。你位列九卿，如不及早进言，迟早你会受连累的。"但李息畏惧张汤，终究没有向皇上进言。后来张汤果然因欺君之罪而被诛杀，李息也因为没有及时进言被判了罪。

汲黯在淮阳，如同当年在东海郡、右内史任上一样，将淮阳治理得政治清明，七年后，汲黯死在任上。

历代名家点评

李炳海：汲黯直言进谏，面折廷争，从天子到朝中权贵都畏惧他，他锋芒毕露三番五次向天子发难，与田蚡、卫青分庭抗礼，当面斥责张汤，所有这些都是其他朝臣无法做到的。

董乃斌　程蔷：司马迁笔下对汲黯是饱含欣赏的，不畏上，不唯上，在"如虎"的君王面前永远保持自己独立不倚的人格，这些自然都与汲黯身上的"侠气"有关——司马迁不是说他"好学，游侠，任气节"吗？其实，任换一个人，无论是儒生还是农民，若能如此，我们也正不妨认为他身具侠气或侠性。

成语典故

麾之即去　语本《史记·汲郑列传》："使黯（汲黯）任职居官，无以逾人。然至其辅少主，守城深坚，招之不来，麾之不去，虽自谓贲育亦不能夺之矣。"原形容性情刚直不屈，能坚持原则。后反用其语，意谓命令他走，就离开。形容服从指挥，听候调遣。

游侠郭解

◎游侠列传　孝文帝时

背景

郭解是西汉时著名的游侠，虽然他年轻时没少干坏事，但是运气一直不错，往往在最危险的时候化险为夷，如此一来，他的身上便被赋予了一种传奇色彩。

原文

郭解，轵人也，字翁伯，善相人[①]者许负外孙也。解父以任侠，孝文时诛死。解为人短小精悍，不饮酒。少时阴贼，慨不快意，身所杀甚众。以躯借交报仇，藏命作奸剽攻不休，及铸钱掘冢，固不可胜数。适[②]有天幸，窘急常得脱，若遇赦。及解年长，更折节为俭，以德报怨，厚施而薄望[③]。然其自喜为侠益甚。既已振人之命，不矜其功，其阴贼著于心，卒[④]发于睚眦如故云。而少年慕其行，亦辄为报仇，不使知也。解姊子负解之势，与人饮，使之嚼。非其任，强必灌之。人怒，拔刀刺杀解姊子，亡去。解姊怒曰："以翁伯之义，人杀吾子，贼不得。"弃其尸于道，弗葬，欲以辱解。解使人微知[⑤]贼处。贼窘自归，具以实告解。解曰："公杀之固当，吾儿不直。"遂去[⑥]其贼，罪其姊子，乃收而葬之。诸公闻之，皆多解之义，益附焉。

注释 <<<

①相人：给人相面。
②适：到。
③望：怨。
④卒：通"猝"，突然。
⑤微知：暗中探知。
⑥去：放走。

史纪风云

西汉初年，有个名叫郭解的人，极有名声。他既非重臣，也不是富豪，人也长得平平常常。然而不论是认识他的，还是不认识他的，也不管是有贤德的，还是行凶作恶的，都仰慕他的名声，愿意与他结交，并以与他结交为荣。甚至连朝廷中的大臣、将军们对他也都赞不绝口。这是为什么呢？

郭解年轻时曾是一个叫人讨厌的恶人。他杀人、抢劫、掘墓，私造钱币，无恶不作。被官府缉拿，四处躲藏。然而当郭解人到中年，却幡然悔过自新，痛改前非，前后判若两人。邻居们都说："郭解浪子回头啦！"

他资助穷人，好善乐施，对过去结下仇恨的人也以德报怨，不再纠缠，因此博得了人们的敬重。曾有一天，郭解的外甥与朋友在一起喝酒。朋友本来不会喝酒，可郭解的外甥依仗郭解的威势却硬逼人喝尽，喝不完就强行灌酒。那位朋友盛怒之下，拔刀将郭解的外甥杀死了，然后逃跑。郭解的姐姐见儿子被人杀死，痛不欲生，要求郭解捉住凶手替他儿子报仇。郭解因为不明真相，没有马上答应。姐姐就把儿子的尸首放在路上，逢人便说："这是郭解的外甥，被人无故杀了，可是当舅舅的连凶手都抓不到。"郭解为此感到非常难堪。只好派人暗中察访，几天后便查到了凶手的下落。凶手迫不得已，向郭解自首，把事情的经过告诉郭解。郭解知道真相后，感伤地说："唉！我的外甥有错啊！你一时性起才杀了他，……你快逃命去吧！"随后郭解斥责了姐姐，并将外甥的尸首埋葬了。大家听说这件事，都称赞郭解有义气，更加依附他。

随着郭解的名声日渐增高，尊敬他的人也越来越多。不管是熟悉他的朋友，还是不认识的陌生人，遇见他都要回避，为他让开路。可是偏偏有一个态度高傲的人，每次都要挡住郭解的路，并用鄙视的目光瞪着他。

◎骑马指挥陶俑◎

骑马陶俑骑兵俑相当于真人真马的四分之一左右，制作精细，造型优美。

郭解的门客非常气愤，打算杀死这个傲慢无礼的家伙。可是郭解阻止说：“他对我无礼，是说明我的德行修养还不够，他有什么罪呢？”事后，郭解又嘱咐县吏，不要难为这个人，也别让他去服徭役。后来几次轮到这人服役，县吏都没有去找他。这个人感到奇怪，问是什么缘故，才知道是郭解替他说了情，于是他十分感动，当即去向郭解请罪。

郭解平时谨小慎微，从不冒昧坐车去县衙。到外郡去为别人办事，事情能解决的尽量解决，不能解决的也能尽量使各方都能满意，然后才肯接受人家的酒食。所以大家都敬重他，争着为他效力。

有一天，汉武帝下令将各地的富家豪族都迁往茂陵。郭解很穷，不合迁徙的标准，但因为他名气太大，官吏恐怕上面怪罪，也要他迁出。大将军卫青就替郭解求情说：“郭解家贫穷，不必迁往茂陵。”汉武帝听后哈哈大笑道：“即使他是一介平民，但能够惊动大将军为他求情，足以证明他家并不穷。”郭解只好搬往茂陵，临行时，有几千人为他送行。

◎汉代玉马◎

郭解到茂陵不久，就因受侄儿的杀人案牵连，被朝廷杀了

历代名家点评

扬雄《法言》：游侠，曰窃国灵也。

颜子推《颜氏家训》：如郭解之代人报仇，灌夫之横怒求地，游侠之徒，非君子之所为也。

方苞《史记注补正·游侠列传》：《游侠传》“两者皆讥，而学士多称于世云”谓而之实皆可讥，而学士多见称于世，盖有感于侠客之独为儒墨所排摈也。

楚人优孟

◎ 滑稽列传　楚庄王时

背景

优孟本是楚国的歌舞艺人，身高八尺，富有辩才。楚庄王常常给他的一匹马穿上华美的衣服，然后把马安置在雕梁画栋的房子里，用蜜枣喂养它。不久，马因得了肥胖病死了，楚庄王要臣子们给马治丧，一场优孟哭马的闹剧就由此开始了。

原文

楚相孙叔敖知其贤人也，善待之。病且死，属其子曰："我死，汝必贫困。若往见优孟，言'我孙叔敖之子也'。"居数年，其子穷困负薪，逢优孟，与言曰："我，孙叔敖子也。父且死时，属我贫困往见优孟。"优孟曰："若无远有所之。"即为孙叔敖衣冠，抵掌①谈语。岁余，像孙叔敖，楚王左右不能别也。庄王置酒，优孟前为寿。庄王大惊，以为孙叔敖复生也，欲以为相。优孟曰："请归与妇计之，三日而为相。"庄王许之。三日后，优孟复来。王曰："妇言谓何？"孟曰："妇言慎无为，楚相不足为也。如孙叔敖之为楚相，尽忠为廉以治楚，楚王得以霸。今死，其子无立锥之地，贫困负薪以自饮食。必如孙叔敖，不如自杀。"因歌曰："山居耕田苦，难以得食。起而为吏，身贪鄙者余财，不顾耻辱。身死家室富，又恐受赇枉法，为奸触大罪，身死而家灭。贪吏安可为也！念为廉吏，奉法守职，竟死不敢为非。廉吏安可为也！楚相孙叔敖持廉至

注释 <<<

①抵掌：集解战国策曰："苏秦说赵王华屋之下，抵掌而言。"张载曰："谈说之容则也。"

死，方今妻子穷困，负薪而食，不足为也！”于是庄王谢优孟，乃召孙叔敖子，封之寝丘四百户，以奉其祀。后十世不绝。此知可以言时矣。

史纪风云

淳于髡死后一百多年，楚国出了个优孟。

优孟是楚国的乐人，身材也不高，有雄辩的才略。由于他性格豪爽，言谈诙谐，所以常常用谈笑的方式规劝君王。

楚庄王平生最喜爱马，爱马爱得几乎发狂，胜过爱太子和宠妃。他给马穿上了华丽的衣裳，给马盖了一座漂亮的房子，让马睡在松软的床上，还拿香甜的枣脯喂马……然而，事与愿违，他的宝马由于营养过度死于肥胖症。楚庄王十分悲伤，下令为死马举行盛大的葬礼，并要让文武百官为死马送葬。朝廷中的大臣们议论纷纷，反对楚庄王这样做。可是楚庄王专横武断地说：“谁要是再阻挡我为马送葬，我就处死他！”于是大家只好忍气吞声，谁也不敢去劝谏。

优孟听说楚庄王下令为马送葬，又不许别人劝阻，非常气愤，就进入宫中，找楚庄王说理。优孟刚跨入宫门，就号啕大哭，声泪俱下地说：“我的宝马呀，你死得好惨啊……”楚庄王闻声迎出宫门，惊讶地问道：“这是为何呀?哭得如此伤心！”

优孟抹掉眼泪，哽咽着说：“我是为死马伤心啊!这匹良马是大王最钟爱的，它不幸死掉啦，听说大王仅以大夫的规格葬它，礼节太轻了。以楚国的强大、楚国的八面威风，应该用君主的葬礼来给马下葬……”

楚庄王说：“那么你的意见应该怎么安葬呢?”

优孟一本正经地答道：“用雕刻有花纹的美玉做内棺，用漂亮的梓木做外棺，用珍贵的豫樟等上好木材做护棺。调拨士兵挖掘墓穴，让年老体弱的人背土垒坟。请来齐国、赵国的使者陪在前面，安排韩国、魏国的使者护在后面。出殡以后再建一座庙，让死马永久地享受祭祀。这样才能让诸侯震惊，让他们知道我们的楚王轻贱活人而珍视死马!”

听完优孟的这番话，楚庄王才醒悟过来，羞愧地说：“我怎么错

◎倗矛◎

春秋后期。击刺兵器。矛叶透雕云纹，骰饰雷纹，一侧有环形系。筒上延至锋部，下端箍部作变形兽面纹，筒中残留有木柲痕迹，此纹饰精美，为楚国兵器中的典型器物。

到这种地步了!那现在该怎么收场呢?”

优孟成竹在胸，诚恳地建议楚庄王：“用埋葬一般牲畜的方法来安葬它，挖个土灶作为外椁，用铜铸的大锅作为棺材，再用姜枣调理调理，用稻米作祭品，用大火作衣裳，把它安葬在人们的肚肠里面。”

“哦!你是让我吃马肉吗?”但楚庄王还是把马交给宫中主管膳食的官员，并且封锁消息，怕传扬出去让人笑话他贵马贱人。

优孟冒死劝谏楚庄王，深受大臣们的爱戴。楚国的相国孙叔敖也很佩服优孟的勇气和机智，经常找他商议朝中大事，两人就这样成了忘年之交。几年以后，孙叔敖病危，临终前嘱咐他的儿子说：“我虽然身为相国，官居公卿之上，但我从不以权谋私，家中没有什么财产。我死了以后，你的日子恐怕很难过……假如有一天你实在过不下去了，去找优孟帮助，就说你是故相孙叔敖的儿子……”

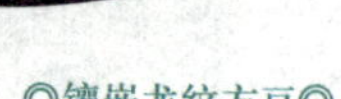

◎镶嵌龙纹方豆◎

春秋后期。盛食器。盖为覆斗形，四角有环钮。斗状盘，八棱柱形柄，覆盆形圈足座。盖与盘为子母扣合口，每边各有两小兽首为子母卸，两侧边又各有一环形耳。盖、盘及圈足均用红铜镶嵌龙纹图案，作跳跃奔腾状。

孙叔敖死后没几年工夫，家境便贫穷不堪，缺衣少食，度日如年。他的儿子只得夏天上山砍柴，供养老母亲。

有一天，孙叔敖的儿子背柴下山，累得汗流浃背，一步步地缓慢向前挪动，突然被一块石头绊倒在地。当他爬起来时，意外地看到了优孟。他顿时泪如泉涌，呜咽着喊道：“优孟大人……我是孙叔敖的儿子。父亲生前告诉我说，贫穷的时候可以去找你……”

优孟见他衣衫褴褛、面容憔悴，十分难过，立即扶起他，安慰说：“不要太难过了，我会帮助你的。你先回家吧!”

优孟回家后，马上做了和原来孙叔敖一样的朝服衣帽，穿在自己身上，并站在铜镜前模仿孙叔敖的姿势、步伐和举止，学孙叔敖说话的腔调。几个月后，便学得像极了，连朝中的大臣们都分不出真假。

有一天，楚庄王设宴宴请群臣。优孟就穿戴一身孙叔敖的装束去赴宴。楚庄王一见，大惊失色，面如死灰，战战兢兢地问：“孙叔敖，你不是死了吗?……又复活了?”

优孟恭恭敬敬地回答说：“大王，我是优孟，不是孙叔敖。”

楚庄王如梦方醒，不禁哈哈大笑起来：“太像了，太像了。不仅相貌相似，也和他一样的聪明。我任命你为相国，怎么样?”

优孟说：“谢大王不弃之恩，不过我需要回家与妻子商量一下，三天后再答复大王。”

“也好。”楚庄王应允了。

三天后，优孟进宫回禀楚庄王说：“我妻子说楚国宰相不值得做，千万不要答应。想当年孙叔敖做宰相的时候，尽忠尽职，廉洁奉公治理楚国，楚王才得以称霸天下。可他死后，他儿子连立锥之地都没有，穷得只有靠打柴来维持生活。如果像孙叔敖那样做宰相，还不如自杀。”优孟见楚庄王沉默了，就接着唱道：

居住在山沟里种田哟，
缺粮少米，日子难熬。
做官敛财为富不仁哟，
贪赃枉法，情理难饶。
生前受禄富贵无比哟，
后人获罪，诛杀难逃。
奉法守职当个清官哟，
妻儿命苦，贫困潦倒。

“别唱了，别唱了。”楚庄王心烦意乱，心情十分沉重地说，“我对不起孙叔敖啊，他的家人生活如此困苦，我却不知道。谢谢你今天提醒我，快把他的儿子找来，我要将寝丘的四百户封给他，让他再也不用为生计发愁了。”

由于优孟的帮助，孙叔敖的妻儿得到封赏，再也不受穷了。

◎单盘◎

春秋前期。盥洗器。圆形。大口，浅腹，附耳，平底，圈足，下有四卧兽承托盘底。腹饰窃曲纹，圈足饰垂鳞纹。内底有铭文一十九字，作器者姓氏已被刮掉，只剩器主名，称为单。

历代名家点评

王国维：《史记》称优孟，亦云楚之乐人。又优之为言戏也。

李炳海：当时许多君主对滑稽之士以倡优畜之，而司马迁则看到了这类人在国家政治生活中所发挥的特殊作用，他们的地位是其他人无法取代的。

成语典故

优孟衣冠 ①楚相孙叔敖死，优孟着孙叔敖衣冠，摹仿其神态动作，楚庄王及左右不能辨，以为孙叔敖复生。事见《史记·滑稽列传》。后因称登场演戏为“优孟衣冠”。②指艺术上单纯地模仿，只在外表、形式上相似。③谓仿古而酷似原物。

智圣东方朔

◎ 滑稽列传　汉武帝时

背景

汉武帝刘彻即位后，他一心改变文景以来"黄老之学"的无为而治，下旨求贤，东方朔上书自荐，诏拜为郎，从此成为汉武帝的智囊。

原文

武帝时，齐人有东方生名朔，以好古传书，爱经术，多所博观外家之语。朔初入长安，至公车上书，凡用三千奏牍。公车令两人共持举其书，仅然能胜之。人主从上方读之，止，辄乙其处，读之二月乃尽。诏拜以为郎，常在侧侍中。数召至前谈语，人主未尝不说也。时诏赐之食于前。饭已，尽怀其余肉持去，衣尽污。数赐缣帛，担揭而去。徒用所赐钱帛，取少妇于长安中好女。率取妇一岁所者即弃去，更取妇。所赐钱财尽索之于女子。人主左右诸郎半呼之"狂人"。人主闻之，曰："令朔在事无为是行者，若等安能及之哉！"朔任其子为郎，又为侍谒者，常持节出使。朔行殿中，郎谓之曰："人皆以先生为狂。"朔曰："如朔等，所谓避世于朝廷间者也。古之人，乃避世于深山中。"时坐席中，酒酣，据地歌曰："陆沉於俗[1]，避世金马门。宫殿中可以避世全身，何必深山之中，蒿庐之下。"金马门者，宦〔者〕署门也，门傍有铜马，．故谓之曰"金马门"。

注释 <<<

①陆沉於俗：索引司马彪云："谓无水而沈也。"

东方朔是汉武帝身旁一位十分有学问的人。他自幼喜欢读书，诸子百家，无所不学，因而学问极深。他有一次给汉武帝写了一份奏折，竟用了三千片木简。公车司马(负责征召文士的官)派两个身强力壮的武士才把奏折抬进宫去。汉武帝用了两个月的时间才把奏折看完。

东方朔很得汉武帝的赏识，常被皇上请入宫中议论朝政。只要是东方朔发表的意见，汉武帝听了都很高兴，并夸奖他通古知今。

有时汉武帝留东方朔一起吃饭，他吃饱后将剩菜用衣服包好带走，弄污了衣裳也不在乎。更叫人不可理解的是，他娶了一个妻子，但一年后就把人家给休了。朝中的大臣们都叫他“狂人”，可他却以此为荣。他笑嘻嘻地说：“你们哪里知道，古时贤人都在深山中避世，而我是在朝廷中避世！”朋友请他喝酒，喝到一半时，他就如痴如醉地唱起歌来：“没有水呀！我也沉下去，沉到俗世中去……”同事们都笑他得了癫狂症。

有一次朝中的博士们聚会，大伙齐心要难为一下东方朔，就用怜悯的口气说：“东方朔呀！当年苏秦、张仪辅佐万乘的君主，做丞相名振天下，恩泽后世。可是你呢？研究先王的治国之术，熟读《诗经》、《尚书》诸子百家的书，又有著述，可以说是见多识广、聪明善辩，天下没有人能比得过你，可是你尽心尽力侍奉皇上几十年了，官职不过是个侍郎，职位也不过是一个执戟的卫士，这是为什么呢？”

“这，就是你不能理解的地方。”东方朔心平气和地解释说，“彼一时，此一时也。岂能拿我与前人相比。在张仪、苏秦的时代，周朝政权十分衰微，诸侯都不去朝见天子。只是凭借武力争权夺势，相互用兵攻伐侵略，互相兼并成十二个国家，而决不出胜负。得到人才的就强大，失去人才的就灭亡。所以他们的建议常被君王听信采纳，办起事来也顺利，身居高位，子孙也可以久享荣华富贵。现在已经不是那样了。英明的皇帝在位，恩德遍布天下，各诸侯国都服从，国家安定，世道太平，天下一家。当今天下这么大，士臣这么多，都从四面八方来到京城，想谋得一官半职。假如张仪、苏秦和我都生在今天这个时代，他们恐怕没有机会得到皇帝的信任，又怎么敢奢望做侍郎呢？古

◎东方朔画像◎

书上说：‘天下假如没有灾难，即使有圣人，也无法施展他的才华；君臣上下如果能同心协力，即使有圣人，也没有他建功立业的地方！’”

博士们听完，无言以对，只好默默地散去了。

几年以后，在长安城的建章宫内发现了一只怪兽，样子像鹿，但又不是鹿，谁也叫不出它的名字。汉武帝去问大臣们，大臣们也都说不知道，于是汉武帝就把东方朔找来了。

东方朔望那怪兽一眼，神秘地笑着说：“我知道那是什么东西，但皇上要赐给我美酒佳肴，让我好好吃一顿后，我才说。”

汉武帝答应了他，可东方朔酒足饭饱后又说：“某某地方有几顷公田、鱼池、苇塘，陛下把它赏给我，我才说。”

“可以，可以，我全答应你。”汉武帝痛痛快快地答应了他。这时东方朔才高兴地说：“皇上贤明，这是大吉大利的征兆啊！这种怪兽就是驺牙呀！当远方的国家前来归附时，驺牙便会出现，它的牙齿前后一样，大小相等，没有臼齿，所以它才叫驺牙。”

“果能如此，我要重重地赏你。”汉武帝喜形于色，大臣也都佩服东方朔见识广。

第二年，匈奴的浑邪王率领十万骑兵投降汉朝，正应了东方朔的预言。汉武帝当即赏了东方朔许多珍宝。

东方朔快快乐乐地度过一生，临终前劝告汉武帝说：“相信谗言是乱国的根源，希望陛下远离奸巧佞臣，斥退那些进谗言的人。”汉武帝深受感动，对左右的人说：“东方朔真是忠心啊！俗话说‘鸟之将亡，其鸣也哀；人之将死，其言也善’！东方朔莫非要离开我们了吗？”

当天夜里，东方朔果真病故。

历代名家点评

龙吟：东方朔是汉武帝时期的一个杰出人物，在当时政治、思想、军事、文化方面有很多建树。其为人为文品格高妙，受到举世称赞；伴君伴虎技艺之绝，近乎炉火纯青。更为著名的是，他在实现这些成就时，为后代留下许多令人拍案叫绝且意味隽求的奇智佳话。

成语典故

避世金马　《史记·滑稽列传》：“（东方朔）时坐席中，酒酣，据地歌曰：‘陆沈於俗，避世金马门。宫殿中可以避世全身，何必深山之中、蒿庐之下！’”后以“避世金马”、“避世金门”谓身为朝官而逃避世务。

汉代画像石

汉画像石是汉代人雕刻在墓室、祠堂四壁的装饰石刻壁画。它在内容上包括神话传说、典章制度、风土人情等各个方面。在艺术形式上它上承战国绘画古朴之风，下开魏晋风度艺术之先河，奠定了中国画的基本法规和规范。汉画像石同商周的青铜器、南北朝的石窟艺术、唐诗、宋词一样，各领风骚数百年，成为我国文化艺术中的杰出代表和文化艺术瑰宝。

离石是中国汉画像石的主要分布区域之一，离石汉画像石大致可分为两类：一类是天上的神仙世界，描写的是墓主人死后祈求步入的仙境；一类是人间的现实图景，描写的是墓主人生前的享乐生活。

在神话传说的题材里，常见的有口衔圭的赤鸟、三足鸟、双头鸟，有鸡首人身、牛首人身、独角神马，有虎车、雁车、狐车、豹车、鱼车、狗车、龙车、车马出行图，有东王公、西王母、羽人乘龙、羽人双龙等。为求得墓主人在阴间平安无事，画像石墓中常刻有铺首衔环、朱雀、青龙、玄武、白虎等吉祥动物。铺首衔环多刻在墓门上，是门户的标志，铺首应为饕餮的演变，刻在墓门上是为了驱邪避鬼。青龙、白虎、朱雀、玄武是方位神，其职责是御四方，避不祥。除反映神话传说、神话故事的内容外，还有部分反映贵族生活的题材，在这类题材中刻有重楼高阁，楼内主人宴饮闲谈，下棋听乐，有的奴仆捧食进撰，有的拱手作迎送宾客状。

◎汉代画像石拓片◎